精神保健福祉士の実践知に学ぶソーシャルワーク ①

ソーシャルワークプロセスにおける思考過程

［監修］公益社団法人
　　　　日本精神保健福祉士協会
［編著］田村綾子
［著］　上田幸輝
　　　　岡本秀行
　　　　尾形多佳士
　　　　川口真知子

中央法規

はじめに

　目の前のクライエントや現代社会の抱える課題に向き合い，もっと力をつけたいと感じている精神保健福祉士は多いことでしょう。クライエントの希望や人生の歴史，また能力や環境などをふまえ，常に唯一無二の支援を展開するソーシャルワークにおいては，各職場の特性や利用者のニーズ，状況に見合った支援を展開する応用力や創造性が求められます。そのためには，年月をかけた経験の蓄積に加え，実践と省察を繰り返しながらソーシャルワーカーとしての価値・理念と知識や技術を調和させ，自己の力量として定着させていかなくてはなりません。そこで，本シリーズは，多くの実践経験や丁寧な教育を受ける機会をもつことができず，机上の学習経験に頼らざるを得ない初任者が，ベテランの実践知から学ぶことはできないかと考え企画しました。

　熟練した精神保健福祉士は，目の前のクライエントや場面・事象に即応する際，頭の中では情報収集や分析を瞬時に行い，ソーシャルワーカーとしての思考を巡らせて検討した支援方法を言動や行動・態度に表して支援を展開しています。この実践を初任者が間近で観察していても，表出されない思考の過程やその根底にある価値・理念を推測し，汲み取ることは難しい場合もあるかもしれません。そこで，本書では，通常は表現されないレベルのベテラン精神保健福祉士の思考過程を可視化することにより，初任者には未体験の経験知を提供しています。

　読者のみなさまには，まずはベテランの支援プロセスを疑似体験し，のちには自身の支援においてもこうした思考を意識しながら実践することで，実践力を向上させてほしいと願っています。生活の多様な場面で人間の仕事がAI（人工知能）に代替される時代が到来したとしても，支援を要する人々から信頼され，その自己実現に貢献できるだけの力量を獲得するための自己学習の一助として本書が役立てば幸いです。

　2017年8月

執筆者一同

シリーズ刊行の趣旨と本書の構成

本書の企画意図

　本書は，精神保健福祉現場において「どのように仕事をしたらいいかわからない」「自分の実践に自信がもてない」という声が少なくないことに課題を感じ，わかりやすいテキスト，現場ですぐに使える実務書が待たれているのではないかという声を受けて企画したものです。専門職団体が刊行するテキストの意義について協議を重ね，精神保健福祉士として精神障害のある人からの相談に応じ，生活支援を行い，他方で社会に向けて何かを発信し創出している実践者が，全国で無数の経験や専門職としての研鑽を日々重ねている強みを活かし，それらの実践からの知見を集積してわかりやすく提供したいという結論にたどり着きました。

　私たちは，これらの実践知を特に新人や初任者が専門職として成長するために使える道具に仕立てたいと考え，そのためには自分たちの実践だけでなく，それらを繰り出す頭の中（思考）を同時に見せることが必要ではないかと着想し，精神保健福祉士の実践知の可視化を試みることになりました。取り上げる切り口は，「クライエント（個人・集団）と，その取り巻く状況からの情報収集やアセスメントおよび働きかけ」「適切な面接技法の選択と用い方，および記録法」「多様な社会資源の活用と創出」とし，全3巻の構成としました。

　実践知の記述にあたっては執筆者同士が自らの実践と思考を言語化して披瀝し合い，専門職としての相互批判と省察を重ねてブラッシュアップし仕上げました。この過程で執筆陣は互いに学び合う苦しみと喜びを体験しています。同様の体験を読者とも分かち合えることを期待して刊行するものです。

事例に登場する5人の精神保健福祉士について

　本シリーズでは，精神保健福祉士の支援対象が広がっていることをふまえ，多様な職場・利用者像・状況や場面における事例を網羅しました。そのため，執筆には想像力と応用力を働かせ，執筆者自身が勤務したことのない職場での事例も相互点検を重視して検討し，実践知の記述に努めました。

このように架空事例における実践の言語化と相互批判を繰り返す過程で，私たちは二つのことに気づきました。まず，職場が異なっても，精神保健福祉士の専門性は共通しているという自明の事実，次に，各々のかかわりには精神保健福祉士として共通する専門性に加え，一人ひとりの個別の傾向，味わいが見られるということです。私たちの支援の固有性は，クライエントや場面・状況の個別性のみならず，精神保健福祉士としての経験内容や年数，職場特性をはじめ，人格や嗜好など個性の影響にもよります。この世に二つとない「かかわり」を展開していることの証しでもあり，ソーシャルワーカーが用いる道具の一つは自分自身であることの所以といえるでしょう。

　近い将来，多くの仕事がAI（人工知能）に代替される可能性が指摘されていますが，私たちは精神保健福祉士が「AI時代」を生き抜くカギは「かかわり」とそれを支える「思考力」であると考えています。本書では，自身を道具としてかかわるなかでフルに思考を働かせる精神保健福祉士像を描いています。

　なお，本シリーズの各所で，5人の架空の精神保健福祉士が異なる職場のPSWとして登場します。その5人のキャラクターを登場順にご紹介します。

●海堂PSW（30代男性）

　福祉系大学で精神保健福祉士養成課程を修め資格取得。PSW経験17年（途中で大学院に進学）。おおらかで思いやり深い。常に先へとスケジュールを見通しながら行動する。調和とバランスを大切にし，多職種連携への関心が高い。
☆ポリシー：「多様性の尊重（respect for diversity）」

●玉川PSW（30代男性）

　大学を卒業後，サラリーマンを経て専門学校で学び，精神保健福祉士の資格を取得。PSW経験13年。腰が低く目の前のクライエントに対してどこまでも誠実。丁寧な仕事ぶりで，手抜きをしないので残業することも多い。
☆ポリシー：「WISH（願い）の実現のため，粘り強く全力投球！」

●阪井PSW（40代男性）

　福祉系大学を卒業後，この業界へ。精神保健福祉士の制度化と共に資格取得。PSW経験24年。自身の言動が与える影響について，人一倍，熟考してから発言する。後輩への指導にも気を遣っている。

☆ポリシー：「クライエント・ファースト！」

●白浜PSW（50代女性）

　福祉系大学を卒業後，この業界へ。精神保健福祉士の制度化と共に資格取得。PSW経験28年（途中で大学院に進学）。人物や状況をよくよく観察する。クライエントと共にとことん現実に向き合い，あきらめない。

☆ポリシー：「芽を伸ばし，花を咲かせるかかわりを」

●鷹野PSW（50代女性）

　福祉系大学を卒業後，この業界へ。精神保健福祉士の制度化と共に資格取得。PSW経験29年。非常に細かいことまで気がつき思慮深い。手堅い仕事に周囲からの信頼も厚い。

☆ポリシー：「クライエントの小さな変化に大事な徴候をとらえる」

●第1巻：ソーシャルワークプロセスにおける思考過程

　第1巻では，多様な事例の支援経過の全容または一部を観察と逐語の記述で示し，その裏側でソーシャルワーカーとして着目した点や，それに対する働きかけを選択した意図を可視化することにしました。

　そのため，観察と逐語の記述では精神保健福祉士と利用者との実際のやり取りの臨場感を読者に提供し，一方で臨場していても見ることのできない精神保健福祉士の頭の中も整然と言語化するスタイルをとりました。読者は，ベテランが展開するソーシャルワークプロセスをたどりながら，その一つひとつに精神保健福祉士としてどのような根拠があるのかをみることができます。また，クライエン

トに寄り添いながらも，各精神保健福祉士が主体的で能動的にソーシャルワークを展開している姿にも触れることでしょう。これは，実際に経験したことのない事象や出会ったことのないクライエントに対する支援をバーチャルに経験することで，経験年数が浅くとも，あるいは職場特性に限定されずに，多様な支援を「経験したつもり」になれることを目指しているものです。実際の経験には執筆者一同にも試行錯誤や過去の失敗体験が多数ありますが，それらは紙幅の関係からごく一部の記述に留めています。

取り上げた16事例は，クライエントとの出会い，特定の機会をとらえたかかわり，前後の脈絡をふまえた経過の中での支援，電話相談，の4種類の場面や状況について各4事例ずつ配しています。なお，思考過程を根底で支える私たちの専門性について再確認するため，各節の末尾では事例で取り上げた場面や状況，クライエント像に即した解説を付けました。

(註)
1. 事例は，すべて架空のもので特定の個人をモデルにしていません。また，本シリーズの1～3巻まで共通に用いる事例です。
2. 登場するクライエントにはすべて仮名をつけています。これは架空の人物とはいえ，私たちがソーシャルワークを実践するパートナーとして一人ひとりを大切に扱いたいとの思いから匿名や記号で表示することに違和感を覚えたためです。なお，仮名がクライエントを指すことをわかりやすくするため，すべて一文字の苗字としています。
3. 本書では，精神保健福祉士を「PSW」と略記している箇所があります。
4. 精神障害のある人や支援の対象となる人のことは，「クライエント」「利用者」「メンバー」「当事者」など文脈に応じて書き分けています。

目次

- はじめに ... 1
- シリーズ刊行の趣旨と本書の構成 ... 2

第1章 思考過程の可視化からの学び ... 9

第①節 精神保健福祉士の支援における思考 ... 10
1. 面接・会話場面で行っていること ... 10
2. 支援における「思考」とは ... 11
3. 支援における「思考」を追体験することの意義 ... 13

第②節 支援における思考を可視化する方法と事例の読み方 ... 14
1. 本書における「思考」の可視化 ... 14
2. 事例の読み方 ... 15
3. シチュエーションと「思考過程」のバリエーション ... 16

第2章 クライエントとの出会いにおける思考過程 ... 21

第①節 症状の悪化により医療保護入院となった認知症の男性
家族の不安を受け止めつつ，本人の尊厳を守る ... 22

第②節 突如現れた就職希望の男性
本人の願いから状況を整理し，前向きな気持ちを引き出す ... 42

第③節 執拗に即時の入所をせまる母親
ひるまず，向き合い，ニーズを探り，信頼関係を構築する ... 56

第④節 ストレスチェック後に受診を勧められた男性
サラリーマン人生の見つめ直しに伴走する ……… 72

第3章 機をとらえた働きかけにおける思考過程 … 91

第①節 作業の休憩時間を思い思いに過ごすメンバー
時間と空間を共有しつつ，丁寧に支援を織り込んでいく ……… 92

第②節 転職と再飲酒を繰り返す軽度知的障害の女性
デイケアの調理プログラムを活用して，断酒と再就職を
支援する ……… 104

第③節 生活支援を長年拒み続けてきた一人暮らしの男性
思い出を共に回想し，明日への希望を呼び覚ます ……… 118

第④節 激昂した無職の男性と泣き出した休職中の女性
葛藤を糧に，グループの発展的関係へといざなう ……… 134

第4章 経過をふまえた支援における思考過程 … 157

第①節 一人暮らしを希望する双極性障害の長期入院の女性
本人を中心にした多職種チームのケア会議をコントロールする … 158

第②節 "死にたい"と任意入院を繰り返す男性
見逃してきたことに光を当て，関係をつくり直す ……… 180

第③節 映画スターになりたいと口癖のように言う長期入院者
あきらめてきた歴史に寄り添い，未来を共に切り拓く ……… 198
第④節 子の暴力に怯え，入院させてほしいと一点張りの母親
相談に踏み切った勇気を，共に打開する力に変える ……… 216

第5章 電話相談による支援展開における思考過程 …… 237

第①節 電話をかけてきて突然"死にたい"と訴える女性
切迫した状況の中から信頼関係を築き，生きる目的を
共に見出す ……………………………………………… 238
第②節 怒り交じりの用件をいきなり訴える母親
回数を分け，心の鎮静と状況把握に時間を使う ………… 258
第③節 毎日のように電話をかけてくる契約外の女性
対応し続けることで，社会とつながる架け橋となる …… 274
第④節 不安に押され，やっとの思いで電話をかけてきた女性
真意を話せる関係性へ，段階を踏んで丁寧に進める …… 292

● 著者紹介 ……………………………………………………………… 310

第 1 章

思考過程の可視化からの学び

第1節 精神保健福祉士の支援における思考

1. 面接・会話場面で行っていること

　精神保健福祉士（以下，PSW）は，面接場面やグループなどの集団場面，そして日常的に交わされる何気ない会話場面などで，図1のように「①クライエントの発言や態度⇒② PSW の発言や態度⇒③クライエントの発言や態度」というやり取りをしながら支援をしている。

　しかし，このやり取りにおいて，PSW が何に着目し，どのように分析し，考え，判断して支援を展開しようとしているか，またその根拠は何かということは，第三者がそばで観察したとしても直接的には表現されていないために見えてこない。

図1

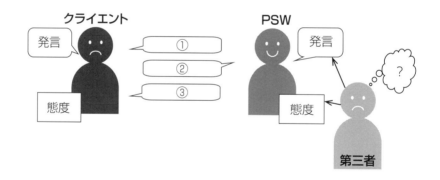

　当然のことではあるが，PSW は支援においてただ単に会話したり反応したりしているのではない。図2のように「①クライエントの発言や態度⇒② PSW の発言や態度」のやり取りの間に「観察」を行い「思考」を巡らせている。クライエントの発言や態度から得た情報をもとに数多くの思考を瞬間的に行い，言葉や態度を返してやり取りをしているのである。

図2

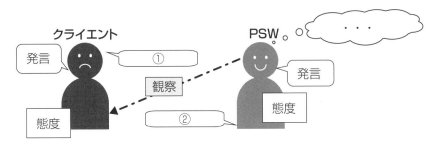

　この「観察」や「思考」を実際に見たり丁寧に説明を受けたりできると，第三者はPSWの発言や態度と合わせて，PSWが何に着目し，どのような根拠をもとに支援を展開しているのか，より多くのことがわかり，支援全体を正確に理解できるようになると考えられる。

　そして，私たちPSWがこの「観察」や「思考」を自覚的に言語化することは，実践の省察やスーパービジョンの手がかりにもなり，自己研鑽においても有用である。なぜなら，この「観察」や「思考」にPSWの専門性があると考えられるからである。

2．支援における「思考」とは

　上述のように，私たちPSWは，支援にあたりさまざまな物事を「観察」し「思考」を巡らせている。クライエントと初めて出会った場面を例にあげてみると，クライエントと相対し，またその発言を受けて，私たちは瞬時に無数の「思考」を巡らせている。

　例えば，これを詳細に記述してみると，『表情が硬いな』『何を求めて？』⇒『どこからの紹介だろう』『どんな思いだろう』『まず緊張をほぐすか？』『私が誰だか気にしているのかな？』⇒『表情を和らげてみよう』『ソフトな声がいいか？ それとも元気に挨拶しようか？』『安心感を伝えよう』などと考え，笑顔で「こんにちは。よくお越しくださいました！ PSWの○○です」と声をかけたところ，相手の表情が少し和らいだ，という具合である。

　そして，この思考を詳細に見つめてみると，『クライエントに関心を寄せる・絶えず課題発見（インテーク）⇒情報収集と課題分析（アセスメント１）⇒支援

方法の検討・吟味（アセスメント2）⇒支援方針の選択・決断（プランニング）⇒実行（インターベンション）⇒結果の受け止めと評価・再分析（モニタリング）』という過程を瞬間的に経ていることがわかる（**図3**）。

　これは，ソーシャルケースワークにおける支援の一連のプロセスと同じであるが，非常に小さな単位の実践，例えば支援途上の一場面や短い会話のなかでの思考である。このような思考の循環を，私たちPSWは意識的あるいは無意識的に瞬時に経ながら，同時にクライエントとコミュニケーションをとり，支援を展開しているのである。

図3

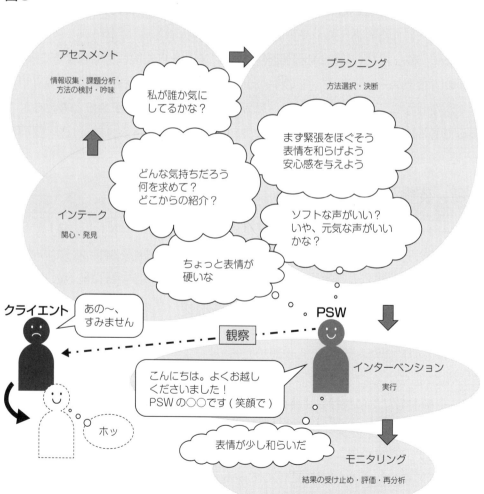

3．支援における「思考」を追体験することの意義

　PSW はクライエントの自己決定を尊重するという価値に基づいた支援をしているとはいえ，PSW の選択した言動にクライエントが反応し，その意思を言葉や態度に表している。ゆえに，PSW の判断の方向性がクライエントへの支援の方向性を決める側面をももつことになるといえる。よって，PSW が観察ポイントや思考を瞬時に多数浮かべることは，支援の選択肢を増やし，より適切な支援を展開できる可能性を高めることにつながる。

　この支援における「思考」において，観察ポイントがいくつも目についたり，多種多様な考えが浮かんだりして選択肢を多数もてるのは，PSW としての場数（経験）と振り返り（省察）の蓄積によるところが大きい。そして，多数の選択肢の中から瞬時に適切な判断ができるようになるには，経験と共に専門性に裏打ちされた研鑽が必要である。自らが選択した発言や態度が適切な支援となっているのか，クライエントに問いかけたり自問自答したりして，支援中や支援後に振り返るというプロセスを繰り返し積み重ねることで，PSW は支援者として成長するのである。

　新人や初任者が，いきなり多数の思考を浮かべたり，判断のための選択肢を増やしたりすることは難しいであろう。目の前の事象と支援のゴール予測の間を行ったり来たりしながら考え，支援にゆとりや幅をもたせることができるようになるには，それなりの年月をかけて経験を積む必要があるからだ。それゆえ，新人や初任者の中には，自己の実践力に課題を感じている者もいると考えられる。そこで，私たちは多様な経験に基づくベテラン PSW のバラエティに富んだ支援における「思考」をつぶさに見聞きすることができれば，経験の少なさを補完することができるのではないだろうかと考えた。

　このような仮説に基づき，本書では PSW の言葉や態度に表されない部分も含む多様な「思考」の過程を可視化し，読者がそれらを疑似体験し，「経験知」を増やすことを目指している。

第2節 支援における思考を可視化する方法と事例の読み方

第1章 思考過程の可視化からの学び

　支援における「思考」を可視化することは，そこに含まれる要素（関心・発見・情報収集・課題分析・方法の検討と吟味・方法の選択と決断・実行・結果の受け止め・評価・再分析）のみならず，支援者の判断の根拠（専門性），姿勢や態度（技術や表現），そして信念や矜持をも第三者に理解できるように言語化して示すことである。

　ここでは，クライエントとの出会いにおけるPSWの思考の一例として，「就労支援センターに突如現れた就職希望の男性」（第2章第2節）の一部を抜粋し，本書における「思考」の可視化する方法と事例の読み方を説明する。

1. 本書における「思考」の可視化

　本書の事例では，事実経過に即してPSWの態度と観察した内容，およびクライエントとPSWの発言の一部を左ページに記述し，その支援場面におけるPSWの「思考過程」を右ページに詳述している。左ページの「観察と逐語」は，現実の支援場面ではもっと多くのものを見たり発信したりしているが，ここではPSWが必要性を判断し，選択的に観察したり意図的に態度に表したりしている部分を記述している。右ページの「思考過程」は，実際の会話や場面では瞬間的に展開して流れていくため，これほど整然とは言語化されないが，本書ではあえて「思考」を可視化するために，できるだけ丁寧に詳述することとした。

　本書で紹介する16事例はすべて「観察と逐語」と「思考過程」を対比して読めるように数字を付している。「観察と逐語」の□1□の時間経過の中やその前後において，PSWの頭の中では「思考過程」の□1□が同時に進行しているという構成である。

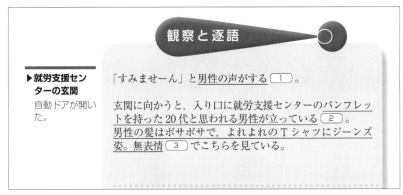

2. 事例の読み方

　上記の事例に登場するPSWは，[1]で＜男性の声がする＞という事実に着目し，同時に『誰なのか』『約束があったか』という思考を巡らせ，『新規の相談者かもしれない』という可能性を考え，＜玄関に向かう＞という判断をして実行している。また[2]では＜就労支援センターのパンフレット＞に注目し，[3]で＜男性の外見や表情＞を注意深く観察して，『この人自身の相談だろうか？それとも家族や知人の相談であろうか？』と相談対象者であるかどうかを吟味している。

　これらの「観察と逐語」と対応する「思考過程」を並行して読むことは，各事例におけるPSWの支援場面に陪席しながら，その頭の中も覗く体験のようなものである。このようにして読者は，各事例を読み進めながら，PSWがどのような事実や情報に着目し，どのような思考を巡らせ，どのような疑問をもち，どのような態度や言葉を選び，情報収集しアセスメントしているかを追体験することができる。これをさらに進めて，「観察と逐語」を読みながら，自分だったらどのような思考を巡らせるかを考えてみることや，実際の支援場面において，このような思考を意図的に頭の中に巡らせてみることもPSWとしての実践力を磨

トレーニングになると考えられる。

なお，本書では「思考過程」に記述する多数の選択肢からPSWが瞬時に選択した判断がどのような価値に基づくものであるのか，教科書的には記述していない。読者には，考えながら読み進めることや，各事例の「解説」を読むことで，さらに学びを深めていただきたい。

3. シチュエーションと「思考過程」のバリエーション

本書は，実際に起こり得る生活場面・相談面接場面を設定し，多様な支援場面や「思考過程」のバリエーションを疑似体験できるように構成した。ここでは，各シチュエーションと「思考過程」のポイントを解説する。

1）クライエントとの出会いにおける思考過程（第2章）

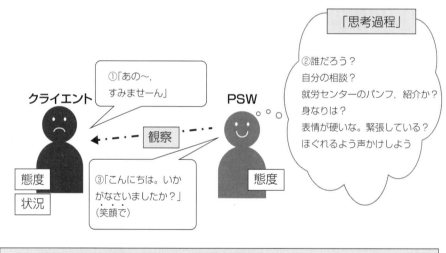

ソーシャルケースワークにおける「インテーク」に該当する初回面接や初めてクライエントと出会った場面では，PSWはクライエントとの間で①～③の過程を循環し，支援を展開していく。これらの出会いの場面における「思考過程」のバリエーションを第2章で紹介している。

2）機をとらえた働きかけにおける思考過程（第3章）

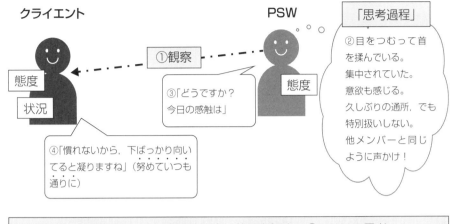

さまざまな生活場面や支援場面におけるクライエントの発言，態度，状況や出来事の観察をもとに，PSWから能動的に働きかけて始まる支援である。「今ここで」のかかわりの必要性をアセスメントし，実際に行動に移すか移さないかの判断をしている。この機のとらえ方や「思考過程」のバリエーションを第3章で紹介している。

3）経過をふまえた支援における思考過程（第4章）

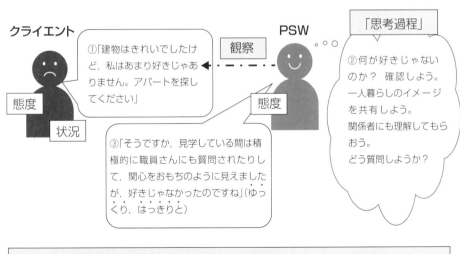

すでに支援関係にあるクライエントに対する支援の一場面を切り取っている。経過をふまえ，場面に応じて，現在の目の前の事象に加えて過去の支援経過から情報を統合して現状をアセスメントし直し，かかわり続けていくPSWの支援における思考過程のバリエーションを第4章で紹介している。

4）電話相談による支援展開における思考過程（第5章）

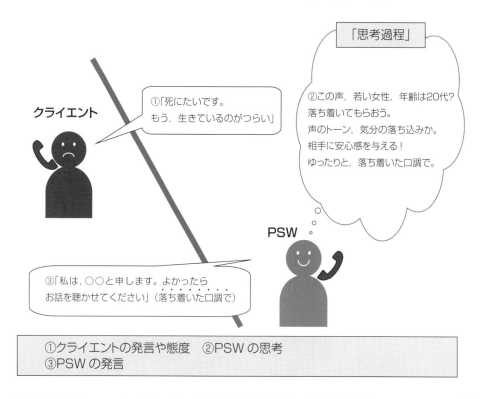

①クライエントの発言や態度　②PSWの思考
③PSWの発言

電話相談においては，①〜③の過程を循環しながら支援を展開している。聴覚以外の情報を得ることは不可能であり，声の大小，抑揚，速度などからクライエントの感情や状況を推測し支援している。このような電話相談特有の支援における思考過程のバリエーションを第5章で紹介している。

まとめ

新人や初任者がどのような状況にも対応できるようになるためには，知識の習得，経験の積み重ね，省察が重要となる。初任者といわれる頃に多種多様な経験を積み，意識的に省察を繰り返すことで，PSWとしての支援の質を向上させていきたい。

しかし，PSWの実践現場は多岐にわたり支援場面も多様であるため，クライエントに接する機会の多寡は実践現場によって差がある。そして，現場で十分な教育を受ける機会についても同様である。

　そこで，本書ではその多様性に基づく場面や状況を取り上げ，利用者像も多彩に設定した。したがって，各事例は個別性の高い内容であるが，これらの場面や状況におけるPSWの「思考過程」からは，いかなる領域においても共通するPSWの姿勢・態度や専門性（価値・倫理・技術）を見出すことができるはずである。各事例のPSWの「思考過程」に触れ，判断や選択の根拠などを追体験しながら「経験知」を蓄え，現場でクライエントの支援をする際の思考や選択肢の「引き出し」を増やし，実践力の向上に役立てていただきたい。

　思考を停止して「業務をこなしておけばいい」と支援をなおざりにすることなく，常に「考え続けること」こそが，PSWとしての成長の王道であり，また結果的には近道でもある。

　日々の実践に喜びを感じたり，この仕事の魅力を感じたりしながら成長するプロセスに本書を活用していただければ幸いである。

第2章

クライエントとの出会いにおける思考過程

　一般的に，出会いの場面とされる「インテーク（初回面接）」は，クライエントの主訴の把握や機関の機能の説明，主訴とのマッチングを行い支援契約に至るまでをいい，相談事を抱えたクライエントがやってきて困りごとや希望を述べる場面が想定されます。ただし，クライエントは「初回」と認識しているわけではなく，いま，問題解決や答えを求めていますから，こちらが聴きたいことだけを聴いて終わるということではなく，実際のインテーク場面では，クライエントのニーズに応える必要があります。

　しかも，精神疾患や障害を抱えるクライエントは，難しい主訴や表明されない「主訴」を抱え，時として望まない形で私たちの前に引っ張り出されて登場します。また，例えば長期入院などすでに長い年月を当該機関で過ごしている場合は，当初のインテーク記録がすっかり古くなってしまっています。さらに生活を共にする施設等において，出来事（インシデント）の発生を契機に日常と異なる支援が必要となったときなど，私たちはクライエントと出会い直し，再度インテークと同じ段階をたどることもあります。

　こうしたことをふまえ，現場の特性やニーズ次第で多様な出会い方のインテーク事例を取り上げ，支援の端緒となるPSWのかかわりと思考過程を見ていきます。

第1節 症状の悪化により医療保護入院となった認知症の男性
家族の不安を受け止めつつ，本人の尊厳を守る

事例の概要

林さん（仮名，75歳男性）は，アルツハイマー型認知症で，最近は妻や娘への暴力行為が出現していた。当院は単科の精神科病院で，急性期病棟や療養病棟も併設している。新規入院は3か月以内の退院を目指している。

観察と逐語

▶**医療相談室**
診察室から大声が聞こえる。

5月某日，午後。医療相談室で仕事をしていると突然，「ふざけんな，このやろう！」という怒鳴り声と，女性の声で「キャー」という悲鳴が聞こえた [1]。声は相談室の隣の診察室から聞こえてくる。声を聞いた瞬間，他の男性PSWと共に走って現場へ急行した [2]。

▶**診察室**
部屋に飛び込む。

外来診察室では，男性医師と数名の女性看護師が林さんの両腕部分を押さえつけていた [3]。
林さんは妻と思われる女性をキッと睨みつけ，今にも殴りかからんとする勢いである。「入院だって？ ふざけるな！ 俺は帰るぞ。入院なんて必要ない [4]」とものすごい剣幕でまくし立てている。

私は，「どうしました？ まずは落ち着いてくださいね。少し腕を押さえますよ。痛い思いをさせてごめんなさいね [5]」と林さんに声をかけ，林さんと周囲のスタッフ双方の身の安全を守るために，一人の女性看護師とポジションを交代して林さんの右腕を私の全身を使って覆うようにして押さえた [6]。

第2章 クライエントとの出会いにおける思考過程

登場人物	●林さん…75歳男性，アルツハイマー型認知症 ●海堂PSW…精神科病院の医療相談室に所属
場面	入院時の外来診察室での一瞬のかかわり，入院日からは保護室，その2日後には病棟のホールや面談室で林さんと面接を行っていく。

第1節 家族の不安を受け止めつつ、本人の尊厳を守る

思考過程

1. 何事だ？ 年配らしき男性と女性の声だ。スタッフの声ではなかったし，患者さんとその家族だろうか。今日の新患さんかもしれない。

2. そういえば，朝一番のPSW間の申し送りで，午後から認知症で入院が必要になるかもしれない方が来ると聞いていた。医師から入院を勧められて何か反応したのだろうか。とにかく急いで現場に駆けつけないと。外来看護師は女性ばかりだし，男性スタッフの応援は呼んでいるのだろうか。

3. 一体何があったのだろう。先生や看護師の表情を見るとただ事ではないようだ。興奮している男性は見た感じではそんなに大柄ではないし，お年を召していて力がありそうにも見えない。けれど，すごい形相だ。よっぽどのことがあったのか。それとも病状が悪いのだろうか。

4. "入院"というキーワードが出ている。入院を勧められて拒否しているのだろうか。妻と思われる女性に対してひどく怒っているようだし，入院させてほしいと妻から医師に話したのかもしれない。

5. まずは早く落ち着いてほしい。押さえるという行為はいつだって嫌だけれど，病院の男性スタッフである以上，このような場面は避けては通れない。こういうときだからこそ自分の気持ちを相手にちゃんと伝えておこう。どんなに興奮していても，意外とそのときの記憶は憶えているものだ。PSWはこういう気持ちのやり取りを大切にすることをわかってほしい。ここでの「かかわり」は今後のソーシャルワークにおいて重要な意味をもってくる。ここをないがしろにしては絶対にダメだ。

6. まずはお互いの身の安全を確保することが必要だ。どちらもケガしないように，安全に慎重に対応しなければいけない。

観察と逐語

林さんの近くには，奥さんと思われる方ともう一人女性がいた ⑦ 。
担当医師は，「林さん，あなたには入院治療が必要です ⑧ 。少し病院で休んでいきましょう。入院病棟へご案内しますからね」と伝え，医療保護入院の告知を済ませた。

ほどなく，病棟からの応援と思われる数名の男性看護師が駆け付けた。男性看護師に囲まれた林さんは，「放せ，放せよ，お前ら。明日には店を開けないといけないんだ ⑨ 」と抵抗しながらも，看護師らに抱え込まれるようにして，最後はあきらめて自分の足で病棟へと向かっていった。

▶病棟内の面談室
家族を面談室へ案内する。

主治医は，家族に医療保護入院の説明をすると，そそくさと病棟へと向かっていった。私は，林さんが入院する病棟の面談室へ家族を案内した ⑩ 。そして，入院手続きに取りかかった。

「林さんもつらかったと思いますが，ご家族も大変でしたね ⑪ 」
「いいえ，大変お見苦しいところをお見せしてしまって申し訳ありません。お恥ずかしい限りです」
「そんなことありませんよ。お気になさらないでください。私は担当精神保健福祉士を務めさせていただきます海堂と申します。また，林さんの退院のお手伝いをさせていただく"退院後生活環境相談員"という役割も担い，今後いろいろな相談に応じていきますのでよろしくお願いいたします」

そう伝えてから，退院後生活環境相談員に関する案内文書を手渡し，その役割を説明した ⑫ 。そして，「すでに医師や看護師などにも話をされていて重複する質問になってしまうかもしれませんが，林さん自身のこと，ご家族の関係，今回の入院までの経緯などを簡単にお聴かせくださいますか？ ⑬ 」と話を進めた。

「夫は現在75歳です。今から5年くらい前に近くの脳神経外科でアルツハイマー型の認知症と診断されました。当初は物忘れ程度の症状だったのですが，だんだん私に対する暴力がひどくなっていったんです ⑭ 。もう怖くて一緒にはいられないと思うほどでした。元々，口は悪くて何かあったらすぐにカッとなる性格ではあったのですが，やさしい一面もあって，家族に手をあげるなんてことはありませんでした ⑮ 。

- ⑦ もう一人は娘さんだろうか。
- ⑧ それが医師の見立てか。入院病棟の看護師には連絡を入れているのだろうか。ベッドの空き状況はどうだっただろうか。保護室が必要になるかもしれない。本人は入院を拒否しているが，どうだろうか。医療保護入院の現場に立ち会うのは何度経験してもつらい。

- ⑨ "店を開ける" とはどういうことだろう。何か自営業でもやっているのだろうか。さっきは腕を押さえつけてしまったけれど，きちんと謝ってどうしてあのような行為が必要だったのかを説明しなければいけない。林さんはどうして入院が必要だったのだろう。今うかがえる荒々しさのほかに大きなエピソードでもあったのだろうか。本人，家族とゆっくり面接して，その理由を聴いていかないといけない。

- ⑩ お二人ともずいぶんと気丈にふるまっていて，とても協力的な印象である。医療保護入院については，主治医からの説明があっさりしていたので，あらためて詳しく説明したほうがいいだろう。

- ⑪ 今回の入院をどのように受け止めているのだろうか。ほっと一安心している部分があるかもしれないが，悲しい気持ちに押しつぶされそうになっているに違いない。特に，スタッフらに半ば強引に連れられていってしまった光景を目の当たりにしたのは相当ショックだったと思う。林さんに関する情報や家族の関係などの詳細は後日ゆっくり聴いていこう。今日はあまり時間をかけず，家族のつらい気持ちをしっかり受け止めよう。

- ⑫ この名称は聞いたことがないだろう。丁寧に説明し，林さんのさまざまな権利を擁護し，可能な限り早期に退院できるよう中心的な役割を果たしていく存在であることを伝えないといけない。家族が安心して林さんのサポートに専念できるようバックアップをしていく存在であることを理解してもらおう。
- ⑬ 娘さんはわりとしっかりしているように見えるけれど，奥さんの表情はずっと曇っている。不安そうな表情だ。情報収集をしながらも，お二人の不安や思いを受け止めていかなければいけない。

- ⑭ そうか，家族への暴力が今回の入院の背景にあったのか。退院を考えていく際に難しい課題となってくるかもしれないな。
- ⑮ 今もどこかで林さんを信じたい気持ちが残っているということだろうか。それとも，以前とのギャップの大きさに戸惑っているのだろうか。
- ⑯ 林さんと家族はきっと良好な関係だったのだろう。夫を恨んでいるというより憂いているように聞こえる。林さんは，おそらく自分でもおかしいということを自覚していて，でも普通であると思いたくて，それなのに妻が一方的に入院を勧めたことに対して憤りがあったのだろう。

「でも，認知症と診断されたあたりから人が変わったように⑯暴力的になってしまったんです。暴力は時が経つにつれてどんどんエスカレートしていきました。今では被害妄想的な言葉も口にします⑰。財布を盗ったとか，食事に変なものを入れたとか。
これまで暴力や暴言の対象は私だけだったのですが，3日前にはとうとう娘にまで手をあげてしまいました⑱。それで，いよいよもうダメだと思い，病院に入院させようと騙して連れてきたんです⑲」

「そうでしたか。たくさん話してくださってありがとうございます。以前はとても仲のよいご夫婦だったのですね。"怖い"という表現もありましたが，今でも林さんを尊敬されていて，信頼しようとされている部分もあるのではないでしょうか⑳」

「はい……。もちろん昔の夫に戻ってくれるならありがたいですけど……でも，現実はそうはいきませんものね。脳外科の先生にも，認知症は治ることはないって断言されてしまっているんです㉑。夫の調子には波があって，落ち着いてきたと思っていたら突然興奮して暴力行為におよんでしまう。そして一気に被害的になってしまう……。でも，また落ち着いたり。その周期はだんだん短くなっているのです㉒が，最近ではもう何年も前に引退した床屋をもう一度やるなんて言い出してもいるんです㉓」

「そして，ついに娘にまで手を出してしまった。娘は一緒に住んではいませんが，娘に手をあげたら終わりだと思っていました。もう一緒には暮らせないと思っています。できればここにずっと入院させておいてほしいのです㉔」

「いろいろ大変な状況があったのですね。入院期間については，あらためてご相談させてください㉕。ご本人の状態や意向，ご家族の意向，主治医の考えなど，さまざまな意見を総合して入院日数や退院日を病院として考えていきたく思います㉖」
続けてこう伝えた。

「ご家族の思いとお考えは確かに受けとらせていただきました。これから林さんの意向も確認してまいりますが，できる限りお二人のお気持ちも尊重したいと思っています㉗。もう少しだけお時間大丈夫でしょうか？」
奥さんは「はい。大丈夫です」と答え，あらためて医療保護入院の説明をし，入院手続きを進めた。

17) 被害妄想の症状もあるのか。家族はさぞ苦労されてきたに違いない。それも原因で入院を強く望んでいたということか。

18) 5年前から症状があるのにここまで頑張ってきたのは家族に強い絆があったからに違いない。悲しい話だ。林さんもさぞつらかっただろう。

19) 何て言って騙したのだろう。きっと林さんはそのことを覚えている。根にもつかもしれない。ここへの対応は家族と話し合っていかないといけないな。

20) 家族の林さんに対する気持ちを確認するところから，まずは家族が考えている退院先を聴いておく必要がある。林さんと一緒に暮らせる可能性はあるだろうか。話しぶりからは少し期待がもてそうだけれど，5年前からの症状に暴力行為が加わっていて，意外と根は深いかもしれない。

21) 医師にそう断言されたことが家族の今の認識につながっているようだ。確かに昔の林さんに戻ることは難しいかもしれないけれど，認知症と向き合いながら家族が一緒に過ごしていく方法はあるはず。

22) 安定した期間をどれだけ長く延ばせるかは治療の経過を見ていかないとわからないだろう。今の状態のままではないことを家族と共有したい。医師とのIC（インフォームドコンセント：面談）を組んで，林さんの病状を説明する機会をつくったほうがよさそうだ。

23) 先ほど聞いた「店を開ける」とはそういう意味だったのか。プライドをもってされてきた仕事なのだろうな。

24) 林さんへの否定感情は強い。でも，本人への肯定的な思いを垣間見ることもできる。今，家族には休息と冷静に考える時間が必要だ。キーパーソンは娘さんかと思ったけれど，奥さんもしっかりしているようだし，おそらく奥さんがキーパーソンになるだろう。

25) 「入院診療計画書」に推定入院期間を記載し，本人と家族に渡さなければいけないけれど，あとで家族から質問があるかもしれないな。

26) 先ほどの状況から察するに，林さんは一刻も早い退院を望んでいるだろう。一方の家族は長期の入院を希望している。本人と家族には同様の説明が求められるので，推定入院期間は慎重に検討しなければいけない。

27) 本人の思いを第一に，と同時に家族の意向もしっかり汲んでいきたいことをメッセージとして伝えよう。

第1節 家族の不安を受け止めつつ，本人の尊厳を守る

観察と逐語

▶病棟のナースステーション 看護師に保護室への同行を願い出る。	家族と別れた後，林さんが入室した保護室へと向かった[28]。病棟のナースステーションに入り，男性の主任看護師に声をかけた。 「林さんに一言ご挨拶したいのですが，一緒に保護室についてきてもらってもよろしいでしょうか？[29]」 「いいですよ。さっきバイタル取らせてもらいましたけど，鎮静作用のある薬を飲んだので少し落ち着いてきたみたいですよ。行きましょうか」 看護師はそう言うと，保護室の鍵を手に取った。
▶病棟の保護室 林さんを訪問する。	保護室のドアをノックし，「失礼します。林さん，入りますよ」と声をかけて看護師と共に保護室に入室した。林さんはベッドに横たわっていて，私に気づくとギロリとこちらを睨みつけた[30]。 「林さん。はじめまして。私は，林さんのさまざまな相談に応じるソーシャルワーカーという職種の海堂と申します[31]。また，林さんの退院のお手伝いをさせていただく退院後生活環境相談員という立場にもあります[32]。よろしくお願いいたします」と言い，退院後生活環境相談員に関する案内文書を手渡した。 少しの沈黙の後，林さんは「ん？ あ，はい……」と素っ気ない返事をして，後ろを向いてしまった[33]。 「林さん，疲れているところすみませんでした[34]。また来ますね。何かあったら呼んでくださいね」 そう伝えて，保護室を後にした。
▶2日後，相談室 病棟看護師から電話を受ける。	それから2日後の午前。病棟の看護師から，「林さんが海堂さんとの面談を希望されています[35]」との電話連絡を受けた。「林さんはまだ保護室にいたと思いますが，林さんが私を呼ばれたのですか？」と言うと，看護師は，「興奮状態はおさまったので，主治医より今日から一般室への移動が許可されたんです[36]」と状況を教えてくれた。
▶相談室 主治医に内線電話をかける。	そこで，病棟に赴く前に主治医から林さんの病状を確認することにした[37]。 主治医によると，認知症には間違いないだろうとのことで，処方した抗精神病薬や安定剤が効き，ひとまず興奮状態は落ち着いたが，認知機能の低下や妄想言動は簡単には改善されないと思われるとのことだった。

[28] 先ほどの一幕から2時間くらい経過しているけれど，林さんは私の顔を覚えているだろうか。まだ興奮状態にあるだろうか。でも，今ここで最初の挨拶をしておく必要がある。自分が林さんの担当PSWであることを早くに知ってもらいたい。

[29] 高齢者とはいえ，興奮状態にあるとき人はとんでもない力を発揮する。林さんはそんなに大柄ではなかったけれど，保護室に入室するときは複数体制で臨むのが鉄則だ。また，保護室にいる人と接するときは，主治医や病棟の師長，担当看護師などに話してから会いに行くのが望ましい。クライエントから思わぬ被害妄想の対象にされてしまうこともある。こういうときのためにも，普段から他職種と良好な関係をつくっておくことが大切だ。

[30] 険しい表情をしている。まだ落ち着いていないのだろうか。さっき林さんの右腕を押さえた私の行為と顔を覚えているのだろうか。入院初日の保護室での挨拶は何年経験を重ねても緊張する。

[31] ソーシャルワーカーという存在がいることを最初に伝えよう。

[32] 林さんはすぐにでも退院したいと考えているはず。はじめに「退院」というキーワードを伝えておこう。ただ，「すぐに退院させてくれる人である」という誤解を生まないように気をつけなくてはいけない。

[33] あれ？ 怒った様子もなければ，「退院」にも関心を示さない。なんだか疲れているように見える。「だったら今すぐに退院させろ！」とか，「あの時俺を押さえつけやがって！」とか言われると思っていたけれど，かかわりを拒否されてしまったようだ。

[34] 思っていた以上に疲れているみたいだ。お詫びして退出しよう。私のこと，明日になっても覚えていてくれたらよいのだけれど。

[35] 私のことを覚えていてくれたのか。林さんから面談を求めてくるなんてうれしい。前回は入院したばかりでゆっくり話をできなかったけれど，今日は少し時間を取って話をしてみよう。それと，入院時に腕を押さえてしまったことを謝ろう。どんな内容の相談だろうか。

[36] それはよかった。少しでもストレスのない病室で過ごしてもらいたいと思っていたところだ。これで，ホールでテレビを観たり，人と会話をしたりしてもらえる。林さんもほっとしているだろう。

[37] 伺う前に林さんの現在の病状を正確に確認しておこう。看護師から「あのときの興奮状態は落ち着いた」と報告があったが，認知症のBPSD（行動・心理症状）による興奮状態だったのか，他の精神疾患に起因していたのかなど，状況によって今後のアプローチは変わってくる。

▶病棟ナースステーション 面談室の使用を伝える。	その確認後，午前に予定されていた会議が終了すると，その足で林さんが入院している病棟のナースステーションへ向かった。林さんの担当看護師に「これから林さんと面接しますね 38 。面談室をお借りします」と伝えた。
▶病棟のホール 林さんを見つける。	病棟の面談室を予約しホールへ行くとテーブルに座って新聞を読んでいる林さんを発見した 39 。 「こんにちは林さん。ソーシャルワーカーの海堂です。私のこと覚えてくれていたのですね。ありがとうございます 40 」と声をかけると，「あぁ，海堂さん。来てくれたんだねぇ。入院した日に挨拶してくれた人だろ 41 。ちょっと相談あるんだけど，いいか？」と林さんは気さくな感じで返答された。
▶面談室 林さんを部屋へ案内する。	林さんを面談室へ案内し，座って話を聞くことにした。「相談を伺う前に，先に一つだけいいですか？」 「なんだい？」 「入院時のこと覚えていますか？」 「あぁ，何となく覚えているよ。内科で検査するとか言って，この病院に連れてこられて 42 ，いきなり大勢に囲まれて入院させられたんだ。俺は何もしていなかったのに。ちょっと大声を上げただけだろ 43 。なのに，強制的に入院させられたんだ」 「実はその大勢のスタッフのなかに私もいたのです。林さんが興奮していたので，誰かを傷つけてしまっては大変だと思って，林さんの腕を押さえつけてしまいました。つらい思いをされたことと思います。すみませんでした 44 」と私は謝罪した。 「あぁ，誰に押さえつけられたかなんて覚えていないよ。そういえば，ごめんねって言ってくれた人がいたことは何となく記憶があるよ 45 。でも，俺はあのときそんなに興奮なんかしてなかったはずだ 46 。冷静に先生と話していた。勝手に入院させられるってことに対して腹立たしい気持ちだったけど，ぐっとこらえて我慢していたんだ。それは覚えている」 林さんの表情が少し曇ってきたような気がした 47 。 「そうでしたか。ご家族に憤った気持ちをおもちだったのですね。でもよく我慢されましたね。相談内容とはそれに関係することですか？」 林さんは軽く一呼吸をおくと，「退院したい。早く退院させてくれ 48 」と言った。

38　他職種とは些細なことでも情報を共有していくのが望ましい。林さんとの面接日時や内容は後でカルテにも記載するけれど，口頭での連絡を怠ってはいけない。

39　林さんだ。入院初日と比較すると表情が全然違って見える。やさしい顔をしている。これが本来の林さんなのかもしれない。新聞は普段から読んでいたのだろうか。さて，どんな相談だろうか。

40　林さんが私を呼んだのだから覚えてくださっているのはわかっているけれど，入院時の嫌な記憶が強いかもしれない。林さんはどう返事されるだろうか。

41　覚えてくれていた。口調や表情も柔らかい。よかった。入院したときの興奮が嘘のように落ち着いている。元々カッとなりやすい性格だと家族は話していたけれど，こういう礼節をもった人なのかもしれない。

42　あまりよくない対応だったかもしれないな。でも，そうする以外にないくらい，家族も困り果てていたのだろう。この点については，いずれ家族から謝ってもらったほうがいいだろう。

43　診察室で怒鳴り散らして，奥さんに殴りかかろうとしたことは覚えていないか。記憶が断片的なのかもしれない。「入院させられた」という否定的な感情は残っているようだ。

44　クライエントが暴力的なとき，あるいは興奮状態にあるときなどは，危険から身を守るために押さえつけなければならない場面に立たされることがある。その後の対応次第では，よい関係性を構築するきっかけとなることもある。大事なのは，自分の素直な気持ちを伝えて，そのときにクライエントが抱いたかもしれないネガティブな感情をきちんと受け止めることだろう。

45　私が言った言葉を覚えてくれている。混乱した状態でも丁寧に対応することの大切さを実感する。

46　自分は冷静だったと思っている。ものすごい剣幕で家族に発したネガティブな言動は記憶から抜け落ちている。認知症の物忘れなのか，入院時に処方された鎮静に作用する薬の影響なのか……。

47　やはり家族に対する否定感情が強いのだろうか。穏やかに見えたけど，林さんが時折見せる眼光は鋭い。

48　そわそわし出した。表情は険しいままだ。表情から退院したい気持ちの切実さが伝わってくる。興奮状態はおさまっているけれど，その他の症状はどの程度改善されているのだろうか。また，ここへ至ったいきさつを林さんはどう思っているのだろうか。

観察と逐語

「退院したいのですね。それはご自宅に帰りたいということですよね？ 49 すぐにでも退院したいということですか？」

一瞬，林さんはムッとした表情を覗かせた。「当たり前だろ。そもそもどうして俺がこんな病院に入院させられなきゃいけないんだ？ 50 俺は家でゆっくり過ごしたいだけなんだけど」

「ゆっくりお話を伺いたいので，部下と看護師へ連絡します。少しだけお待ちいただけますか？」

▶面談室の外
中座し，廊下に出る。

いったん席を外すと，院内PHSを使って，林さんの担当看護師におそらく面接時間が長めになること，また，その場合に林さんの病棟でのスケジュールに支障がないことを確認した 51 。

▶面談室
部屋へ戻り，面接を再開。

病棟での予定がないことを確認し，面談室へ戻った。「林さん，お待たせしました。さて，退院したいということですが，今回入院している理由が何かはおわかりですか？ 52 」

「ん？ 俺が怒りっぽいから，それで殴ったこともあるから 53 ，あいつは俺を入院させたのだろう。でも，そもそもはあいつが悪いんだ。俺の金を何百万も勝手に使い込んだり，俺の物を売ったり盗んだりしていたんだ。最近では食事に変なものまで混ぜてやがる 54 。娘までグルになりやがって」

「奥さんや娘さんから何か盗まれたりしたんですね。ご家族を信用されていないのですね？」
「当たり前だ。あいつらを信用できるわけがない 55 」
「信用できないのに，また一緒に住むことはできますか？」
「俺は自分の家に早く帰りたいだけだ 56 」
表情が一層強張ってきている。

「ところで林さん，家に帰ってしたいことなどありますか？ 57 」
「ゆっくりテレビでも観たいな」
「どんなテレビ番組ですか？」
「昔からスポーツが好きだったんだ。特に駅伝とかマラソンとか観たいな 58 」
「へえ。私も正月の箱根駅伝とか大好きで，毎年観ちゃいますよ」
「あれは面白い。若者が一生懸命に走る姿はいいよ」
「そうですよね。退院して自由にテレビを観たいってこと

第2章 クライエントとの出会いにおける思考過程

[49] 当たり前の質問をしてしまった。家に帰る以外の選択肢や考えが今の林さんにあるわけがない。

[50] やっぱり余計なことを言ってしまった。でも，怒鳴るような素振りはない。礼節は保たれている。ならば退院に対する思いをもっと引き出してみよう。ここからの話はとても大切で，今後の支援のあり方を考えていくうえで重要な話題が出てくるかもしれない。

[51] 看護師らを心配させてもいけないし，一度断りを入れ，あわせて主治医の診察や作業療法，レクリエーションなどの都合を確認しよう。一般室に移ったのでそうした活動も始めていく頃合いかもしれない。

[52] 先ほどの発言のなかに不当な入院と感じている響きがあった。とすれば，入院している理由をわかっていないのは明らかである。この部分の理解が曖昧なままだと，家族に退院したいと話したとしても反対されてしまうだろう。しかし，林さんに認知症があることは事実だろうし，どこまで理解できるのだろうか。

[53] 怒りや暴力の懲罰目的で入院させられていると思っている。悲しいことだ。
[54] 内容からは被害妄想と考えるのが妥当だろう。病状はよくなってきたと思っていたけれど，妄想は残っているのか。家族の話題になると急に表情が硬くなる。今家族と会ったら激昂してしまうかもしれない。妄想以外の病状はどうだろうか。

[55] 家族に対して固執した否定感情を抱いている。この否定感情は薬だけでは簡単に取れないかもしれない。
[56] 家族と話した印象では，同居の可能性はゼロではない。それが達成できるための支援を考えていこう。

[57] 話題を変えよう。世間話から林さんの長所を発見できるかもしれないし，好きなことや趣味を聞いていくことは関係づくりにも奏功することが多い。
[58] スポーツ観戦が好きなのか。スポーツを観るのが好きってことは，昔は何かスポーツをやっていたのかな。

ですよね」
「そうなんだ。だから早く退院させてくれよ」
林さんの表情が穏やかになり，笑顔も確認できた 59 。

「病院ではテレビは好きなように観られないですものね」
「そうだよ。この病院は各病室にはテレビはないみたいだし，ホールにだって2つしかテレビがないじゃないか。いつでも自由に観られるわけではないだろ。好きな番組を観られないんじゃテレビがあったって意味がない。風呂にしたって，食事にしたって不便なことばっかりだ。みんなで暮らすってのが嫌いなんだよ。だから早く退院したいんだよ 60 」
「うーん……」
私は少し間を取った 61 。沈黙の時間が20秒ほど流れた。

「林さんが早く退院したいというお気持ちをもっていることはよくわかりましたよ。家に帰られた場合は奥さんとまた一緒に生活することになりますよね？」
「ん？ うん」
「そうなると，やっぱり奥さんや娘さんの理解があったほうが林さんにとってもいいはずですよね？ 62 」

「あいつらは退院に反対しているのか？」
「いえ，でもお父さん疲れているだろうから，この機会にゆっくり休んでほしいって話してましたよ 63 。それに，奥さん自身も少し疲れたとは話しておられました」

「俺は疲れてなんかいないのに。余計な心配しやがって」
「家族のみなさんが納得する形で退院したほうがよいと思うんです 64 。病院生活がつらい気持ちはわかりますが，また奥さんと一緒に仲良く暮らせることが林さんにとって重要ではありませんか？」
「それはそうだ。そうしたいとは思っているよ 65 。今すぐに退院しても仲良くやっていけるから大丈夫だ 66 。もう暴力なんかしないし」

「さっきは奥さんや娘さんのことを信用できないって話してましたけど，暴力はしないと言い切れるんですか？ 67 」
「暴力はしない。でも，また何か盗まれたりしたらかなわんけどな」
「そうなんですね。ところで奥さんや娘さんはどのような方なのですか？ 68 」

「あいつらはすごくいいやつらなんだが，少しお節介で口

[59] 好きなことを話しているときの林さんはどこか無邪気で表情も豊かだ。言葉遣いもやさしく，人に好印象を与える。これは林さんの強みのはずだ。

[60] 集団生活は嫌いかぁ。今までわりと自由気ままに暮らしてきた人なのかもしれないな。もっとも，病院生活が楽しいわけがないか。風呂だって毎日は入れないし，起床や就寝，食事の時間だって決められている。家に帰りたいという思いは誰もが当たり前に思う気持ちだ。

[61] 少し時間を取ってみよう。林さんからさらに言いたい言葉が出てくるかもしれない。

[62] 家族の理解を得たうえで本人の希望を叶えたい。林さんも心のどこかで家族を信頼したいと思っているはずだ。双方にとって少しでもいい結果に導きたい。

[63] 現に物理的な距離が必要な状況のなかで，その距離が心理的に離れていかないようなアプローチが必要だ。だからあえて「休んでほしい」と言い換えよう。

[64] 今やれる具体的な支援は，家族関係の修復に努めることだろう。両者と面接を繰り返し，最終的には本人と家族で話し合う機会をつくることだ。

[65] この林さんの発言，それと入院時の家族の反応からは調整次第でうまくいく可能性が見える。もう少し本人の気持ちを聴いて家族面接の参考にしよう。

[66] これまで奥さんに迷惑をかけてきたことはあまり気にしてないようだ。覚えていないわけではなさそうだが，罪悪感がないようだ。元々そういう関係性なのかもしれない。亭主関白で力関係は男が上といったところだろうか。

[67] 林さんは暴力をふるうことをどう意識しているのだろう。聴いてみよう。

[68] 一方で，暴力等の話を拡大すると妄想を助長するリスクがある。今は退院したい理由や退院後にどんな生活をしたいか，家族のことをどう思っているか，それらを聴くことに徹しよう。家族に対するネガティブな感情だけではないことがわかった以上，家族への思いを聴きだすことで前向きな気持ちに転換できるかもしれない。

▶面接開始から40分経過

うるさいところがあるんだ」
林さんは，そう言い終えると，頭をかいて目をこすった 69 。
「少し疲れてきましたか？ そろそろ終了しましょうか？」
時計を確認すると，40分程が経過していた。
「いや，まだまだ大丈夫 70 。部屋へ戻ったって何もやることないから」
「そうですか。それでは，もう1つか2つ質問してもいいですか？」
「うん」
「林さんは，若い頃はどんなお仕事をされていたのですか？ 71 」

「若い頃か？ 高校を卒業してから，知り合いの床屋で修行をして，あいつと一緒になってからは二人で床屋を始めたんだ。最近までずっと働いていた。床屋を早く再開させなきゃいけないんだ。今でも待っている客がいるんだし 72 。でも，徐々にあいつがおかしくなってしまって。人の物を盗んだり，何でもかんでも勝手に一人で決めたりするんだ 73 。床屋ももう危ないから辞めろって突然言い出したんだ」

「そうでしたか。床屋さんをされていたのですね。とても素敵なお仕事だと思います。やりがいのあるお仕事だったんでしょうね。お仕事は楽しかったですか？」
「もちろんだ。いろいろな客と話せて楽しい仕事だったよ 74 」
「そうでしたか。それはよかったですね」
「うん，そうだな，やっぱりまたあいつらと一緒に暮らして働きたいよ。なんだかんだいっても家が一番だ 75 。早くここから出たいよ。ゆっくり自宅で過ごしたいんだ」

「そうですよね。家族と一緒に暮らすことが一番ですよね 76 。今日はいろいろと聴かせてくださってありがとうございました。今日教えていただいた話を医師や看護師に話しても構いませんか？ 77 」

「別にいいよ」
「ありがとうございます。それと，ご家族にも連絡して，気持ちや考えをお聴きしてもよろしいですか？ 今後は林さんも一緒に入ってもらって話し合う機会をつくろうと思っています 78 」

「まあ，あいつらに聞く必要はないと思うけどな。それより，早く退院させてくれよ」

69	なんだか眠たそうだ。表情が明らかに疲れてきているように見える。また近いうちに呼んでくれるかもしれないし、そろそろ切り上げよう。
70	少しくらいなら大丈夫そうだ。聞いておきたいことが一つある。それを聞いて今日は終わりにしよう。
71	先日の家族の話で林さんは床屋だったと聞いている。今の性格や行動様式とも関連があるかもしれない。

| 72 | 入院時にも「店を開けなきゃいけない」って口走っていた。床屋の話をするときはやさしい口調になる。仕事が大好きだったことがうかがえる。早く仕事をしたいというのも、退院したい大きな理由なのだろう。 |
| 73 | ところどころに妄想を思わせるようなフシがある。もしかしたら、認知症のような症状が出現してきたから、奥さんが仕事をさせたくないと思ったのかもしれない。床屋は刃物を扱う仕事でもあるし。 |

| 74 | やっぱり。生き生きと話をしてくれる。床屋の話題は今後も上手に取り入れていこう。 |
| 75 | こんなにも家族と一緒に暮らしたいなんて。元々の性格があったにせよ、暴力さえなかったらもう少し状況は違っていただろうに。林さんの口ぶりから、この発言は本音だろうな。 |

76	林さんの思いを実現させていくかかわりをソーシャルワーカーとして展開していこう。
77	重要な情報をいくつも聞くことができた。チームで情報共有しなければいけないけれど、本人から同意を得ておくことが望ましい。
78	家族への連絡についても本人の同意を得ておく必要がある。林さん抜きで家族と話を進めていると思われてしまっては、本人と関係性をつくることはできない。林さんに誤解を与えないように細心の注意を払っていく必要がある。関係性修復のため、両者の間に入る際には互いへの情報の伝達は細かく行っていくことが大切だ。気を引きしめて慎重に支援していこう。

「わかりました。なるべく早く退院できるよう，精一杯に動いていきますね。では，次にこうやってゆっくりお話ができる日程が決まり次第お伝えいたします 79 。疲れましたよね？ ベッドで少し休みますか？」
「そうだな。少し疲れたかもしれない」
病室まで林さんをお送りすることにした 80 。

▶**病棟の廊下**
林さんを病室まで送る。

林さんは，予想以上に遅いペースでしか歩けず 81 ，こちらは少し後ろをついて歩く位置をキープした。
「あれ，こっちだったか」
林さんは自分の病室の方向がわからなくなってしまっていた 82 。
「林さんのお部屋はこっちですよ。何号室かは覚えていらっしゃいますか？」
「105号室，ん，304号室だったかな」

林さんを自室までお連れし，別れを告げた。帰りにナースステーションに立ち寄り，病棟の主任看護師と林さんの担当看護師に面接の内容を報告し，次に内線電話を使って主治医に同様の報告をした。
病棟を後にして，相談室へ戻る途中，今後の動き方をあれこれと思い描いていた 83 。

79 林さんはすぐにでも退院したいわけだから焦っていると思う。退院について考えてくれているスタッフがいて，退院に向けて動き出していると思ってもらえることが重要だ。まずは医師や看護師と情報を共有しておこう。家族とはもう一度話し合う場を設けて，家族への具体的な支援も考えなければいけない。そのうえで，林さんとの2回目の面接の日程を決めよう。

80 林さんの身体機能や認知機能をチェックさせていただこう。男性と女性のユニットは左右で分かれているからそのくらいは理解できているかな。入院時の様子ではADL（日常生活動作）に目立った低下はなかったと思うが，一応確認してみよう。

81 あれ？ ずいぶんと遅いペースでしか歩けない。足元も何だか覚束ない。まだ70代だけれど，思った以上に身体機能は低下している。あとでこのことを看護師と確認しておこう。隣で歩いていると，入院時の印象と全然違う。身長も小さいし，顔つきも弱々しい。興奮していた状態がイメージにあったが，印象が変わってしまった。

82 複雑な構造の病棟ではないのだけれど，自室の場所がわからなくなっている。一般室に移ったばかりで慣れていないというのはあるけれど，見当識も落ちてきているのかもしれない。日常会話は問題なくても，記憶力や記銘力，見当識は保たれていないことが考えられそうだ。

83 相談室に戻ったら，忘れないうちに今回の記録を残さなければいけない。林さんの気持ちに寄り添いながらも家族への支援も忘れてはいけない。認知症の疾患教育もしていく必要があるかもしれない。在宅で受けられるサービスの紹介や家族会への参加も勧めてみようか。心理的支援や物理的支援の体制を構築しつつ，本人の意向に沿ったソーシャルワークを展開していこう。

❖ 解説 ❖

退院先として安直に介護施設等を選択し、クライエントを説得する側に回ってしまわないよう、常にPSWの立ち位置を自覚して支援しています。

◆「不幸な出会い」を支援に活かす

　この事例は、病院PSWであれば一度は経験する場面かもしれません。男性職員として、入院を拒否する患者を押さえつけなければならないこともあり得ます。クライエントとPSWの「不幸な出会い」です。これをその後のプロセスにおいてどう扱うかで両者の関係性や支援の質は大きく変わります。

　海堂PSWは林さんの腕を押さえつける瞬間も心情に配慮して丁寧に言葉をかけ、謝りながら行動しており、林さんを一人の人として尊重する姿勢を貫きます。この態度は、入院直後に保護室へ挨拶に行ったり、2日後の面接の冒頭に謝罪するなど一貫しており、支援関係構築の基盤となっています。

◆入院当初の見立てとチームアプローチ

　林さんは初回入院であり、精密な診断や今後の治療方針を見立てることも入院目的の一つと考えられます。主として医師の役割ですが、PSWは医療チームの一員であり、退院後生活環境相談員として入院診療計画を検討する役割も担い、医療職と連携するうえで精神医学の知識も駆使する必要があります。海堂PSWは林さんの言動、行動をよく観察して記憶力や身体状態を確かめたり主治医や看護師と情報交換をしたりして診断や見立ての精度を上げるよう尽力しています。

　入院当初は情報が少なく、また家族も疲弊やこれまでの苦労のため林さんに対する拒否感が強いですが、治療による症状の改善や、家族も休息できることで事態は変化すると予測できます。海堂PSWは、折をみて治療経過や方針、予後予測を説明し、家族の意向を再確認する機会の設定も入院当初から計画しています。

◆家族への配慮

　暴言や暴力を受けながら共に暮らしてきた夫（父親）を無理やり入院させる決

断をした林さんの妻子は、心身ともに疲弊していると考えられます。海堂PSWは、こうした疲れに配慮しながらも、医療保護入院の同意者に対する説明や、経過の聴き取りを通じて今後の支援計画を検討することになります。精神保健福祉法という一般市民には馴染みの少ない制度上の定めや手続きについて丁寧に説明し、本人と家族の権利を守るという重要な役割を担っているのです。さらに、必要事項の説明のみならず、入院に至る経緯やこの家族のもつ固有の歴史を理解し、それぞれの事情に合わせて支援を検討しようとします。

また、林さんに対する妻の拒否的な発言にも耳を傾け、その言葉の端々ににじむこれまでの苦労を慮り、もう一方で林さんと妻子との関係修復の必要性を直感的にアセスメントして各所で配慮しています。

◆クライエントの希望を支援目標にする

入院2日後の面接が今後の支援に向かう本格的な出会いの場面となります。支援関係の始め方は多様ですが、どのような場合もクライエントを中心にすえ、PSWである自分の役割を説明して、主訴や希望を丁寧に聴くことが基本であり最も重要です。海堂PSWは、必ずしも林さんが現実を正確に記憶、認識しているとはいえない状態であることを把握しますが、林さんの認識を否定や修正するのではなく、「早く自宅へ帰りたい」という気持ちをそのまま受け止めたり尋ね返して強化したりしながら支援目標を確立していきます。事前に妻子からは林さんの希望とは反する思いを聴いており、外来での林さんの激しい調子も見ていることなどから、この目標達成が容易ではないことを経験的に知りながらも、その道筋を探る役目を担うPSWの存在意義を自覚しているのです。

◆ストレングス視点、生活者としてとらえる視点

海堂PSWは、家族面接においても林さんとの面接においても、これまでの彼らの暮らしの歴史やスタイルを想像し、その力に着目して支援に活用できる資源の情報収集を絶えず行っています。医療機関は、病者の治療という限定的な場ですが、かかわる側の視野を広げ視点を変えることで、クライエントのもつ力や使える資源が多様にみえてきます。一見困難とも思える林さんの退院希望の受け止めには、海堂PSWの「ストレングス視点」や「生活者としてとらえる視点」が活かされています。

第2節 突如現れた就職希望の男性
本人の願いから状況を整理し，前向きな気持ちを引き出す

事例の概要

森さん（仮名，20代男性）は，就職を希望しているが，なかなか就職できずにいる。当センターは来談者の希望に応じて，職業の適性についての検討，企業実習の紹介や就職後の定着支援などを行っている。

観察と逐語

▶就労支援センターの玄関

自動ドアが開いた。

「すみませーん」と男性の声がする ①。

玄関に向かうと，入り口に就労支援センターのパンフレットを持った20代と思われる男性が立っている ②。
男性の髪はボサボサで，よれよれのTシャツにジーンズ姿。無表情 ③ でこちらを見ている。

「こんにちは〜，いかがなさいましたか？」と会釈をしながら笑顔で声をかけた ④。

「こちら，就労支援センターですよね？ 仕事のことで相談できると聞いたので来たのですよ。お願いできますか？」と男性は早口で言うと，表情を変えずに一歩前に出て，持っていたパンフレットをこちらに見えるように差し出した ⑤。
そこで，男性に対し，「奥の面接室でゆっくりお話を伺ってもよろしいですか？」とゆっくりと声をかけた ⑥。

登場人物
- 森さん…20代男性
- 玉川PSW…就労支援センター勤務

場面
就職活動のためハローワークに相談に行ったところ，就労支援センターを紹介され，相談のため来所。事前の連絡等はなく，唐突に入口に現れた。

第2節　本人の願いから状況を整理し，前向きな気持ちを引き出す

思考過程

1. 誰だろう？　この時間は面接の約束をしている人はいなかったはずだけど。聞き覚えのない声だ。若い男性のようだし，新規の相談者なのかもしれない。

2. 今まで見たことがない人だなぁ。うちのパンフレットを持っているから，間違いではなさそうだ。新規の相談かなぁ。この人自身の相談だろうか。それとも家族や知人の相談だろうか。

3. 普段からこの方はこのような格好なのだろうか。身なりも整っていないし，これまで働いていたことがあるのだろうか。表情も硬くて，ニコリともしない。緊張しているのだろうか。

4. 相談だとは思うけど，もしかしたら違うかもしれないし，用件を聴いてみよう。緊張しているみたいだし，初めての会話になるから，笑顔で声をかけよう。

5. やはり就職に関する相談か。パンフレットを持っているということは，誰かから紹介してもらったのだろう。どういう人なのだろうか。初めての相談場面であり，まずは関係性をつくってから，そのうえで本人の希望を聴いていく必要があるだろう。そのためにも，できる限り本人のペースに合わせながら進めていこう。

6. 立ち話ではすまないな。この人は単なる問い合わせではない。情報提供だけでは不十分で，しっかりとした「相談」の枠組みが必要だからインテークを行うほうがいいだろう。面接室でしっかり時間を取って話を聴こう。本人は仕事のことと言っているが，まったく違う内容であることも考えられる。早口なのは緊張感や警戒感があるのかもしれない。それを解きほぐすことと，どこに本人の不快なポイントがあるのかわからないから，言動は丁寧に柔らかく話しかけよう。

43

観察と逐語

すると，男性は「いいですけど 7 ，ゆっくりってどれくらいの時間ですか？ 何時間も話す余裕はありませんから」と一言だけ言葉にすると静かにうなずいた。
「わかりました。時間は1時間以内で終わると思います。お部屋をご用意致しますので，そちらでお話ししましょう」と返答し，面接室で話をすることにした。

▶面接室へ入室
来所の趣旨を確認する。

「あらためまして，こんにちは。私は就労支援センターの玉川と申します。今日はよくいらしてくださいました 8 。どうぞよろしくお願いします」と，お辞儀をした。

「私は森といいます。今，仕事を探していて，ハローワークに行ったら，そこの職員さんにここに行くように言われたので来たのですけど 9 」と，森さんは勢いよく話し始めた。しかし，表情は相変わらず無表情だ 10 。

「そうですか，こちらは障害のある方の就職から職場定着まで，就労全般について支援をさせていただく機関ですが，ハローワークではどのような話をされたのですか？ 11 」と，森さんに向かって話しかけた。

「仕事を見つけようと思って，ハローワークに行ったら，相談員さんみたいな人が話を聴いてくれたのですけど，仕事を探す前に準備が必要だから，まずは就労支援センターに行ってみてくださいって言われたのですよ 12 」と森さんは話している。

「そうですか……そのことについて，森さんはどのように思われたのですか？ 13 」と尋ねた。
「私としては，どうしてこちらを紹介されたのかわからないのですよね。仕事を紹介してくれれば応募しようと思っているのですけど，ここに来れば仕事を紹介してもらえるのかと思って，仕方なく来たのですけど，仕事を紹介してもらえないのですか？ 14 さっき就労全般の支援って言ってましたから，就職先を紹介してほしいのですが」と森さんは困った顔をしている。

▶相談の中身へ
施設について説明し，相談内容を聞く。

「そうでしたか。わざわざ来ていただき，ありがとうございます。ここは求人のご紹介もあるのですが，どちらかといえば，就職までの準備のお手伝いをしたり，就職後のアフターフォローをさせていただくことが多いですね。イメージとは違いましたか？」と説明した。

7 面接に応じてくれた。言葉は出てこないが，私と話をする気持ちや話したいことはあるようだ。「いいですけど」という一言の裏側には本人なりの困りごとはあるように感じる。

8 相談関係の枠組みを明確にするために，もう一度，あらためて挨拶しよう。ここに来るまでには，きっと多くの時間とさまざまな葛藤をもっていたに違いない。思い切って相談に来てくれた本人に，ねぎらいの言葉を忘れずに伝えよう。

9 聞いたことのない名前だ。やはり初めてだな。仕事を探しているのか……。経緯はわからないが，どうしてここを紹介されたのか理解していないようだ。

10 表情を変えずに話す人だな。この表情と言葉の勢いでは，不快感や怒りがあるようにも感じてしまう。すでに気に入らないことがあったのかな。それにしてもハローワークからの紹介なら，向こうから一本電話を入れてくれればいいのに。外出中だったら，二度手間をかけてしまうところだった。担当者と今度会ったら，今後は事前に連絡を入れてもらえるように，あらためてお願いしよう。

11 就労支援センターがどんなところなのか，何をするところなのか，森さんは認識しているのだろうか。ハローワークでのやり取りを確認してみよう。

12 ハローワークが求人を案内しないでこちらを紹介してきたのだから，それなりの理由があったのだろう。どのような理由だったのだろうか，丁寧に聴いてみよう。

13 ハローワークでのやり取りをどのように感じているのか聴いてみよう。森さんが自分の状況をどうとらえているのか，ヒントになるかもしれない。

14 仕方なく来たのか……。はっきりと物事を言う人だな。それに森さんは自分自身の課題をまだ認識していないようだ。したがって，相談援助に対するニーズも低い。まずは森さんと一緒に現状を把握し，課題整理をするところからスタートだ。就労支援センターの役割や機能の知識もないようだから，説明も必要だろう。一方で，仕事に対するモチベーションは高いようだ。その気持ちを活かしながら森さんの気持ちに寄り添っていこう。貴重な時間を使って来所してくれたのだから，あとであらためて労をねぎらう言葉をかけよう。

15 困ったな。森さんのイメージとは違うようだ。森さんの課題は求人との出会いなのだろうが，ここを勧められたということは何らかの生活上や就職に向けた課題があるのだろう。最近，発達障害の方の就職困難での相談が多いから，森さんもその傾向や，何らかの障害に起因する困りごとがあるのかもしれない。本人のコミュニケーションの問題なのだろうか……。勝手に決めつけてはいけ

「ええ，ここがそういう場所だとは知りませんでしたよ⑮。でも，就職先さえあれば今すぐに働けると思っているのですけどね」と森さんは淡々と話した。

「そうでしたか，でもせっかく来所されたのですから，何かお力になれればと思っています⑯。就職を希望されているということですが，これまで仕事をされていたことはあるのですか⑰」と質問した。

「大学を卒業後，仕事はアルバイトをしていましたよ。でもそれだと自立できないから採用試験を受けるのですが，どこも合格しなくて……⑱」と森さんは小さい声で話した。

「アルバイトはどのようなお仕事をしているのですか⑲」と再び質問した。

「日雇いで交通量調査の仕事⑳をしています。前に喫茶店とかでアルバイトしたこともあるのですが，どうも長続きしないのですよ。私と気の合う人がいなくて上手く付き合えなかったことが続いたので……⑳。日雇いだと，毎日，現場が違うし，この仕事は一人でできるので，人付き合いも気にしなくていいし，気楽に都合が合うときに行っています」と森さんは答えた。

▶面接の中盤
課題を検討する。

「そうですか。屋外でのお仕事ですから大変なこともあると思いますが，森さんは根気強いのですね㉑。さて，今後はどのような仕事をご希望ですか？」
「特にこだわりはないのですが，正社員で働きたいです㉒。人と一緒に仕事するのが苦手なので，コツコツと一人でできる仕事がいいですね。でもそんな仕事は少ないですし，あったとしても採用してもらえませんよ」

「仕事が見つからないことについて，森さんは何が原因だと思いますか？㉓」と，顔を見ながら話しかけた。

「うーん，わからないですね。そもそも原因は私にあるんでしょうかね。筆記試験はいつも合格するのです㉔。ですけど，面接でいつも落ちてしまって……。面接官の人から思っていることや感じていることを話してくださいって言われるから，ちゃんと思っていることを話しているのですけどね。周りの人から言わせると，素直すぎるというか……はっきり言い過ぎているみたいです㉕」と，森さんは首をひねりながら返答した。

ないし，まだわからない。

16 期待外れでモチベーションが下がったかな。でも，森さんに何が必要か，まだわからない。力になりたいというメッセージを伝えて話を聴かせてもらおう。

17 森さんは仕事をしていたことがあるのだろうか。それとも，まったくの未経験者なのか。森さんの経過が知りたい。

18 正社員として働いたことがあるかという意味だったんだけどな。森さんは大学まで卒業したのか。でも就職できないとは，何が原因だろう。就職活動やアルバイトもしているのだから，働く気がないわけではないだろう。どのような会社を，何社受けてきたのかにもよるが，何らかの課題があるのだろう。

19 どんな内容のアルバイトをしているのだろうか。得意なことや興味のあることが見えるかもしれない。

20 なるほど，森さんは人付き合いや対人コミュニケーションに何か課題がありそうだ。確かにこの仕事であれば自分のペースでできるし，他人のことも気にしなくてよいし，理に適っているのかもしれない。交通量調査は，同じ場所に何時間も座って数を数える仕事。根気と集中力はあるほうなのかもしれない。

21 森さんが今の仕事を頑張っていることに共感し，ストレングスを意識しながらポジティブに返そう。そして，今後はどのような仕事をしてみたいのか，希望を聴いてみよう。

22 正社員という雇用形態ははっきりしている。この年齢の方がアルバイトから正社員を目指すのは自然なことだろう。やはり対人コミュニケーションに不安があるようだ。

23 どうして就職が決まらないのだろうか。森さん自身がどうとらえているのかも含めて聴いてみよう。

24 森さん自身もわかっていないようだ。森さんは頭のよい方なのであろう。やはり課題は対人コミュニケーションなのだろうか。今日もそうだが，森さんは言語化ができる方だ。とすればその内容が問題なのであろう。

25 素直すぎる？ はっきり言い過ぎるとはどういう意味だろうか。具体的な事例を出してもらおう。

「思い出せる範囲でいいのですが，どのようなエピソードがあったのか教えてもらえますか」とさらに尋ねた。
「そうですね。自動車の会社の面接で，会社の改善点を聞かれたので，『新発売の車のデザインがカッコ悪い。あんなのを売っているなんて恥ずかしいから，自分が会社に入ったら違うデザインにすぐに変えたい』って答えたのですよ。そしたら面接官の人が『期待してますよ』と笑顔で言うので，合格するなって思った [26] のですけど，結果はダメでした。どうして落ちてしまったのか，未だにわかりません」と森さんは苦笑いをしている。

「あとは服装のことも言われたことがあります。面接試験の要項に服装は自由と書いてあったので，ポロシャツで行ったんです [27]。そうしたら，面接官の人に『失礼だ』と怒られました」と森さんはここでも首をひねった。
「そうですか……。そのようなことが続いてどのように感じていたのですか」と尋ねた。
「結局，今まで100社以上の試験を受けたと思いますが，全敗です。学校の成績もそれなりに上位だった [28] ので，これまで大きな挫折を感じたこともなく，こんなはずではないと思いました。自分はちゃんと対応しているのに，なんで落ちるのか分からなかったですから，世の中が間違っていると思いました」と再び小さい声で森さんは話した。

▶支援の検討

「そうですか。それは大変な思いをされたのですね。先程，森さんは仕事を探しているとおっしゃっていましたが，お仕事については，今どのように考えているのですか？ [29] 」と続けて質問した。

「どうもこうも，仕事を探しているから来たのです。卒業したら就職するのは当たり前。だから大学4年生から仕事をずっと探していたのですけど，なかなか見つかりません。理由もわからないし，どうにもできなくて。落ち続けていたら，自分に自信がなくなって，どうせダメだって考えるようになって [30]。そしたら不安になって，だんだん眠れなくなって，何にもできなくなって。今は家にいるので，せめて家事くらいはと思って，できることはやっています [31]」と苦笑いを浮かべた [32]。

「今の話ですと，眠れなかったり，体調を崩されたりした時期もあったようですが，どちらかへ通院をされていらっしゃるのですか？ [33] 」と聞くと，

26 それは落とされるだろうな。採用面接の場面ではそこまで言わないし、言えないよな。それに、明らかに相手が本意ではなく「期待してる」と言っているのに、言葉どおりにそれを受け取ったりして。聴かれたことに対して相手のことを気遣わずに素直に話しているところからしても、言葉をそのままとらえてしまっているのではないだろうか。

27 やはり、言葉や文字で意味合いを判断しているようだ。言葉の裏側にある意味合いが汲み取れていないのだろう。

28 100社以上も落選とは、すごいな。そうだとすると、企業とのマッチングというより、森さんの試験の受け方に原因があるのではないか。ふつうは落ち込んで自尊心が下がるだろう。落ち込みから抑うつ症状等の精神状態に陥る人もいる。森さんはどうだろう。しかし、100社分の履歴書を書き、試験を受けに行く体力と粘り強さがあるんだなぁ。ふつうはもっと早くあきらめるとか相談するものだが。仕事に対して強い想いをもっているのかもしれない。
森さんの収入はアルバイトの日当程度だ。家庭の収入はどうなのだろう。ここまでの話から、森さんは何らかの障害や疾病性が背景にあって、就職が決まらないのではないか。そもそも、ここに来るということは、森さん自身、「障害」というキーワードに何らかの親和性はあるのだろう。障害者手帳は持っているだろうか。生育歴や現病歴など、まだまだ聴きたいことがたくさんある。

29 森さんの言葉を引用して、就職に関する考えを直面化して確認しよう。どうして仕事がしたいのだろうか。何かやりたいことがあるのか。経済的な自立のためなのか……。森さん自身が考えている課題が出てくるはずであり、そこが支援の対象となる可能性が高い。まだ、関係性がつくれていないから、言葉遣いに注意しながら気分を害さないようにしよう。

30 森さんは就職先が見つからないことに対してプレッシャーを感じていたのだな。森さん自身も困っていたことに違いはない。確かに就職試験に落ちたときは、自分のやってきたことが否定された気分になるだろうし、落ち込むよな。それが重なれば自信がなくなっても当然だ。

31 家事くらいはと思って実際にできるとは律儀な人だな。森さんは真面目な人なのだろう。

32 苦笑いしているから、森さんも積極的に話したかったことではなかったのかもしれない。でも、自分のことを語ってくれてよかった。この作業を繰り返して、森さんの気持ちや希望を聴きながら森さん像を膨らませていこう。

33 不眠の話が出たけれど、どこかに通院しているのだろうか。受診状況や精神疾患の有無などについて聴くチャンスだ。ここで確認しておこう。

観察と逐語

「ええ，1年前から。駅前のCクリニックです。先生からは"発達障害"と言われました。あと，"抑うつ状態"みたいなことも 34 。眠れないのも元気が出ないのもその影響だって。確かに薬を飲んだら眠れるようになりましたけど，ほかは変わりません 35 。病気や障害が自分にあるとは今でも信じられませんし，通院が必要なのかわかりません。とにかく，もう大丈夫ですから仕事ができると思います。そもそも眠れなくても仕事はできますから」と診察券を差し出しながら森さんは説明した。

「では森さんは仕事を探すうえで困っていることはないのですか？ 36 」と尋ねた。

「そりゃ，困りごとは採用試験に落ちてしまうことですよ。あとは自分ではそうは思わないのですが，『森さんは変わってるね～』と他人から言われることが時々あります 37 」と，やや，開き直ったように森さんは話した。

「そうですか。それはいつ頃からですか？ 38 」
「中高生のときから，自分ではふつうにしているのに気がついたらいつも一人。だから友達もほとんどできませんでした。そりゃ，私だって気が合う人がいれば友達は欲しかったですけど，そんな人いなかった 39 し，人付き合いも苦手でストレスですから。でも，気にしていませんでしたよ 40 。勉強していれば進学できたし，不自由なく大学にも入れました。だから特に自分に障害があるなんて考えてもなかったのですけどね」と，森さんは困った顔 41 をしながら返答した。

▶面接の終盤
意向を確認する。

「そうだったのですね。先ほど就職試験を100社も受けたと伺いましたが，森さんは粘り強く努力をされたのですね 42 。なかなか結果が出ずにつらい思いをされていたのではないですか。これまでのご経験のなかで，自分が抱えてこられた周りの方との違いや特徴が就職する際に影響しているとは思いませんか？ もしよろしければ，私も一緒に考えさせてもらいたいと思います 43 」

すると，森さんはうつむき加減で話した。
「今回，ハローワークに行ったのは，父母から『いい歳なんだから仕事を探してこい』と言われて，仕事をしないと認めてもらえないと思ったからです。大学まで出してもらったので，就職しなければいけないのですけど，自分ではどうしたらいいかわからないのです 44 」

第2章 クライエントとの出会いにおける思考過程

[34] なるほど、発達障害がベースにあって、二次障害として抑うつ症状が出ていたのか。発達障害の方が就職を機に受診につながったり、事例化するケースが増えているな。Cクリニックは駅が近くて通いやすく、初診で入りやすいな。

[35] 不眠に対して服薬の効果を森さん自身も感じているようだが、通院の必要性は感じていないようだ。確かに発達障害の方は二次障害への治療は行われるが、そもそも困りごとがなければ定期的な通院を必要としていない方も多い。CクリニックにはPSWの北田さんがいたはず。連携が取りやすいから安心だ。場合によっては森さんの了解をもらって治療の方針も確認しておこう。まだ障害受容に至っていない状況であり、そのプロセスに一緒に寄り添うかかわりが必要であろう。

[36] 体調の回復を実感したのはよいことであるが、森さんの就職までの課題は体調だけではない。そのことを感じているだろうか。

[37] どこかで人と違う自分を認識していたのだな。でもその理由がわからず……という状態だったのだろう。自分自身は他人との差異に対する実感が得られないので、認めたいような認めたくないような複雑な感情なのだろう。

[38] 対人関係の困難さは昔からだろうか。森さんは、いつ認識したのだろうか。
[39] 周囲との違和感を認識しながら学校生活を過ごすのは大変な苦労があっただろうな。友達もできなかったというから、誰にも相談できなかっただろうし。
[40] 通常は無理して適応しようとしてつらくなってしまうものだが、淡々と勉強に励んだのか。周囲に流されない強さももっているのだ。障害があるとは思いもよらなかったのは納得できる。学力的には能力が高いのだろう。しかし、コミュニケーションに課題があり、人付き合いや臨機応変な対応も苦手なようだ。発達障害の特性だがどうやって乗り越えていこうか。就職するにしても、対人コミュニケーション力は重要な要素だ。何らかの支援が必要となるかな。
[41] 強がっているが、困った顔をしている。触れてほしくない話題なのだろう。周囲との違和感をもちつつ、それを受け入れるのは簡単ではないだろう。

[42] 努力家で粘り強い森さんのいいところをちゃんと伝えておこう。森さんのストレングスを意識して話をしよう。
[43] 森さん自身の過去や気持ちをあえて直面化することで、現実を受け止め、受け入れることにより障害受容が促され、就職はもちろんのこと、今後の生活全般に活かすことができるはずだ。精神保健福祉士として、森さんの葛藤や揺れに共感し、そのプロセスに寄り添い、共に歩んでいく姿勢を示そう。

[44] 就職に関する一連の出来事は、森さんにとって大きな挫折体験だったのだな。今まで考えなくてもよいことだった課題に向き合わざるを得なくなったのだから、大変だったに違いない。世間の常識やルールに対しても従順な人なのだろう。これも発達障害の方に多い傾向である。だからこそ、一般的なルートに乗れなかったことに対し焦る気持ちは人一倍なのかもしれない。

観察と逐語

「そうなのですか。森さんもご両親の気持ちを十分に理解されて，期待に応えたいのですね 45 。では，就職に向けてこれからどうしたいという希望をおもちですか？」

「親の気持ちなんてわかりませんけど，早く働きたいです。結果を出して稼ぎたい，そうしないといけないという気持ちが強くあります 46 」と，はっきりと答えた。

▶**面接の終了へ**
次回へつなぐ。

「そうですか，わかりました。早く就職したいという気持ちは当然ですよね 47 。早く結果を出すためには，どうしたらいいと思いますか 48 」

「まずは面接の通過です。理由はわかりませんけど落ちてしまうので。前に言われたのは，服装と，質問に対する答え方が課題だったと思うので，そこを上手くやれるようになりたい 49 ですね」と，森さんは言った。

「それをどうやって身につけていきましょうか？ 50 」

森さんは少し考え，「自分では原因がわからないので，誰か教えてくれる人はいませんかね 51 」と答えた。

「ええ，もちろん。私でよければ，面接の練習や必要な知識やスキルをお伝えすることもできます。必要であれば障害福祉サービスのなかで就職に向けた訓練を行うことができる場所もたくさんあります。これからどのように練習していくか，一緒に考えていきませんか？ 52 」

「そうなんですか。ありがとうございます。ぜひともお願いします 53 」と，森さんは笑顔で答えた。

次回の面接を1週間後と約束し，面接を終了した。

[45] 森さんが思っている両親への気持ちを言語化して返そう。これが意識化や気づきにつながるかもしれない。

[46] 社会通念を理解しているから，社会への適応に対する思いや責任感が強い。だからこそ焦る気持ちが助長されているのだ。でも，単に就職しても，すぐに離職しては意味がない。森さんには現状の課題を認識してもらい，対処方法やスキルを身につけなければ，安定した就職は難しいのではないか。

[47] 森さんの気持ちは当然であり，共感することは大切だ。

[48] 森さんが課題を認識するには，第三者から言われるのではなく，自ら気づきを得ることが必要だろう。そのためには森さんの語りを支えるような声かけが必要だ。発達障害だと，抽象的な話は理解しにくい。具体的に自分の取り組むべき内容の計画を立てることができれば，その必要性を理解しやすくなるはず。

[49] 今回の面接のなかで出てきた話題に振り返ることができた。採用面接における課題は認識できていて，その点を改善したいというモチベーションは保てているようだ。

[50] もう一歩踏み込んで，その解決方法も考えてもらおう。課題とその対応についてのつながりがもてれば，理解しやすいはず。

[51] 誰かに頼るということを初めて表現してくれた。そう，誰だって得意不得意がある。わからないことは自分一人で解決しなくてもよいと理解してほしい。

[52] 当面は面接を繰り返し，関係性を構築しながら課題を見つけ，共有しよう。ただ，対人コミュニケーションや就職に必要なスキルの獲得には継続的な訓練が必要だ。体力面の向上のためには日中活動場所を確保したい。考えられるのはデイケア，就労継続支援B型，就労移行支援あたりか……。就労への意欲が強いから，できる限り就労移行支援事業を中心に検討したい。そのうえで，ビジネスマナーや面接の練習など，就職に必要な知識等のアドバイスを行っていこう。

[53] 森さんの希望を聞き，次につなげることができた。面接を繰り返してイメージづくりをしよう。医療機関とも連携して支援チームを組んでいこう。生活支援が必要なら相談支援事業所や，通所先が決まればそことの調整も必要だ。まずは来週，具体的に希望を聴いて，日中の過ごし方を中心に考えていこう。

❖ 解説 ❖

目の前に現れたクライエントの主訴を大切に扱いながら，インテークの構造へと迎え入れていくために PSW の専門性が発揮されています。

◆インテークの環境設定と構造化

時としてクライエントは，機関の機能を理解せずに訪れます。森さんはハローワークからの勧めで来所したものの，就労支援センターの機能は知らず予約もせずに訪れました。このような場合，「紹介状が必要」「担当者から連絡を入れてもらってください」といった対応が時としてみられますが，それでは目の前のクライエントをないがしろにしていることにほかなりません。

玉川 PSW は，森さんを丁寧に迎え，面接が必要であることを速やかに判断してインテークのための構造をつくっています。そして，森さんの言葉「仕事を紹介してほしい」に沿って所属機関の役割や機能を説明し，関連する質問を続けています。構えすぎるとインテーク用紙を埋めるように生活歴や家族状況を型通りに質問したり，障害や診断名をいきなり尋ねてしまいがちですが，玉川 PSW は，主訴に合わせて職歴やこれまでの取組みと成果，それらに対する森さん自身の思いに焦点化しています。特に森さんは「仕方なく来た」ので，主訴から逸れた質問では話す意欲自体を損なってしまうかもしれません。

主訴を端緒にして面接を展開させることは，クライエントの要望がはっきりしている場合には面接の動機づけを高めるうえで有効といえます。

◆疾病や障害の扱い方とストレングス視点

他機関等からの紹介による事前情報がなく，本人も障害や疾病について語らない場合，「障害者手帳はお持ちですか？」「病院にかかっていますか？」と率直に尋ねる方法もあるでしょう。しかし，森さんは求職のために来所しており，抱える障害の自覚やそのことを支援対象として希望しているかわかりません。玉川 PSW はステレオタイプに早々と診断名の見当をつけず，主訴に寄り添い，森さんの態度や言動を注意深く観察し専門知識を駆使してエピソードを的確に聴取しています。森さんが語る内容を通して能力や困り感を測り，利用中の社会資源な

どを確認しており、また疾病や障害に対する目測もつけているのです。

　質問する際も、ことさら「障害」のみに着目せず、ストレングスを見出そうとして接しているため、森さんは自然に応答できています。当センターは就労支援の場ですから、利用者の力を見出して伸ばすようなかかわりは特に意識しなければなりません。玉川PSWのこの姿勢は一貫しています。

◆アセスメントの筋道を想定する

　クライエントの主訴に応じるために何を優先してアセスメントするかを頭の中で組み立てることで、クライエントのペースに合わせながら的確に問いかけ、短時間で必要最低限の情報を得ることができます。玉川PSWは、障害者の就労支援センターで提供できる支援は何かを検討するために、就労意欲やこれまでの取組み、対話を通して見えてくる森さんの力量や悩みごとなどを話の中心にすえており、森さんから目を逸らさずによく知ろうとする姿勢が明確です。

　面接の展開の山場は 24 28 30 によく表れています。玉川PSWは、ある程度の見立てをしたところで、改めて森さんに就労の意思や困っていることを尋ね、当センターでどのように支援できるか具体的な検討に入っていきます。

◆利用目的の確認と支援契約

　玉川PSWは、森さんの苦悩への共感を表し、共に課題を考えることを提案しています。こうして森さん自身にも課題を再認識してもらい、また一緒に考える存在として自らを提示しているのです。この働きかけに後押しされて森さんは孤独感や不安感とも思える心情を吐露します。ここが森さんを支援する際の真のニーズになるといえるでしょう。

　この後、森さんに「ではこちらで支援しましょう」と即応してしまいがちですが、玉川PSWは結論を急がず、森さん自身に目的達成のためにどうしたらよいか問いかけ、森さんの認識を再確認したり、自分で課題と向き合い取り組むための動機づけを高めていきます。玉川PSWのリードにより、来所時に言っていた「すぐに仕事を紹介してもらいたい」から「就職面接のためのスキルを教えてほしい」へと森さんの求めは変化しています。こうして就労支援センターの利用動機を明確にし、最後は「お願いします」と、森さんがセンターの利用を決めています。これが利用契約となり、インテークが終結します。

第3節 執拗に即時の入所をせまる母親
ひるまず，向き合い，ニーズを探り，信頼関係を構築する

事例の概要

太さん（仮名，20代男性，両親と弟と同居）は，精神科病院へ入院して2か月になる。このほど病院から退院するように言われ，母親が太さんをどこかの施設に入所させたいと考えている。

観察と逐語

▶**事業所の玄関**
唐突に質問が始まる。

ベンチに座っている二人のほうへゆっくりと近づき，笑顔を向けて声をかけた。
「初めまして。私は管理者をしている阪井と申し……」
「ここはどんなところなんですか？」女性が立ち上がり，遮って質問してきた〔1〕。
「息子にインターネットで調べさせたら，一番に名前が出てきたんですけどね。案外近いじゃないと思って来たんですよ。ここにはすぐ入れるのかしら？〔2〕」

「ちょっと落ち着いてください。えっと，入所したいのはお母さんですか？ それとも……？〔3〕」
態度や表情は崩さず母親に話しかけた。
「やだ。この子に決まってるじゃない。私がここに入ると思って？」と言い，母親は憮然とした表情をした〔4〕。

「わかりました。息子さんの入所に関するご相談ですね。お名前は？」と息子の顔を見ながら尋ねた。
「太です」と母親が答える〔5〕。
「太さん，あらためまして阪井と申します。どうぞよろしく〔6〕」と腰をかがめ，太さんに向かって話しかけた。

「……〔7〕」
「太，挨拶くらいしなさい！」
母親は太さんをしかりつけ促したが，太さんは母親に背を向けた〔8〕。

登場人物	●太さん…20代男性，大学受験失敗後にひきこもり ●太さんの母親…50代前半 ●阪井PSW…宿泊型訓練事業所管理者
場面	ある日の夕方，50代前半にみえる女性とその息子と思われる男性が突然来訪した。受付事務員から名前と簡単な主訴を引き継ぎ，パンフレットを2部取り出し，来訪者に会うため玄関へと向かった。

思考過程

1. 最後まで聞かずに話し始めた。焦っているのか。それとも緊張？ ちょっと苦手だな。でも表情に出すのは控えよう。「自分の思いは表情を通して，相手に伝わってしまうから気をつけなさい」という先輩からの教えを実践しよう。

2. 一向に気に留める様子はない。事業所内を遠慮なく見回している。慌てたような口調だ。圧倒されそうだ。母親の話す勢いを止めたい。母親はどんな反応をするだろうか。息子はベンチに座ったままで，顔をそむけている。

3. 誰の相談なのか確かめよう。第一印象が大事。好印象をもってもらいたい。無意識に表情に出さないように気をつけよう。クライエントは自分なりの支援者像をもっている。そこを意識して対応しよう。

4. 顔をしかめた。母親は表情が豊かだ。わかりやすそうな人だな。息子さんに関する相談か。母親の思いも大切だが，ご本人から話が聞けるように進めよう。

5. 母親が答えた。過干渉に思える。

6. 私はあなたに関心をもってますよというメッセージを伝えるためにも，太さんに向かって挨拶をしよう。腰をかがめて。太さんに近づいて。明るく，笑顔で話しかけよう。

7. 太さんは顔をそむけたまま。少し顔をしかめた。ここには来たくなかったのだろうか。太さんの表情は読みにくいな。だけど，太さんのことを知らないうちにこんな人だと決めつけてはいけない。審判を下さないということを忘れずに臨もう。

「本当にこの子は ⑨ 世話が焼ける。まったく。挨拶もできないのかしら」と母親がため息をつく。

「お母さん,大丈夫ですよ。ところで,今日は見学に来られたと伺ったのですが,まず面接室でお話を伺いましょうか? それとも先に見学しますか? ⑩ 」
再度太さんに向かって尋ねた。
「……」,太さんは黙ったままだった ⑪ 。
「いろいろと聞きたいことがあるんです」とここでも母親が割って入ってきた ⑫ 。「ここを利用するにはいくらかかるのかとか,食事はどうなっているのかとか。それといつ頃入れそうなんですか? ⑬ 」

「わかりました,わかりました,お母さん。では,まず面接室でお話を伺いましょう ⑭ 」,まあまあと身振りをしながら伝えた。
「太さんも,それでよろしいですね? ⑮ 」
うつむいたまま小さく太さんがうなずいた ⑯ 。
「あちらにお部屋がありますのでご案内します。どうぞ」と言って面接室に案内した ⑰ 。

「どうぞ,お入りください」
面接室には長方形の机と椅子が6脚ある。母親には奥の席を,その隣に太さんが座るように勧めた ⑱ 。私は太さんの正面ではなく,斜め90度の位置にある椅子に座った。奥から母親,太さん,私の順となった。

▶ **面接の開始**

「それでは,あらためまして精神保健福祉士の阪井と申します」
私はあえて太さんのほうを向いて ⑲ 話し始めた。
「ここでお聞きした内容は事業所外に洩れることはありません。メモを取らせていただきます。ご了承ください。このメモは記録にした後,シュレッダーにかけて処分します。相談記録を作成しますが,事業所内で保管しますので,これも他に洩れることはありません ⑳ 」
母親だけがうなずいた。

「太さん ㉑ ,どのようなことを聞きたいと思ってこちらに来られたのですか?」と太さんに話しかけた。しかし太さんは「別に」とボソッと言うだけで,ここでも母親が話し始めた ㉒ 。
「今日は外泊のついでに来たんです。あっ,今はZ病院に入院してるんですけど,退院しろと言われた ㉓ んです。それも急に。まだ2か月ですよ。どう思います? それでもう退院しろって言うんですよ ㉔ 」

⑧ おや？ 太さんが母親を避けている。なぜだろう。
⑨ この子扱いしている点も気がかり。母子関係について注意を払っておこう。

⑩ 「あなたに選ぶ権利があり，私はそれを保障しようとしている人なんですよ」というメッセージを伝えよう。太さんの選択能力も知りたい。母親に確認をとるのか，太さんだけで決めるのか。選択の仕方で母親との関係もわかるはず。
⑪ 太さんは眉根を寄せるだけか。嫌そうな，困ったような表情にもとれる。
⑫ 母親が割って入った。太さんから返事が聴きたいところ。しかし，今は話を進めよう。やっぱり過干渉気味で，母親は何かに焦っている印象を受ける。
⑬ いつ頃入れるかどうかを気にかけている。母親が入所させたいと思っている？ どんな理由があるのだろう？ まずは話を伺おう。

⑭ 少しこちらのペースで。母親の勢いを少し止めて，落ち着いて。
⑮ 太さんの顔を見て，はっきりと尋ねよう。
⑯ 太さんの意思表示。太さんから話が聴けるといいが。何か工夫が要りそうだ。
⑰ さて，どうする。太さんのニーズをつかむことが第一優先。でも太さんの様子だと話してくれなさそうだ。母親が一方的に話しそうだ。太さんが話しやすい雰囲気をつくろう。母親はすらすらと話してもらえそうだから，そこから得た情報で太さんの思いを確認していこう。

⑱ 太さんに話してもらいやすい雰囲気をつくるために，太さんの座る場所を私の近くにしよう。正面に座られて正対してしまうと，緊張するし威圧感を感じるものだ。私は太さんの斜めの位置に座ろう。不自然に見えないように二人に座る位置を勧めよう。

⑲ 太さんに話しかけよう。あなたの話を聴きますよというメッセージとして伝わることを期待しよう。
⑳ 私には守秘義務があることを伝えて，話しやすい雰囲気づくりをしよう。堅い言い方になると取り調べのような印象を与えてしまう。なるべく口調と表情をやさしく。取られたメモがどのように扱われるのかは二人とも気にするはず。安心感を伝えよう。インテーク用紙を持って面接に臨むと，用紙を埋めるためにこちらが伺いたいことばかりを尋ねてしまいそうになる。それでは尋問されていると受け取られかねない。メモで十分だ。

㉑ 名前で呼びかけ，親しみの気持ちを伝えよう。
㉒ またか。いや，でも，家族を無視するような対応をして失敗した過去の経験を思い出そう。まずは母親から話を聞き，なおかつ太さん不在で話を進めている印象を与えないよう，太さん本人にも常に関心を向けておこう。
㉓ 隣町の病院だ。PSWは見学のことは知っているのだろうか。なぜ連絡をくれなかったんだろう。いや，病院には内緒で来られている可能性もある。
㉔ 最近は，「家が無理なら退院先を家族で探してきてください」と平気で言われるとよく聞く。

勢いよく話す母親の話を聴きながら太さんの様子を観察していたが，太さんは表情一つ変えなかった〔25〕。

「そうですか。2か月で，もう退院しろと言われているんですね〔26〕」
「今この子に戻ってこられるとうちはとても大変になる〔27〕んです。やっと平穏な生活ができると思っていたのに〔28〕。またこの子が部屋にこもりっきりになる〔29〕かと思うと……。第一，私の生活はどうなるんですか！ここはいくら払えば入れるのかしら。すぐにでも入れるの？〔30〕」

「お母さん，落ち着いてお話しください」と，母親の話す勢いを抑えようとしたが，母親は構わず話し続けた〔31〕。「この子は，小さい頃は普通に活発な子だったのに，中学の頃からしゃべらなくなってきて，大学受験に失敗してから部屋で寝てばっかり〔32〕なんです。まったく，何を考えているのか。もう5年くらいずっと部屋にひきこもっています〔33〕。部屋の中でテレビを観たりゲームをしたりするだけ。食事は家族とは一緒にとりませんし，もうこの数年は父親とは顔も合わせることがありません〔34〕。だから，困ってるんです。すぐにでも入れるところを探さなきゃならないんです〔35〕」と母親が早口で話す。

「そうですか。太さんなりの生活を送っていたのに，どうして入院することになった〔36〕のですか？」と，落ち着いた口調で〔37〕母親に質問した。「私がこの子のことで主人と口論〔38〕になり，それをこの子が止めようとして……。主人に暴力を振るってしまった〔39〕んです。この子はそんなことができる子じゃないのに……」と言って，母親が苦悩の表情を浮かべた〔40〕。
「主人がもう我慢の限界だって言い始めて，同僚の友人のお医者さんに相談したらしく，病院に強引に連れて行ってしまって，そこで，入院ということになったんです〔41〕」

▶**面接の中盤**
約10分が経過。

「そんな経過があったんですね」と，驚いた表情をして伝えた〔42〕。
「入院するまでこの子の面倒はずっと私が見ていた〔43〕んです。主人はこの子に無関心で……〔44〕。退院後のことについても私に任されているので……」
母親の表情が真剣に感じられた〔45〕。
「これまでにも苦労が多かったことでしょう。だから"大変になる"とおっしゃっていたんですね」と母親をねぎらった〔46〕。

- ㉕ 部屋に入ってさらに圧迫感とか緊張感が増しているのだろうか。それとも母親との関係が影響しているのだろうか。面接の中で情報を集めていこう。

- ㉖ 「繰り返し」で話を聴いていますよというメッセージを伝えよう。聴いてもらっているという感覚, 理解してもらっているという安心感を伝えたい。
- ㉗ 大変？ 母親のことだろうか。それとも太さん？ 家族との関係がということだろうか。
- ㉘ 平穏な生活？ これまではどんな生活だったのだろう？ いつから？ 誰にとって？
- ㉙ ひきこもり？ 理由は？ 入院しているということは精神疾患が原因だろうか。
- ㉚ 入所できるかどうかすぐ聞いてくるのはなぜだろう。

- ㉛ 抑えられないな。母親は話をまとめるのが苦手？ 焦り？ しばらく聴こう。
- ㉜ 大学受験まではどんな生活？ 友人はいるのかな。両親が厳しい？
- ㉝ 精神疾患による影響だろうか。5年間, その割に身なりは整っている。入院したからか？
- ㉞ よほど強い意思がないとできないことのように思える。今日もここまでほとんどしゃべらない太さんだが, 無口というよりは自分の意思で話さないと決めているかのように見えなくもない。
- ㉟ またすぐにでも入れるところをと言っている。焦り？ 義務感？「探さなきゃならない」という言葉に母親の強い意思を感じる。入院した経緯を把握し退院後の太さんの希望する生活を教えてもらい, 入所の支援が適切かどうかを考えていこう。

- ㊱ 入院した経緯や理由を教えてもらおう。
- ㊲ 私が落ち着いて話すと母親も落ち着いて話してくれるようになるはず。
- ㊳ 原因は太さんのことか。太さんにとってはつらい状況だ。
- ㊴ 父親を止めようとしたということは, 太さんは母親を守ろうとしたという解釈でいいだろうか。
- ㊵ 父親の話が出た途端に母親の表情が変わった。母親は父親のことで何らかの思いを抱いている？ 太さんと父親の関係で問題を感じている？
- ㊶ 「暴力＝精神疾患」短絡的な感じもぬぐえないが, 入院となったからには医学的な診断と入院が必要な状態でもあったのだろう。

- ㊷ つらい話をしていただいたことに対して敬意を払おう。表情を意識して。
- ㊸ 家族が精神疾患を患う家族の面倒をずっと見ていなければならない世の中でいいだろうか。母親にも母親の人生がある。そこには介入する必要がありそうだ。
- ㊹ ありがちな父親像だが, 母親の話だけで父親に問題があると決めつけないようにしないといけない。問題のとらえ方を間違えないようにしよう。
- ㊺ 母親の苦しい胸の内がありそうな表情だ。誰かに話したくてストレスを抱えていた？ 母親も何も好んでここに来たわけではない？
- ㊻ 今まで母親がどれだけ頑張ってきたのか, その思いに寄り添い母親のストレスを受け止めて励まそう。

「ところで太さん 47 。お母さんからは事情をお聞きしたのですが，太さん自身はどのようなおつもりでここへ来られたんですか？」と尋ねた。
「私たちはあくまでも 48 ご本人の希望に沿って支援をしていきたいと思っているんです」と促した。
しかし，「別に…… 49 」と言ってうつむいている。するとまたしても母親が話し始めた。

「ここはお家賃とかいくらになるんでしょうか？ 食事の用意はこちらのほうでしていただけるのかしら。お部屋は空いているの？ すぐにでも入れるのかしら？ 50 」
母親の求めに応じて，事業所の概要，支援の方針，現在の空き状況，手続きについて一通り説明した。
「だったら，すぐに入れますか？ 51 」と，母親は執拗に尋ねてきた。
「お母さん。先ほどから"すぐに"とおっしゃっていますね 52 。なぜそんなに焦られるのですか？」
「それは，病院から退院するように言われているからですよ」
「ご自宅には退院されないんですか？ 53 」

数秒の沈黙の後，「主人が……，この子に帰ってくるなって言い出してしまって 54 。また甘やかすのか，ひきこもりの生活に戻すのかって……，えらい剣幕でして……。主人との話し合いで，どこか入所できる先を探そうということになったんです 55 」と，母親は低い声を絞り出し，つぶやくように言った。
「そう……。でも，今日は外泊でしたよね？ 56 だったら，お父さんも太さんが家に帰ってくることを受け入れているのではありませんか？」
「2～3日くらいなら。ですが，前のような暮らしに戻るのはもうたくさんだと主人は言ってる 57 んです」

「お母さんご自身はどう思うのですか？ 58 」
「主人にはこの子が目障りなんです。私だって気が休まるときがないんですよ 59 」
「お母さんも，気が休まらない。だから太さんを入所させたいと」
「だから，さっきから入れるのかって聞いてるじゃないですか」と母親が声を荒げる 60 。
「そうでしたね。申し訳ありません。でも，この段階では入所できるかどうかのお答えはできません。わた……
61 」

47	太さん本人に支援を受けるつもりがあるのかどうか，私たちの支援対象者となり得るのかを考えていこう。
48	強調して「あなたの話が聴きたい」という関心を伝えよう。どうにか伝わってほしい。
49	先ほどの「別に……」は何か投げやりな印象を受けたが，今回の「別に……」は自分には関係ないと言っているように聞こえるし，母親のことと父親のことを気にかけているようにも聞こえる。太さん自身も気づいていない思いがあるのだろうか。

50	どうしてすぐ入所させることにこだわるのだろう。自宅での生活は考えられないのだろうか？ 太さんの希望はどうなんだろう？ 母親のニーズのみで支援をすべきか？ 母親もクライエントとして考えるべきか？
51	すぐ入れるかどうかを答えるだけでは支援にならない。何よりまだ太さんの意思が確認できていない。しかし，太さんはほとんど何も語らない。母親に意図的にかかわることで太さんの語りを引き出せるかもしれない。できないかもしれないけど，すぐに，ということがどうしても気にかかる。
52	いけない，ちょっと口調がきついだろうか？ でもこれくらいきつめに言わないと母親の話す勢いには対抗できないな。
53	退院を迫られている以外の理由はないのだろうか？ 母親の表情が変わった気がする。何か無理をしている？ 父親とのことが関係している？ 口調は抑えて丁寧に。

54	母親は父親の話となると，やはり話しにくそうだ。帰ってくるなと言う理由は何だろう？ 太さんはそのことを気にしている？
55	話し合いには太さんは参加できた？ 両親で決めた？ 太さんの思いや意見は反映されている？ 参加していたとして，太さんはそこでも思いを伝えられなかった？ 太さんの意思に反してここに連れて来られたということだろうか。
56	外泊，とおっしゃっていた。父親も受け入れているのではないのか。自宅に退院できない理由が引き出せないだろうか。
57	前のような暮らしか。太さんがひきこもるという生活か。母親はそのことをどう思っているのだろう。母親は今後の太さんの生活をどうしたいと思っているのだろう？

58	母親は太さんが帰ってくることを受け入れているのだろうか。確信はない。控え目に尋ねよう。
59	本心だろうか。父親と母親の関係はよくない印象を受けるが，この面接の雰囲気を見る限り，母親と太さんはどこかでお互いのことを思い合っているように思える。
60	この声の荒げ方をどうとらえようか。答えが欲しい？ 安心が欲しい？ 太さんがどこかへ入所できればそれでいい？ まだ話していない訳がある？
61	いずれにせよ，太さんの意思が確認できていないこの段階で，入所できるかどうかを答えるわけにはいかない。そこははっきりと伝えなければ。母親に太さんの意思が大事であることが伝わるように，丁寧に，ゆっくりと話そう。

「なぜですか。それじゃあ,困るんです。病院は退院しろって言うだけだし。すぐに入所できるかどうか,教えてください」と母親が机に身を乗り出して訴えてきた 62 。

▶さらに5分経て

うつむいて動かない太さんを目で追いつつ,「私は,何より太さんご本人の意思を大切にしたいと思っています。ですから,太さんから話をお伺いできないうちに,ご家族の都合で入所ができるとかできないとかのお答えはできません」と努めて冷静に答えた 63 。

「どうしてわかってくれないんですか。この子のことは私だけが見なきゃいけないんです。食事も用意して,掃除もして。私の生活はどうなるんですか。私は一生この子を見ておかなきゃいけないんですか？」と母親がまくし立てた 64 。
「ご苦労が大きいのですね。お母さんがお一人で太さんのことを背負わなくていいのではありませんか？ 65 」
そして,一呼吸おいて伝えた。
「これは私の想像ですが,太さんのことを守らなければならないと思っていらっしゃるのではないですか？ 私には,太さんをお父さんからできるだけ遠ざけるために,入所を希望されているのだと聞こえました 66 」

母親はうつむいていたが,何かをこらえるように肩を震わせているように見えた 67 。
「太さんは,どう思われますか？ 68 」
太さんがこちらを向いた。表情は硬く何か考えごとをしているようだった。
「太さんには太さんの,言い分があるのではありませんか？ 69 」

「お母さんは悪くない。お母さんを責めないで 70 」
「わかりました」と,うなずきながら静かに返して沈黙し,太さんの次の言葉に耳を傾けた 71 。
「……」
しかし,太さんはまたうつむいた。

「太さん,続けていいんですよ 72 」と促した。
「……」
太さんはうつむいたままだった。
「今後どうしていきたいのか,太さん自身も困っているんじゃないですか？ 73 」
「……」
やはり沈黙したまま。

62	今まで以上に激しい反応だ。太さんはどう思っている？ うつむいている。母親のほうは？ いま、ひるんではいけない。もう一度真意が伝わるよう言い換えて母親に伝えよう。太さんにも伝わるように。
63	まずは太さんの意思を大切に支援したいという思いを伝える。伝えることによって太さんが何らかの反応をすることに期待したい。冷静に。感情的に伝えても届かない。
64	少しだけトーンが下がったか。少し声も震えている。口調はきついが、母親としての正直な思いを吐露している。母親の苦労をわかってほしいということなのだろう。
65	母親には太さんのことを一人で背負う必要はないことを伝えよう。太さんには太さん自身が考えることですよという思いを伝えよう。
66	私がこれまでの面接のなかで感じたことを母親に伝えよう。太さんと母親の関係は悪くない。母親は父親のこととなると途端に話しにくそうになる。太さんと父親との関係を気にしているのだろう。家に退院したとしてもまた父親との関係で同じことを繰り返すことを母親は避けたいと思っているのかもしれない。確信はないが、伝えてみて母親の反応から再度検討し直してみよう。
67	思い当たることがあるのだろうか。今までのように反論してこない。それが母親の本心ということだろうか。動揺と受け取っていいだろうか。母親がすぐに入所というのは、父親から太さんを守りたいということだろうか。母親は話し尽くしただろうか。
68	太さんと向き合おう。あくまでも太さんに寄り添い、話を伺い、太さんがどうしていきたいと思っているかを支えていく気持ちを伝えたい。
69	できるだけ静かに、穏やかに。太さんに思いを語ってもらいたい。
70	しまった。私は太さんの敵になってしまっている。母親が問い詰められ、責められたと感じているのだろう。でも、太さんの母親に対する思いがわかった。
71	謝るのではなく、言い訳をするのでもなく。太さんの話を聴きますという私の思いを伝えよう。「この人だったら、話してみよう」と太さんに思ってもらえるよう、関係を築き直そう。太さんの目を見ながら、相槌を打って。
72	待ち続けるか？ いや、ここはせっかく太さんが声を発したのだから、促そう。
73	沈黙がもどかしい。太さん早く話して。なぜ話さないんだ。いけない、また責めてしまいそうになっている。太さんの立場に立って考えてみよう。太さんの思っていることを想像して伝えよう。

観察と逐語

「この子は……[74]」
母親が割って入ろうとした。
「すみません，お母さん。今は，黙っててください」
すかさず母親のほうを向き，落ち着いたはっきりした声で，母親を制した[75]。
太さんは驚いた表情を見せた。
「ごめんなさい。今は，太さんのお話が聴きたいんです[76]」
しばらく沈黙の時間が流れた。

「お母さんは，太さんを守りたいと思っているのだと思いますよ」うつむいたままの太さんを見ながら伝えた。
「……[77]」
しばらくして顔を上げた太さんが，意を決したように勢いこんで言った。
「ぼ，僕は，家に退院したいです[78]」
「ええ」
私は大きくうなずき，太さんの目を見た[79]。
「でも……」
太さんは目を逸らして話さなくなったので，太さんの気持ちを想像しながら伝えた[80]。
「お父さんがいると思うと……，あの家に帰るのは……どうしたらいいか……困っているんですね」
「……」
太さんが無言でうなずいた[81]。

「では一緒に考えましょう[82]」
太さんは顔を上げ，首をかしげた[83]。
「私に，これから先のことを一緒に考えさせてもらえませんか？[84]」
「一緒に……ですか？」
太さんが不思議そうな表情で[85]尋ねてきた。
「はい。どうしたら望んでいる生活ができるか，一緒に考えるのが私の仕事なんです[86]」
「僕の，望んでる生活……[87]」と言って考え込んだ。
「ええ。お母さんの思いも大切にしながら[88]，一緒に考えたいと思っています」
言い終えて母親のほうを向くと，母親は泣き笑いのような表情でこちらを見た[89]。

▶ **面接の終了**
次回の約束をする。

二人の表情を確認して[90]続けた。
「このまま詳しくお伺いしたいところですが，時間も時間ですし，今日はゆっくりお話を聴く時間が取れません。また別の日にお越しいただくことはできませんか？[91]」
「ええ，そうですね[92]」と母親が答えた。

思考過程

(74) ダメだ。今は太さんの話を待つ場面だ。母親には割って入ってほしくない。
(75) 強く主張しよう。言葉や態度で伝えよう。でも感情は抑えて。はっきりと伝える。太さんは私の態度を見てどう思うだろうか。また母親が責められていると思うだろうか。それとも，信用できる人物かどうかを見極めているだろうか。
(76) ちゃんと理由を伝えよう。太さんのことを第一に考えたいことを伝えよう。理解してくれるはず。やっぱり沈黙が長い。話してくれると助かるのに。待つか？私がアセスメントしたことを伝え，反応を見て検討し直そう。

(77) 太さんはうつむいたままだ。どう思っているだろうか。不安だな。でもここは自分を信じて。母親もどう思っているだろう。太さん考えているのかな。言葉で表現するのが苦手なのかな。
(78) 状況的には意外な答え。父親のいる実家で生活したいという希望。でも母親はここへの入所を考えている。もう少し，太さんの話を伺おう。太さんの思いを把握して支援方針を検討しよう。
(79) 話していいんですよ。太さんの語りを励まそう。
(80) また，沈黙してしまった。母親は協力してくれている。じっくり考えてもらえそうだ。太さんは，やっぱり言葉にするのが苦手なのだろうか。思いはあるのにどう表現していいのか困るのだろうか。話さないんじゃなくて話せない？話したら相手がどう思うか予想がつかない，混乱する，だから話さない……？ここは，太さんの気持ちを代弁してみよう。合っていれば私のことを信頼してくれるようになるかもしれない。
(81) よし。うなずいてくれた。太さんの信頼を得られるかもしれない。

(82) 太さんのこれからの人生にかかわらせてもらいたい。支援していきたい。それが伝わるように，笑顔で，明るくはずむような調子で提案してみよう。
(83) わかりにくかったかな？
(84) 言い換えて。もう一度。
(85) 話し言葉を理解する能力にも課題があるのかもしれない。もっと丁寧に，太さんに理解できる言い回しで。私が何者かを伝えるとよいかもしれない。
(86) どうだろうか。太さんに伝わるだろうか。
(87) 自分のことを考えてくれる人というのは伝わった？ これまでに自分の希望を伝えるという経験がほとんどないのかもしれない。
(88) 母親にも支援が必要だ。これから父親と母親の関係が悪化することも考えられる。太さんにとってのキーパーソンは母親だから，母親にもしっかりと太さんを支えてもらわなければならない。
(89) よかった。母親にも伝わったようだ。ちゃんと伝えれば理解してくれる人だ。

(90) 面接の初めの頃と全然表情が違う。
(91) しかし，今すぐは難しい。この後PSW協会の研修会に参加しなければならない。それに，太さんにも考えをまとめる時間が必要なはずだ。できれば別の日にお願いしたい。
(92) 落ち着いた口調だ。母親も信頼してくれそうだ。

「太さんはどうですか？ またここへ来て話したいと思いますか？」
「はい」太さんの反応が早くなった 93 。

「一つお願いなのですが 94 ，次回の面接までに太さんご自身の思いをしっかりとまとめてきてください。何度か申し上げましたが，私たちは太さんの希望に沿って支援をしたいと考えています」と頭を下げた。
太さんはしばらく考えて，「はい。わかりました」と答えた。声が大きくなっていた 95 。
「お母さんの思いも大切ですが，次は太さんの思いが聴けるように協力していただけますか？ 96 」
「はい」と母親は返事をした。

「ところで，主治医には 97 ここに来ることは話されていますか？」
「いえ。退院しろって言われて気が動転して，何も言わずに 98 来たので……」と母親が答える。
「わかりました。やっぱり焦っておられたのですね。大丈夫ですよ 99 。Z病院のPSWさんに，私のほうから連絡をとって治療方針などをお聞きしておいてもよろしいですか？ 100 」
「はい」と太さんが答えた。

私は太さんの目の前に置いてあったパンフレットに自分の名前を書き入れ 101 ，「今度来られるときに，ここに書いてある電話番号に事前に連絡をくださいね」と太さんに渡した。「それまでに何か話したくなった場合も電話していただいて構いませんよ 102 」とつけ加えた。

▶**事業所の玄関**
　二人を見送る。

面接室を出て玄関まで二人を案内し，二人の姿が見えなくなるまで，その場に立って見送った 103 。
帰る頃には母親の表情はすっかり穏やかになっていた。太さんがしっかりと母親の前を歩いて帰っていく姿 104 が印象的だった。

93 返事が早くなった。太さんとの関係も一歩前進したといっていいだろう。初めは挨拶もされず，「別に」とだけ言われていたのに，私の問いかけに応えてくれるようになった。今日はこれで十分だ。

94 今後の約束をしよう。次に何をするのか，明確に伝えよう。

95 太さんが自分のこととして主体的に受け答えをするようになってきているように感じる。きっと太さんは自分の意思で物事を判断したり決めたりすることができる方なのだろう。でも表現する方法に課題を感じていたのだろうな。家庭環境の問題やそれに対して太さんがどうしたいと思っているのか，次回の面接のポイントとしておこう。

96 母親へのケアも忘れてはいけない。母親にも信頼感をもっともってもらえるようにしたい。

97 Z病院との連携は必要になってくる。できれば情報をもらって次回の面接の準備をしておいたほうがいいだろう。

98 やはり。父親や病院からのプレッシャーが重くのしかかっていたのだろう。

99 母親の苦労を十分にねぎらおう。安心感を伝えて信頼感を増そう。

100 こういう確認を怠ると，ここまで築いてきた信頼が一気に崩れてしまうことにもつながる。関係ができてきたなと感じているとき，まさに陥りがちだ。クライエントの同意を得るという基本を忘れてはいけない。

101 初めてお会いした方には，必ず自分の名前を書き入れて伝える。伝えたはずと思っていても，クライエントが見た目以上に緊張していてこちらの名前を覚えていないことはよくあることだ。自分の名前をパンフレットやメモに書いて渡すことは今後も心がけたい。

102 話を聴きますよという私の姿勢を伝えておこう。

103 もし太さんが振り返ったときに私の姿がなければどう思うだろうか？ だから礼儀として信頼関係を醸成するためにもこの姿勢は今後も信念をもって続けよう。

104 太さんがしっかりと自分の人生を取り戻そうとしているように感じる。私も太さんの人生にかかわらせていただく覚悟を決めよう。

❖ 解説 ❖

複雑な家族関係の中で誰をクライエントとしてとらえ，何を支援課題とするべきか，「Y問題」からの教訓をふまえてかかわっています。

◆第一印象の扱い方

出会いの場面では，第一印象を手がかりに知り合います。経験を重ねると，第一印象からその人となりの推測が容易になる反面，ステレオタイプの分類をしたり最初の印象に左右され過ぎてしまうことがあります。阪井PSWはその危険性を自覚しており，また自身がクライエントに与える印象もその後の関係性を左右しかねないため，表情づくりや態度等にも注意を払っています。

◆クライエントのとらえ方

この事例は母親が息子の施設利用を希望して来所しており，要望を持っている母親の依頼をもとに支援を展開してしまいがちです。しかし，利用者になるかもしれないのは精神障害のある太さんです。阪井PSWは太さんをクライエントととらえて話を聴き，希望に基づき支援しようとする姿勢を随所で見せています。また一方で，母親の性急な姿勢にも支援ニーズの可能性を推測し，母親を遠ざけたり要求を無視するのではなく，発言に耳を傾け適切に支援しようとしています。家族もまたニーズを抱えたクライエントになり得るのです。

◆真のニーズを追求する

終業間際の予約無しの相談を簡単に終えようと思えば，形式的に施設紹介をしてパンフレットを渡すだけでよく，入院中の太さんが当事業所を利用するとは限らないため，病院で相談するように伝えて帰してしまう対応もありがちです。しかし，阪井PSWは，寡黙な太さんとは対照的な母親の態度に疑問や違和感を抱き，太さん中心の面接を貫いたことで，二人を取り巻く複雑な事情に到達します。家族関係のいきさつから，太さんが退院後に元の暮らしに戻るだけでは生活課題は解決しないことを把握できたのです。阪井PSWが覚悟して相談に乗った結果，

クライエントの真のニーズが明らかになりました。

◆家族関係のアセスメント

障害のある当事者をもつ家族も多様な影響を受けます。太さんの発症や，その後の生活の変化は家族関係にも葛藤を生じさせ，状況が長期化することで硬直し，複雑化しています。したがって家族関係にも着目し，アセスメントすることが支援を組み立てるうえでは不可欠です。阪井PSWは，母親の発言や太さんの態度をよく観察し，太さんと母親の密着関係や，その背後にある太さんと父親の不仲，次男にも気を遣う母親の姿を見出します。母親に苦労をかけていることで心を痛めているのは紛れもなく太さんでした。阪井PSWが母親に寄り添う姿勢を見せたことが，太さんが重い口を開くきっかけとなりました。

◆関係づくりの工夫

阪井PSWは，なかなか口を開かない太さんに対し，根気強く一貫して「あなたの支援をしたい」「思いを聴きたい」「あなたの味方です」というメッセージを言葉や態度で送り続け，バイステックの7原則にも忠実です。この工夫や配慮が面接後半に実り，終盤では太さんが阪井PSWの問いかけに応答するようになっています。ここから相談を展開する場面ですが，夕方の来所で，太さんの発言を引き出すまでに相応の時間がかかったことから阪井PSWは別日に面接を設定します。その際，自分の都合ではなく，太さんからの連絡を待つ姿勢を見せ，また電話相談も受ける用意があることを伝えています。このように，相談する主体が太さんであるという姿勢を貫いています。

◆自分の面接を客観視する

阪井PSWは，面接中の自分や面接場面を客観的に眺め，思考を修正して多様な可能性を検討し，自分の気持ちを意識して整えようとしています。簡単に結論づけず，わかった気にならないよう自戒もしています。発言の前に一呼吸おいたり，発言と発言の間に「間」が空くこともあるかもしれません。しかし，このように客観視することでPSW自身の心と体を整えて面接を進行することが，的確なアセスメントにつながり，クライエントとの関係性の構築にも奏功しています。

第 4 節 サラリーマン人生の見つめ直しに伴走する

ストレスチェック後に受診を勧められた男性

第2章 クライエントとの出会いにおける思考過程

事例の概要

東さん（仮名，50歳男性）は大手建設会社の設計部門に勤務する。1年前に部長代理に昇格し，実質的に設計部門を取りまとめている。家族は妻と子ども二人（小・中学生）で，ローンを払い終わったマイホームに居住。

観察と逐語

▶面接前の相談室
クライエントの来所が告げられる。

受付職員から，約束の東さんが来られたとの連絡〔1〕と共に問診票が届けられた。東さんを面談室に迎える前に目を通すと，「食欲不振，仕事の能率低下」と整った字体で書かれている〔2〕。

▶面談室
東さんを招き入れ，面接開始。

待合室のソファにうつむき加減で座っている〔3〕東さんに声をかけると，さっと立ち上がられた。面談室に入っていただくと着席を勧め，私も座った〔4〕。

「初めまして。精神保健福祉士の〔5〕白浜です。保健師さんから事前にお電話をいただいていました〔6〕。今日はよろしくお願いいたします」と伝えた。
東さんは硬い表情を崩さずに礼儀正しく名刺を出して〔7〕挨拶をされた。肩書を見ると"グループリーダー・部長代理"とある。
私は名刺をしっかり見て「東さんですね」と確認〔8〕し，机の左端に置き，あらためて相談室の機能や守秘義務等を説明した〔9〕。

登場人物	● 東さん…50歳男性，気分障害の疑い ● 白浜PSW…精神科クリニック勤務
場面	ストレスチェックとリワーク支援を請け負っているクリニックに，会社の保健師経由で面接の依頼があり，インテークを兼ねて1回50分の相談面接の枠に，予約通り来談された。

思考過程

1. 紹介元の保健師の話では，ストレスチェック実施後に産業医と面談した際，不眠や気分の落ち込みがあるとのことで精神科受診を勧められたらしい。「診察は希望しないが，カウンセリングは受けたい」という話だった。

2. 精神科的な症状ではない。東さんが受診を希望しないことと関係あるのかな。保健師もカウンセリング希望の理由はわからないと言っていた。まずは来院の動機を尋ねよう。几帳面な書体からは真面目そうな印象を受ける。私は精神保健福祉士なので心理療法ではなく，働くうえでの困難事や希望に向けた道筋を一緒に探すかかわりになる。初めに自己紹介を兼ねてそれをお伝えしよう。

3. きちんとスーツを着ているあたりはサラリーマンらしい。見た目の印象は暗めの表情だが，声かけに立ち上がる反応は悪くない。

4. 立ったまま挨拶する方もいるが，仕事場ではないしリラックスできるようにまず着席を勧め，真向かいは緊張感が高いのでいつも通り斜め向かいに座ろう。

5. 精神保健福祉士と名乗り，職名を知っていただくのと同時に，心理職のカウンセラーではないことを間接的に伝えておこう。

6. 事前に会社の保健師からの電話で多少の情報を得ている。お迎えする用意もしてある。そのことを伝えることが東さんへの安心の提供になればいい。

7. 緊張感のある顔つきだ。それだけ抱えているものが重いのだろう。お帰りになるときに少しでも軽減できているとよいが。名刺を出して挨拶されるのは社会的地位を表現したい気持ちからだろうか。それとも会社を通した来談なので，反射的に仕事のスタイルが出ているのだろうか。

8. 大手企業の重責にあるプライドを傷つけないように配慮すること，一方で職位が何であれ，ここでは一人の人として受け止めること，また"素"の自分を表してほしいことも言外に伝えたいので，何らかの相談事を抱えて来られたク

「当院は診察せずカウンセリング相談のみの利用も可能です。その場合は保険適用外ですが1回50分で⑩，御社との間では相談料を通常より安く設定しています。そして，ここで話される内容は，ご本人のご希望があるときか，同意を得られた場合以外，会社にお伝えすることはありません。面接の記録をとらせていただきますが，鍵のかかるロッカーで保管し，診療所スタッフ以外は閲覧しません⑪。どうぞ安心してお話しください⑫」

東さんがうなずくのを確認する⑬と，「お生まれはどちらですか」「ご一緒にお住まいの方はいらっしゃいますか」「最終学歴と職歴を教えてください」と生育歴・家族歴・職歴を順に聴取してフェイスシートに書き終え，本題に入る⑭ことにした。

概要のみを淡々とお聴きしていく⑮と，東さんは淀みなく，過不足もなく応答された。

▶約10分が経過

私は一呼吸おいてから，「産業医からは受診を勧められたものの，東さんはカウンセリングだけをご希望されたと伺っています。今日ご相談されたいのはどのようなことですか」と尋ねた⑯。
東さんは最初と同じように無表情になって⑰，「私は会社に要らない人間のようなんです」と短く早口で言われた⑱。

「ええと，東さんは，今の会社には2か所の設計事務所を経て中途採用⑲で入られて，今年で……」と私が数えようとすると，「20年目です」と即答⑳された。
「それで"要らない"というのは？」と先を促す㉑と，「うちの会社は地方に営業用の関連会社があります。この秋からそこへ出向するように言われました㉒。大きな工事を請け負うと現地の営業窓口となって顧客対応するわけですが，通常は設計士が勤める場所じゃないんですよ」

⑨ ライエントという意識づけのため，単に「東さん」と呼んでおこう。
就業上のストレスは職場での人間関係や会社の方針，業務内容などとかかわっていることが多いが，会社と診療所が委託関係にあると，自分の発言が会社に筒抜けだと思って警戒される場合がある。こちらの守秘義務をお伝えし，ご本人には安心して何でも話していただけるように最初に構造化することを今回も重視しよう。特に東さんは相談内容を会社の保健師に伝えていないので，会社には知られたくない悩みや不安があるのかもしれない。

⑩ しっかり語っていただくために，1回50分であることを最初に伝え，枠組みを明確にして始めよう。

⑪ 記録をとることに神経をつかうクライエントが時々いる。どこかに提出されたり，誰かに見られたりするのではないかという心配だ。特に会社からの紹介なので，東さんも懸念される可能性はある。ケースファイルの保管方法や閲覧者の範囲もきちんと説明しておこう。

⑫ 東さんは半ば自分で希望して来られているが，会社の勧めが強い場合は，特にこの一言の有無でご本人の態度が大きく変わる。

⑬ 東さんの表情から納得された様子を見てとれたので，こちらの説明の意図は伝わっただろう。

⑭ インテーク時に生育歴等を伺うが，あえて形式的に概要のみを5分程度で聞き，速やかに来談の主訴を伺い本題に入らなければならない。来談者にとっては，「続きは次回に」となると時間をつくって出かけてきた甲斐がなくなってしまう。1回の面談内でアセスメントし，具体的な支援を展開しなければ。でも，いきなり本題に入ると言葉に詰まることや，とめどなくなってしまうことがあるので，話すためのウォーミングアップも兼ねて機械的に尋ねよう。

⑮ 東さんの淀みない様子からは，相談の中心にはまだ触れていないことが想像できる。

⑯ いよいよ本題に入る。約10分経過。1枠50分なので通常のペースだ。まずはご本人の"主訴"を聴くことになる。保健師からは，産業医に対しては精神症状めいた訴えもあったと聞いているが，東さんの口からこれらはまだ出ていない。相談したい事柄は何かを真っ直ぐに尋ねる問いかけがよいだろう。

⑰ 言いたくないことを口にされているのだろう。無表情に見えるのは感情を押し殺しているためか，あるいは抑うつ的な気分のせいかもしれない。

⑱ さっきまでとは口調が違う。認めたくない思いの語り口である可能性が高い。

⑲ さっきの話では大学院卒，中途採用とのことだ。社内でのここまでの歩みは順調だったのではないだろうか。年代的にリストラ対象になるのだろうか。

⑳ 20年間働き続けてこの職位まで上ってこられたんだな。高学歴で，名刺にある職位も高いイメージだ。なぜ，"要らない人間"という表現になるのだろう。

㉑ 語ること自体も苦痛そうに見えるが，ここはもう少し東さんに語っていただくことから始めなくては。オープンクエスチョンで語りを促すことにしよう。

㉒ "出向"というのは聞こえのいい表現だが，リストラの際によくある手だ。最初は出向にして半年とか1年後には退職扱いとなり，出向先との雇用契約に切

と吐き出すように言われた 23 。

私は「では，どういう理由でしょう？ 上司の方からはどのようなご説明があったのですか」と重ねて尋ねた 24 。
「説明も何も。ただ秋からそっちへ行ってもらうと。まあ，サラリーマンですから，そう言われれば行くしかありませんしね」と東さんは一瞬笑った 25 。

「"サラリーマン"ですか。でも通常は設計士が勤める場所じゃないっておっしゃいましたよね。東さんには納得のいかない人事 26 なのでは？」
「納得なんて必要ありません。サラリーマンですから」と繰り返される 27 。

「人事異動は命令だから断れないんですよね？ 28 」
「断ることは考えていません。ただ……」と東さんは一瞬口ごもった 29 が，堰を切ったように続けた。
「いっそ転職しようかとも思っています。たまたま若いときに勤めた設計事務所の2代目が声をかけてくれまして。一度は断ったんですが，転勤の話が降ってきたので考え直しました。そこなら設計士としてアテにされていますし，昔の馴染みもありますから気安いと思ったんです」と一気に語った 30 。そう話す東さんは，目の力の強さを増したようにも，無表情を増したようにも見える 31 。

「そうでしたか。では転勤と転職で迷っていらっしゃるのですか 32 。長年お勤めの職場を離れる点は同じですから，そこのお気持ちの整理も必要でしょうね 33 」と，私は少し眉根を寄せ，東さんの顔をジッと見つめながら問いかけた。

東さんは一瞬，フッと視線を斜め下に逸らしてから再び真っ直ぐ顔を上げ 34 ，「この職場に長くいる気はありませんでした。グループリーダーになって以来，設計業務自体はできず，営業や販促部門との交渉だとか他の課長や係長その他の部下の面倒を見なければならない。自分でやったほうが早いのに，いちいち誰かに指図するのも疲れましたし」と，なめらかな語り口である 35 。

り替わる。大手企業ではよく使われる。東さんはそれで自分がリストラ対象になったと受け取って"要らない人間"と言っているのだな。

[23] 語気が荒くなっている。納得のいかない人事なのだろう。「設計士が勤める場所じゃない」という言い方には，関連会社への嫌悪の念も感じる。

[24] リストラや嫌悪感等，こちらの印象はまだ言わずさらに語っていただこう。
[25] "サラリーマン"の一言でご自分を納得させようとしているのか。20年も勤めた社員の大きな転勤なのに，理由一つ説明されないものなのかな。東さんの笑いには違和感がある。でも，わからないでもない。自嘲気味でもあるし，まだ事態を受け止め切れず，現実を直視する難しさが表れているかのようだ。
[26] "サラリーマン"はキーワードになりそうだ。東さんは，社命に従って人事異動を受け入れようとしているが，一方で設計士としてのプライドもあるのかもしれない。転勤に納得できないのは，設計士としての自分を否定された感覚を抱いているからではないだろうか。もう少し掘り下げよう。
[27] もう受け入れて転勤する覚悟はあるのだろうか。それならわざわざここまで来ないだろう。まだ東さんは何か話したいことがあるはず，まだ相談の本題に入ってはいないと考えるべきだろう。

[28] それでも転勤の覚悟については念のため確かめておこう。
[29] 転勤は断らないつもりだということか。でも何かに迷っているご様子だ。このあたりが今日の相談の主訴に近いのだろうか。
[30] 口ごもったものの，その後の語り口に勢いがある。転勤を受け入れたわけではなく，転職も選択肢にあって迷っているようだ。一度断った所とはいえ，設計士としてアテにされている点は，おそらく東さんのプライドやアイデンティティを保つのによい条件のはずだ。でも，それなら迷うことはないかもしれない。東さんの悩みの核心は何だろう。待遇面が落ちるのだろうか。そうだとしたら，家族持ちなので仕事のやりがいだけで決められない面もあるに違いない。
[31] うつっぽい印象より，精神状態が張りつめたままのように映る。会社では不眠などもあると言っていたそうだが，考え，決めかねて眠れないのではないか。

[32] 来談目的が，今後の進路を決めかねて迷いを整理することなのか，まだ断定はできない。わかったような表現をせず，もう少し質問を返すことにしよう。
[33] 東さんは優秀な設計士なんだろう。定年まで10年を残して転勤や退職を考えるのは，喪失感をどう受け止めるかという問題ではないだろうか。この転勤話がなかったら，東さんはご自分の将来をどのように想像していたのだろう。これまで築いてこられたキャリアへの思い入れを慮った発言を返したい。

[34] 今の表情は気になる。これまでの道のりにも不満があったのか。昔を懐かしむ気持ちか。でも現職場への未練を断ち切るにも相当な思い切りが必要だろう。
[35] そうか。管理職によくある話だ。私も以前は，管理職は出世だと思っていたが，専門技術者にとって管理職は必ずしも喜ばしい職位ではないと知った。これだけすらすら不満を話されるくらいだから，東さんも専門職気質の強い人で，マネジメント業務中心の役割にはやりがいを見出せないタイプなのだろうし，出向よりは誘われた会社に設計士として勤めるほうが選びやすいのではないか。

観察と逐語

▶約20分が経過

「東さんは設計のお仕事がお好きだったんですね。これまでどんな建物を手がけられたんですか？ 36 」
東さんは時折私を通り越し，背後の窓の外を見るような目をしながら，ご自身の手がけてこられた数々の建物の名を挙げられた 37 。なかには私の知っているビルもあり，驚きながら聴き入った。
「東さんはこれまでの設計士としてのお仕事にやりがいを感じていらっしゃったんですね。それができなくなってストレスも強まったでしょう？ 38 」

東さんは「ストレスって……。私の気持ちなんか誰かにわかってもらおうとは思っていません 39 がね，自分のリーダーシップの無さに嫌気がさしてきた 40 ことは事実です」
「それで出向なんです 41 から」と答え，じっと手を見つめた 42 。背筋が伸びている分，視線を落とすと目の下のクマが目立って見える 43 。

「東さん，お疲れのようですね 44 。よくわからないのですが，やっぱりこの人事には納得いかないのでは？」と先ほどと同じ投げかけをした 45 。
東さんは「フゥ……」と声になる手前の息を吐いて音を出した 46 。
「……家内にも同じことを聞かれましたね 47 」

「それでなんとお答えを？」
「サラリーマンなんだから納得する必要はないと。そしたら怒り出しましてね。以来ろくに口をきいてません」と東さんは困ったような顔をして答えた 48 。
「それはまた……おつらいですね 49 」
「いや，つらいというか……。家内が不機嫌なだけなら，まあよくあることですが，感情的に不安定に見えるんです。それで心配になりまして…… 50 」
言いにくそうに頭を掻く。
「不安定というと？」
私は語尾を上げ，手を膝に置いて聴き入る体勢をとった 51 。

「最初に出向の話をしたときは泣き出したんです。でも仕方ないと言ったら今度は怒り出して……。転職を考えている件には聞く耳ももちませんし。最近は急にパートに出る

やはり待遇面の迷いなのだろうか。アイデンティティと業務のミスマッチがあるようだ。もう少し掘り下げたいけど，まだ話の温まりが足りないかな。

36 少し仕事の話をしてみよう。
37 ご自身の仕事に誇りをもって取り組んで来られた様子が伝わってくる。たぶん仕事のできる人だろうから，昇格してプレイヤーよりはマネジャーの役割を期待されることがどうしても増えてしまう。それが嫌でうつになる人も時々来談されるが，この折り合いをつけるお手伝いができるとよいのだけど。
38 だいぶ話しやすい空気になってきたけど，あと25分ほどだ。もう少し相談の焦点を特定したい。あえて"ストレス"という言葉を使って，ここが診療所だと意識していただこう。何かしらそこにまつわる相談事がある可能性も残っている。展開によっては不眠等の症状について聞けるかもしれない。

39 わかってくれる人がいないということか。孤独感が漂うし，少し投げやりな表現だな。逆に，気持ちをわかってもらいたい相手がいるとしたら誰だろう。
40 さっき東さんは，ご自分の性格を「内気，几帳面」と言った。そう思っているとすると，リーダーシップをとることに苦手意識があってもおかしくない。
41 どういう意味？ リーダーシップ不足で成果が出なかった結果のリストラか。
42 言葉を飲み込まれてしまった。
43 初対面なので普段との比較はできないが，こうしてうつむかれると，寂しそうだし憔悴しているように見える。自己評価も下がっているようで痛々しい。

44 わかってもらおうとは思わないとの言葉を私なりに受け止めた印象を，"お疲れ"と表現してみた。実際そう見えるし，そこへのいたわりを伝えたい。
45 さっきも納得など必要ないと言われたが，今回の来談の契機はやはり出向の話が端緒に思える。ここをさらりと流しては，この面談は深まらない。
46 やはり何かしらの思いはあるが，まだ明確に自覚されていないのか。
47 奥様にはすでに話していらっしゃるのか。ご家庭は円満なのだろうか。

48 東さんの困惑が見える。受け止めてほしかったのではないか。妻に怒り出されて東さんはつらかっただろうし，妻が怒る理由が東さんにはわからないようだ。だいたい東さんは本当に納得する必要がないと思っているのだろうか。
49 ここでは私の受け止めたこととして「つらい」と返してよいだろう。
50 夫がリストラ対象かもしれないと聞けば，不安になるのは当然のように思うけれど，奥様の様子に何か病的な不安定さを感じるのだろうか。東さんの心配事というか来談目的は妻のことなのだろうか。
51 ここは先を促し，もう少し頑張って話していただこう。

52 妻は職場結婚以来，専業主婦だ。会社のことを少しはご存じだとしても，当時とは状況が違うはず。最近の世情をご存じなのか。パートというのは，収入の低下を心配してのことだろう。先々の人生設計をご夫婦で話し合えていないの

と言って新聞広告を見ながらぶつぶつ言うし，私が話しかけても無視です」とため息をつく 52 。

「東さんの出向の話について，奥様はどう思われたのでしょうね？ 53 」
「そんなのひどすぎると言っていましたね 54 」

「ごもっともですよね。私でもそう思いますもの。東さんはそうは思いませんか？ 55 」
私は再び語尾を上げ，椅子の背もたれに背中を預けて少し寛いだムードを演出した 56 。

▶30分ほどが経過

「さっきも申しあげましたが，家内にも同じことを言われました……。実は，昨年部下の一人が大きなミスをしました 57 。結果的に損失は免れましたが，部下に任せきりにした私の監督責任は重大です。今回の出向はその結果だと思っています」と，東さんは最初のときのように早口になって無表情に述べた 58 。

「そうだったんですか。監督責任とはいっても，ずいぶん厳しい対応のような気がし…… 59 」
私が言い終わらないうちに 60 ，
「いや，当然です。部下を監督するのは私の務めですから。それに会社も業績が落ちてきているので，生き残るためにはリストラもそれなりに必要なんです」と，東さんは当然のことを説明するかのような口調で言われる 61 。

「企業中心の厳しい考え方ですね 62 。……それ，奥様にもお伝えになったんですか？」
「ええ，言いましたけど……。それがまずかったんでしょうか？ 63 」と東さんは顔を上げて探るような表情をした。

「いえいえ，まずくないと思います。でも，それだと東さんご自身のお気持ちのやり場はどこにあるのか心配です 64 」。

ではないか。東さんは奥様とどう向き合っているのだろう。その前に，東さん自身が将来のことをどう考えているのか尋ねたい。妻の態度に右往左往している様子だが，妻の態度は理解できる。むしろ，そのことを受け止められていないところに，東さん自身の心情が表れているのではないだろうか。

53　伝え方にもよるが，設計士としてのプライドを理解している妻なら，夫の出向話はショックに違いない。東さんはそれをわかっているだろうか。

54　やはり妻のほうが東さんのやりきれなさを先取りして反応したのではないか。それなのに東さん自身が淡々としているから，会社に向けるべき怒りが東さんに向いたのかもしれない。こんなに淡々としているのは違和感だ。

55　東さんの本心は出向に納得していないと推測できる。私だったらそう思う。そろそろ，そのことを真っ直ぐに尋ねてみよう。

56　長年の"サラリーマン癖"で，会社の決定に疑問をもたず，私情に蓋をしてしまう方にはずいぶんお会いした。抑圧された感情は人の心や行動に影響するから，しっかり焦点を当てたい。でも急ぎ過ぎてもいけないが……。ぼちぼち終盤に入らないと。東さんはだいぶ語ってくださっているから大丈夫だろう。ここは話しやすい雰囲気を大袈裟なくらい演出しよう。

57　新しい話が出てきた。東さんは部下の失敗の引責による出向という受け止め方をしているのだ。だから納得も何もという言い方をされたのか。しかもリーダーシップのなさというのも，このことと関係していそうだ。

58　またこの早口なしゃべり方。これは東さんが言いにくいことを口にしているための反応だろう。さっきまで少し心を開いてくれていたように見えたが，今は感情を込めないようにしているのだろう。表情もなくなっている。

59　厳しい対応を甘んじて受け入れるほどの大きなミスだったのだろうか。でもミスしたのは東さん自身ではないのに，悔しくないのか……。

60　なんとなく，「同情されたくない」という東さんの思いが表れているようだ。

61　自分を納得させようとしているためなのかもしれない。しかし，社員を切り捨てて会社が生き残る意味はどこにあるのだろう？　"サラリーマン癖"が強いと納得できるのだろうか。東さんは頭で整理し，理性でどうにか受け入れようとしているんだ。強い人だ。でも家族はたまらない。いや，東さんだって本当はたまらないに違いない。自分に言い聞かせて，気持ちを収めようとしているのだろう。でもここではむしろマイナス感情を発散していただきたい。

62　呼び水として"厳しい考え方"と暗に批判してみよう。それと，妻にもそう伝えたのかも尋ねてみよう。そんな言い方では妻は怒るだろう。

63　職場に対する東さん自身のマイナス感情を吐き出していただこうと思ったが，妻への話のほうに着目されてしまった。しかも妻に話して「まずかった」かどうかと考えてしまう東さんにはちょっと驚く。

64　東さんの感情をご自身が押しとどめてしまっている。そのことが来談の理由ではないか。少し踏み込んでこじ開けてみよう。私としては東さんの"本心"をしっかり受け止めたい。このかかわりは，やがて東さん自身が自分のやり場

私は東さんを真っすぐに見つめた。
東さんの目は微かに泳いでいる 65 。
「私自身の気持ちですか……」
東さんは膝のあたりに視線を落とし，じっと考え込んでしまった 66 。

しばらくして東さんは顔を上げた 67 。
「残念ではありますが，しかし私はリーダーには向かないとわかっていました 68 。部下のミスは，部下に任せきりにして，私がきちんと報告させたり確認したりしなかったことが原因だと思っています。私はそういう仕事の仕方を好みませんし。今回の出向話は妥当な決定だと思います 69 」

私は少しの間黙って東さんの顔を見ていたが，「もしかしたら東さんは"グループリーダー"といった職位よりも"一設計士"として働いていたかったのですか？ 70 」と返してみた。
「ハハハ……」と，東さんは渇いた声で笑いながら頭を掻き，「そんなことはね，思っていたことも忘れていましたね 71 」と言った。言ってからハッとしたように，「いや，そうなんですよ，以前いた事務所に移れるなら，そのほうが営業所よりいいと思ったんですね，直感的に」と真顔に戻った 72 。
「最初にご自分のことを，"会社で要らない人間"とおっしゃった意味はそこにあるんですね」と私が応じると，東さんは怪訝そうな顔をした 73 。

「私は最初，東さんが出向させられる，今の会社から追い出されるという意味で"要らない人間"と表現されたのかなと思いました。でも伺っているとちょっと違う。東さんはあくまで設計士でありたい，そういう形でご自分が必要とされるような職場を求めていらっしゃるのではないでしょうか？」と私なりの解釈を伝えた 74 。

▶残り10分余

「白浜さん，いや，先生，"精神保健福祉士"とおっしゃいましたよね」と東さんは唐突に尋ねてこられた 75 。
「あ，はい……。そうです。きちんとご説明していなくてすみません。いわゆる心理カウンセラーとは違う福祉の立場の職業なんです。東さんはカウンセリングだけというご希望で来られたんでしたね。何かご希望がありましたか？」と私はやや早口になって応答した 76 。

「いいえ。ただずいぶん違うなと思ったもので…… 77 」
「何がですか？」

65 のない気持ちを本当の意味で昇華させるために必要な支えになるはずだ。
動揺しているように見える。やはり本音ににじり寄ることができてきたようだけど，大丈夫だろうか……。

66 ここはしっかり待ってみよう。ちょっと沈黙が長いけれど，大切な時間なのでとにかく共に居合わせてみよう。

67 30秒は沈黙されていただろう。何を考え，そして話してくださるのだろう。

68 やはりご自身の性格を内気というだけあって，リーダーシップを発揮するタイプではないということか。でも，向くかどうかではなく，職位にあわせて職務をまっとうすることも大事だと思う。そうは東さんに言わないほうがいいか。

69 さっき「長くいるつもりはなかった」とも言っていたので，東さん自身は会社に固執していなかったのかもしれない。"妥当"というのは，あながち虚勢を張っているわけでもなさそうだ。

70 ここまでの話を総合すると，東さんは出向話が出る前から与えられた職務には不満や違和感をもっていたのかもしれない。現場のことがわかる人間を上に立たせるのはいいことだと思うけれど。それに，普通なら出世を喜ぶところだと思うが，設計士としてのアイデンティティがきっと強かったのだろう。

71 きっとこれは本当だな。サラリーマンとして設計士の自我を抑え込み，会社の方針に盲従してこられたのかもしれない。でも今回のことが，東さんにもう一度設計士としてやり直したいという気持ちを起こさせたのかもしれない。

72 ご自身のなかの違和感にたどり着いたらしい。「直感的に」という言葉がそれを表している。出向先では設計の仕事からはますます遠のくだろう。それは東さんにとっては職業的な意味での"死"に近い感覚だったかもしれない。だから「要らない人間」という表現をされたのだろう。

73 伝わらなかったかな。もしかしたら東さんはご自分を「要らない人間」と称したことをもう忘れてしまったの？ それとも文脈がちょっと唐突だったか。

74 ここは私の解釈を伝えてみて，東さんの反応を見ることにしよう。サラリーマン癖の強い人だと思ったが，東さんはそこに違和感を抱き続けていたようだ。それだけのアイデンティティの強さがあれば，転職先で設計士としてやっていきたい気持ちは当然だろう。

75 なんだろう？ 口調があらたまったような感じだ。東さんは受診拒否で，カウンセリングだけ求めてこられたのだった。何か求めと違う方向に話してしまっただろうか。そういえばきちんとPSWのことも説明していなかった。話は逸れてしまうけど，ここはきちんとお答えしよう。

76 時間的にはあと10分ほどしかない。方向は間違っていなかったと思うが，今さら主訴の確認をしているような格好だ。これで万が一東さんの話したいことが別にあったら，時間内には終結できないな。

77 違うというのは何のことだろう。

「精神保健福祉士という人に会ったんですよ 78 ，最近」
「そうなんですか。どちらで？」
「出向を命じられる直前，私は急に部長から研修に行けと言われました。仕事が立て込んでいるときだったので不審に思いましたが，行ってすぐ訳がわかりました。そこは私のように出向や転職勧奨に遭っている，つまりリストラ対象者を集めて洗脳するようなところでした 79 」
東さんの口調は淡々としている 80 。

私は「そこで……お会いになったのですか？」と恐る恐る尋ねた 81 。
「はい。個人面接というのがありまして，戸惑う私にしきりにサラリーマンとして出向先へ行くことを受け入れるよう言われました 82 」
私を見る東さんの目が冷たく光った 83 。

「そうでしたか」と，私はため息をつき「申し訳ありません」と言う 84 と，「先ほど，白浜先生も精神保健福祉士と伺い，ここでも同じように対応されるんだろうと思いました 85 。でも違う感じを受けたんです 86 。私自身が封印していた感情に気づかせていただけました 87 」と，今度は笑顔を向けてくださった。

「そう言っていただけるとホッとします。東さんがどうなさりたいかをご一緒に考えて，そして実現の道筋をご一緒に探すのが私の仕事ですから 88 」
さらに続けた。
「先ほどの話に戻りますが，東さんは設計士として職業人生を歩まれたいのですよね？ 89 」
「お話ししているうちに，そう思えてきました。これまでは会社のため，部下のため，家族のためと自分に言い聞かせて，与えられた仕事を粛々と進めることに専念してきましたが，ここへ来て，もう一度自分らしい働きをしてみたいと思うようになりました 90 」
「では，今後のことは……」
「はい，出向先へ行くのは断ります。当然会社にはいられなくなるでしょう。転職します。声をかけてもらっている事務所に早速連絡しようと思います」
東さんはきっぱりと言って手帳を取り出し，すぐにも行動に移そうという姿勢を見せた 91 。
「東さん，その前に奥様とお話しされてはいかがでしょうか」と，私は勢いに水を差す形で応じた 92 。

[78] 珍しい。東さんは精神保健福祉士を知っていたのか。病院かどこかだろうか。
[79] 前にもこういう方がいらっしゃった。新聞にも載っていたことがある。企業が行うリストラの下請け会社の「研修」のことだ。東さんはそこにも参加させられていたのか。洗脳という表現はちょっと過激だけど，東さんにはそう感じるような場だったんだ。しかも事前に出向に関する説明もなく参加させられたのでは，よけいに衝撃も大きかったに違いない。
[80] 感情を抑えて話しておられるようだ。それだけに深い思いを感じる。

[81] 精神保健福祉士を名乗る職員，一体どんな働きをしていたのか。業務命令で資格を取るものの，アイデンティティが異なる人もいるのが現実だし……。
[82] やっぱり……。産業分野への精神保健福祉士の領域拡大は喜ばしい反面，困ることもある。クライエントの自己決定が尊重されず，"かかわり"ができていないようだ。東さんは精神保健福祉士をどんな仕事だと思っただろう。
[83] この視線は，私を通してそのときの職員に向けられた思いなのだろう。

[84] 同じ職種と思われたくないというより，"精神保健福祉士"を誤解されてはいけない。代理で謝ることで，そのときに傷ついたであろう東さんのお気持ちを少しでも和らげたい。
[85] そうか，それで表情も硬いし，どこか表面的な発言が多かったのか。でも，そうなるとますます東さんは出向先へ行きたくないということではないだろうか。
[86] 私をそのときの職員とは違う者として信用してくださったのかもしれない。
[87] ご自分で自分の感情を長らく押し込めてきたことに気づかれたのだ。さて，もう時間的に締めに入るタイミングだ。

[88] やっと，これがきちんと言葉にしてお伝えできてよかった。
[89] 今日の面談のテーマは，職業人生について考えるということだ。残りの時間を使って東さんの思いが東さん自身のなかで確信できればいい。
[90] 建設業界の実態がよくわからないので，東さんのような年代の設計士にどの程度のニーズがあるのか見当がつかない。ただ，ここでは東さんが自分の意思を確認して今後のことを選択できるように支援することが大事だ。ほとんど話題にしていないけれど，メンタル面の課題があるとも思えない。そのことには触れなくてもよいだろう。必要だと思えば東さんからおっしゃるに違いない。
[91] 東さんのなかでは決意が固まったらしい。この勢いだとすぐさま上司や前職場への申し出をしそうな雰囲気だ。やっぱり設計の仕事が好きなんだな。だけど，このスピードで動く前に一つだけ整理することをお勧めしよう。
[92] 奥様にも率直に東さんの本心を伝えることが大切だ。子どもも小さく，転職は家庭にとってリスクで，妻の理解と協力は不可欠だ。東さんが勢いで突っ走るのではなく，きちんと話し合っておくことは避けてはならない。出向の話を聞いて泣き出すような妻なら，東さんの思いをきちんと受け止められるだろう。

観察と逐語

東さんは「えっ?」と声に出し〔93〕，手を机に下ろした。
「ご理解くださるのではないでしょうか。なんとなく思うんです。出向の話で，奥様は東さんが怒ったりがっかりする表情をもっと見たかったのではないかと。専業主婦が急にパートに出るのも大変です。東さんが転職されたら，失礼ながら収入は下がるでしょうし，支えてくださるおつもりなのではないかと」と，私は目を伏せ，自分が妻の立場だったらという前提をにおわせて言った〔94〕。
「いや……，そう……そういえば家内は，それでいいの？とか，頭にこないの？ と言っていました。そう言われてもこっちもやりきれない思いが先立って……〔95〕」

「当然ですよね〔96〕。会社の保健師さんからは，よく眠れないとか気分の落ち込みがあるようだと紹介を受けていました。そうした反応も，この状況ではむしろ当然だし人間らしいと思います〔97〕」
「そうですか。いや，実際眠れなくてまいってました。家内が不安定なので私がしっかりしなければと。でも考えれば考えるほどどうしていいかわからなくて」と東さんは苦笑して言った〔98〕。

私もつられて笑いながら「そのお顔を奥様にも見せてご相談なさったらいかがですか。決めたことだけ告げられるよりもよほど安心されると思いますよ〔99〕」と返した。
「そうですね。いやぁ，ちょっと話しにくいですけど。でも転職となれば苦労もかけますしね」と，今度ははにかんだような笑顔〔100〕である。

▶面接終了

私はうなずき返してから，「東さん，お約束の時間を少し過ぎてしまいました。お話しされたかったことは話せましたか？」と面談終了を告げた〔101〕。
「はい。いえ，思っていた以上です〔102〕。ありがとうございました」と両手を膝に乗せ，頭を下げられた。

「そうですか。よかったです。私も東さんのお話を伺いながら，今の日本の企業のありようや，精神保健福祉士の役割についても考えさせられました〔103〕。少し宿題もいただいた気分です。ありがとうございました」とお礼を述べた。

東さんは立ち上がり，再度深々と頭を下げられた。私も立ち上がって一礼してからドアを開け，廊下まで東さんを見送った〔104〕。

93	出鼻をくじいたかもしれない。東さんには意外な投げかけだったようだ。
94	東さんの妻がどのような方かわからないけど，ここは私の感想ということでお伝えしておこう。どう受け取るかは東さんにお任せすればいいし。
95	やっぱり東さんにとってはやりきれない思いがたくさんあったのだろう。もしかしたら妻には心配をかけたくない気持ちの表れかもしれない。こんなときには格好つけてしまうものだろうし。でも妻としたら，自分に甘えたり頼ったりしてほしいというものではないかなあ。このあたり，思いやりがすれ違うこともあるだろう。
96	その分，東さんは東さんでつらい日々だったに違いない。
97	問診票に精神症状めいたことは書いていなかったけれど，実際には体験されたはずだ。でもそれをことさらに"病気"として扱う必要はないと思う。そうお伝えしよう。病気を背負い込んだり，逃げ道にしてしまってもいけない。
98	思い当たるようだ。不眠もあったし不安にも思われていたのだろう。相談できずに困っていたかもしれない。ストレスチェックで引っかかってよかったし，産業医面談で東さんがどこまで本音を言われたかはわからないけれど，来談につながってよかった。この表情からして，もうそんなに心配なさそうだ。
99	妻だけではなく東さんにとっても，相談しながら気持ちを再確認したり事を整理したりするのに必要だと思う。今は気持ちが高揚して「退職・転職」とおっしゃっているけれど，待遇面や今後の生活設計とも兼ね合わせて考えなくてはいけないし，設計士としての思いも含めてしっかり妻と話し合ってほしい。
100	よかった。おわかりいただけたようだ。顔つきもさっぱりしているし，時間も過ぎてしまった。これで面談は終わりにしてよいだろう。
101	これで大丈夫ではないかと思うけれど，もしまだ何かあるようなら，あらためてお越しいただくことになる。
102	相談って面白い。一人よりも一緒に考えると，気づかなかった思いが出てきたり，発見がある。私も自分にとって仕事って何だろう？とか考えさせられたし，今の立場をありがたいものだと実感し直すことができた。東さんに感謝だ。
103	産業精神保健福祉士の会でも意見を聴こう。企業のリストラについても権利擁護の立場から意見を言うとか，雇用労働政策への提言も考えるべきだ。この領域での私たちの取組みはそこまでおよんでない。業務指針もないし，企業側のPSWの働き自体にも課題がありそうだ。県協会で他のクリニックやEAP会社の先輩や仲間とも話し合えるといいのかもしれない。いろいろな意味で，とても考えさせられる面談だった。
104	ここから出ていけば，待っているのは"現実"だ。今日の面談がいくらかでも役立って，東さんがここに来られる前より少しでも生き生きと働けるようになればいいな。どうか負けずに頑張って！

❖ 解説 ❖

　PSWの価値は不変であり，どこの職場にあっても共通する姿勢を堅持しなければなりません。自分の仕事ぶりを通して世の人々は「精神保健福祉士」を知る事になることを自覚して日々の働きを振り返っています。

◆インテークについて

1. 出会う前に始まっている

　インテークで出会うクライエントについて，事前に他機関や職場内の他職員から伝達される情報がある場合，先入観をもってしまうことは戒めるべきですが，有効な情報として活用することも必要です。本事例では，紹介元でもクライエントの相談内容が把握されていませんし，精神科クリニックに来るのに受診を希望していないのは特殊な状況かもしれません。白浜PSWは東さんを迎えるにあたって，書かれた文字，服装や態度，約束の時間通りに現れるかどうかを，相談へのモチベーションや社会性，精神状態等から推測しています。インテークはクライエントと出会う前から始まっています。

2. クライエントは「インテーク」と思っていない

　「インテーク」と名付けているのは専門職の都合で，クライエントはその日に問題解決したいと考えていますから，1回の面接で結論を出して終結することを目指すべきです。本事例では，1回50分の枠内で主訴の確認，アセスメント，プランニングと介入，モニタリング，終結のプロセスをたどります。そのため白浜PSWは，自己紹介や守秘義務の説明と生活歴の聴取で10分，状況把握や相談内容の明確化に20分，相談の核心を扱うのに10分強，終結に向けて約10分強と割り振り，時計を見ながら面接を進行しています。このような面接展開ができるようになるには，日ごろから面接を意識的に組み立て，時間感覚を体に染み込ませておくことが役立ちます。

◆質問力，観察力と洞察力

　相談において答えは常にクライエントがもっており，資源紹介などの情報提供

を除き，PSWの役割は共に答えを探ることです。そこで重要なのは面接技法，特に質問力および観察力と洞察力です。東さんは「サラリーマン」という表現で，出向に私情を差し挟む余地を自ら抑制しています。白浜PSWは，東さんの言動や態度からここには大きな葛藤が存在することを洞察し，それを確かめるために質問を重ねていきます。簡単に真意を語らない東さんの態度や言動をつぶさに観察し，やり取りからアセスメントに確信をもった白浜PSWは，後半も観察と洞察と質問を重ね，東さんの抱える課題の核心に迫ります。

◆クライエントは元の暮らしに戻っていく

構造化された面接場面は，クライエントの日常から隔絶された特殊な状況です。そこで気づきを得たり結論を見出したりしても，戻っていく社会，暮らしの場は何も変わりません。東さんは面接相談によって設計士としてのアイデンティティに気づくと，停滞していたエネルギーが流れ出すかのように転職に向けて一気に行動しようとします。しかし，この勢いのまま一人で突き進むことは，面接中に語られた妻との関係を考慮すると好ましくないと判断し，白浜PSWは，すかさず東さんの勢いを制して妻と話し合う提案をします。リストラと転職にまつわる相談が今回のメインテーマでしたが，東さんが戻っていく暮らしの場は家庭でもあります。そこへの手当をする発想はクライエントを生活者としてとらえ，状況との関連性を見出すときに欠かせません。

◆精神症状の取り扱いと終結

医療機関は，治療の提供を主目的としていますから，本事例のように受診しないで相談のみという希望は珍しいかもしれません。PSWは，相談対応に自信がもてないと，冒頭から症状を探して受診を勧める対応をしがちです。PSWには診断はできず見極めが難しいですが，人は悩みや不安を抱えて心や脳がうまく動かなくなった時に精神症状を呈することがあります。感情をもつ人間の当然の反応でもあり，これを治療に乗せるか生活課題としてとらえ直しクライエントと共に考える姿勢をもつかは，その後の支援プロセスの分かれ道になります。

東さんは産業医が精神科受診を勧めた方でもあるので，白浜PSWは面接の終結に当たり受診しないでよいかどうかを話題にし，見立てを伝えています。

機をとらえた働きかけにおける思考過程

　PSW は，しばしばクライエントと生活場面や活動を共にしながらかかわりを展開します。この一部は「生活場面面接」と呼ばれ，対話や観察を通して，利用者の思いや能力を把握したり助言や提案などの働きかけをすることです。
　また，クライエントに生じた異変やトラブルをとらえて能動的にかかわることが，支援の何らかの転機となることもあります。変化やトラブル，新たな展開は日々起こり得ます。トラブル防止も重要ですが，生じた出来事を活用して支援する発想をもつことで，クライエントの可能性を広げることができます。いずれの場合も，PSW のみの独断的思考ではなく，クライエントとの共通認識に基づいた PSW の能動的な働きかけであること，およびこれらの多様な場面の活用が，一貫性のある支援の中でなされることに意味があります。
　PSW が日常業務の何を重視し，いかなる支援を展開するかを決めて主体的にかかわる発想をもつことが，有効な支援の決め手となります。何気なく行っているように見える動きや発言も，PSW としての支援目的に基づいたアセスメントや，成果をモニタリングして次に展開させることで，支援の幅は格段に広がるのです。
　このように，機をとらえて能動的な働きかけをしている PSW のかかわり方とその背後にある思考を見ていきます。

第1節 作業の休憩時間を思い思いに過ごすメンバー
時間と空間を共有しつつ、丁寧に支援を織り込んでいく

第3章 機をとらえた働きかけにおける思考過程

事例の概要

ダイレクトメールの封入封かんの授産作業を行う就労継続支援B型事業所。登録メンバーは20代から70代の男女で、1日の利用者数は15〜20人。いずれも精神障害がある。

観察と逐語

▶**作業テーブル**
まもなく休憩時間を迎える。

4つの作業テーブルに分かれて座ったメンバーと私を含む3人の職員が、分担したそれぞれの工程の作業に打ち込んでいる。時刻はもうすぐ13時45分になろうとしている 〔1〕。

今日の作業リーダーである20代の男性メンバーの畑さんが顔を上げ、「45分です。休憩です」〔2〕と皆に向かって言った。
私は畑さんの指示に従い、作業の手を止めた 〔3〕。

▶**休憩時間**
皆テーブルを離れ休憩に入る。

作業をしていた15人余りのメンバーたちは、作業を中断した。たばこを吸いに喫煙コーナーに向かったり、トイレに行ったり、休憩室へ横になりに行ったり、隣の人とおしゃべりを始めたり、お茶を飲みに行ったり、ロッカーからスマートフォンを取り出したりして、それぞれが思い思いに15分の休憩に入った 〔4〕。

私は、半月ぶりに顔を出した30代男性の橘さんに目を向けた。一つ隣のテーブルに座っている橘さんは、目をつぶって首のあたりを手で揉んでいる 〔5〕。
私は座ったままで橘さんに、「どうですか？今日の感触は」と尋ねた 〔6〕。

登場人物
- 畑さん，橘さん，柳さん，平さん，牧さん，磯さん，島さん，梶さん，乾さん…事業所の利用者，見学者
- 鷹野 PSW…就労継続支援 B 型事業所勤務の職員
- 所長，新人職員，パート職員…事業所のスタッフ

場面
ある日の午後，事業所の作業場で各メンバーが作業を行っている。やがて休憩時間を迎え，それぞれ作業を中断し休みに入ろうとしている。

第 1 節　時間と空間を共有しつつ、丁寧に支援を織り込んでいく

思考過程

1. うわ，もう 45 分か。予定どおりの部数を達成できるかどうか，ぎりぎりだな。無理のない納期で業者からは受けているつもりだけど，その時々で通所者の数や調子も変わってくるので，なかなか厳しい。

2. ああ，休憩だ。45 分作業をして 15 分休憩というのは，メンバーにとっては必要だと思うけど，納期を考えると職員だけでも先に進めたいところだ。

3. いけない，いけない。職員が焦っているとメンバーに伝わる。それに，人前で話せるようになりたいからと希望して作業リーダーになった畑さんが頑張っている。ちゃんと従おう。さてと。これからの 15 分間は，職員にとっては勤務時間のうちだ。休憩時間だからこそ起きることだってある。

4. 午前中と特に様子は変わらない。気になる動きや気配もない。午後から参加している橘さんの様子はどうだろう。橘さんが来たのは半月ぶりだ。週 2 日ということで通所を始めたけれど，なかなか習慣化されないまま 3 か月目に入っている。

5. 45 分間，集中して作業をしていたんだな。なかなか安定して通所ができていないけれど，頑張ろうとしているのが作業中に伝わってきていた。

6. いつも来ているメンバーに対するのと同じような声かけにしよう。久しぶりの通所だから気にかけているという感じで伝わらないよう，橘さんがここにいるのが自然なことだという雰囲気を演出したい。

観察と逐語

橘さんは笑顔を浮かべながら，「慣れないから，下ばっかり向いてると凝っちゃって」と答えた 7 。
私は「わかります，わかります。私も凝りますから」 8 と返し，自分も首のあたりを揉む動作をして，立ち上がって自由に飲めるように用意してあるお茶のスペースに歩いて行った 9 。橘さんは席に座ったまま，両手を上げて伸びをしている 10 。

お茶を自分用のカップに注いでいると，ソファーでくつろいでいた60代女性の柳さんが話しかけてきた 11 。柳さんはここには10年以上通っている。
「昨日娘が帰ったんだけど，娘よりも孫がかわいくってね。相手するのは疲れたけど，帰ったらなんだかさみしくなっちゃって 12 」と柳さん。
「お孫さん，おいくつでしたっけ？」と聞くと，柳さんは満面の笑みを浮かべて 13 ，「まだ1歳半。男の子よ。このくらいの時分が一番かわいい。最初は私の顔を見ると泣いたけど。一緒に公園に行ったり，だっこしたり，にぎやかだったわよ，ほんとに」と話した。

「足腰大丈夫でしたか？」と笑いながら返すと，「へえ，柳さんってー，お孫さんがいるんだー」と，近くにいた30代女性の平さんがのんびりした声で会話に加わってきた 14 。
平さんはクリニックのデイケアとの併用で，ここに通い始めて半年になる。
「そうよ。見えないでしょう」と柳さんは応じた。

平さんは，「ふーん，娘さんいくつー？ 15 」と間延びした言い方で尋ねてきた。
「今年で33になるの。厄年よ」と柳さんが答えると，平さんは「ふーん，私と同じだー 16 」と言って，口をつぐんだ 17 。

柳さんは，少し戸惑ったような表情になり 18 ，「そう，同じなの」とだけ言った。
私は黙ったままカップに入れたお茶を飲んだ 19 。
すると平さんは，何も言わずにおもむろに席を立って，ロッカーのほうへと歩いて行ってしまった 20 。
私は平さんがいなくなった方向から目を戻し，一瞬黙った 21 。

第3章　機をとらえた働きかけにおける思考過程

7	やっぱり慣れないんだな。でも，それほど引け目に思っている様子ではない。慣れないと言ったことを特別に取り扱わなくてもよさそうだ。
8	凝ると言ったほうに焦点を当てよう。私も同じ作業をして同じ感想をもっているし。「無理しないでくださいね」といった職員目線でないほうがいいだろう。橘さんの頑張りにストップをかけるような場面でもないし。
9	橘さんは15分の休憩をどう過ごすだろう。一人でいるのに居心地が悪ければ，私について一緒にお茶を飲みに来るかもしれない。
10	動かない。そこまで不安ではないようだ。休憩時間を自分なりに過ごせるというのも，大事な能力だ。
11	柳さんだ。確か先週末に離れて暮らしている娘さんが久しぶりに訪ねて来るんだと言っていた。午前中にその話は出なかったから，そのことかな。
12	やはり娘さんが来た話。オープンな場で話題にできるということは，楽しい来訪だったんだな。さみしいって言っているけれど，まだまだ楽しい気分が続いていて，話したい様子だ。
13	とてもうれしそうだ。普段の表情とはまた違う。こうして娘さんやお孫さんとの交流があるのが生活の励みにもなっているようだ。以前，老後は娘と同居できたらと話していたが，今でもその思いはあるのかな。それにしてもうらやましいくらいだ。
14	平さんだ。人なつこくて，やや幼い印象があるけれど，メンバーの名前も覚えて会話にも自然と入れる人だ。今日も同じような調子だけど，柳さんに関心をもったのかな。午前中は調子がよくないと言って休憩室で横になっている時間のほうが長かったが，午後は作業にも参加しているし，復活したようだ。
15	この感じは……そうか。平さん，自分と重ね合わせて聞いているようだ。平さんには幼い男の子がいるけど，今は育てるのは難しいという児童相談所の決定で児童養護施設に預けられている。ここを利用するとき，早く子どもを引き取りたいと言っていた。思い出しているのかな。
16	間違いなさそうだ。柳さんの娘さんと自分を重ねているようだ。
17	普段は出さないけれど，子どものことはずっと気にかかっているのかもしれない。しかし，黙ってしまって，ちょっと微妙な空気になったな。
18	柳さんにも何か感じるところはあったようだ。幸せそうな娘の話をしたことが影響したと感じたかな。
19	何か介入したほうがよいだろうか。いや，黙っていよう。それほど緊迫した空気には至っていない。
20	あれ？ そういうのあり？ 自分から会話に入ってきておいて……まったく。
21	今度は何もしないわけにはいかないな。ほんの些細なことがきっかけで，関係がぎくしゃくしたり，お互いに苦手意識が生まれたりして，通所しにくくなっ

ソファーに座ったままの柳さんが，小声で，「平さん，どうしたんでしょう。何か気に障るところがあったのかしら」と私に話しかけてきた 22 。
私は，「柳さんのお話は不快に感じるところはなかったと思いますよ」と笑顔で返した 23 。
「それならいいけど」と柳さんは心配そうな顔 24 で答えた。

「気になりますか？」と尋ねると，「ちょっとね。私，ちょっとはしゃぎ過ぎたかしらと思って 25 」と柳さん。
「ああ，そう思うんですね。さすがは年配者。思いやりがありますね 26 」と返すと，柳さんは，少し笑顔が戻って 27 ，「だって，娘と同い年でしょ？ ほんとに親子ほどの年の差ですもん」と言った。私は，「そうですね，大目に見てあげてくださいね」と言って会話を終えた 28 。

お茶を飲み終え，キッチンの流しにカップを持って行った。カップを洗ったついでに水切りかごにたまった水を捨てていると，半月ぶりに来所した橘さんと30代女性の牧さんが話をしているのが目に入った 29 。牧さんは通所して2年目で，一般就労を目指している。

ほぼ同じタイミングで，玄関のほうから「じゃ，帰ります」と男性メンバーの声が聞こえた 30 。見ると，通所して5年目になる50代の磯さんがちょうど靴を履き終えたところだった。
私は磯さんに向かって小さくガッツポーズをつくりながら「磯さん，おつかれさま！ 31 」と，その場から大きな声をかけた。
ジェスチャーの意味がわかった様子で「はい！」と返事をして出ていった磯さんと入れ替わりに，玄関のドアが開いて，若い女性が何も言わずに入ってきた 32 。

▶**訪問者の登場**
玄関に見知らぬ人が現れた。

色白で背が高く，白いブラウスにグレーのスカートで，パンプスを履いている。肩からはショルダーバッグをかけ，髪は後ろで束ね，表情は少し硬い。
女性は玄関の中まで入ってきたが，誰にも声をかけずにそのまま立っていた 33 。
入口の近くにいた40代の女性のパート職員が，「こんにちは。見学の方ですか？ 34 」と明るい声で話しかけた。
その女性は，「はい」とはっきりと答えた 35 。

たりすることがあるから。しかしどうやって？

22　柳さんのほうから触れてくれて内心ほっとした。気になったことを言葉にできるのは，心配ごとをためこまないためのスキルだ。気を悪くしていないのも柳さんの人柄だろう。だけど，平さんの事情を柳さんに話すわけにはいかない。

23　柳さんが深刻にとらえないように返そう。

24　柳さんは釈然としないようだ。無理もない。この気持ちを少し扱っておいたほうがよさそうだ。

25　柳さんはきっと，平さんが同い年である柳さんの娘と自分自身を比べて落ち込んだのではないかと気にしているんだ。やさしいなあ。でも，気にし過ぎて後を引く徴候でもある。

26　柳さんの人柄をポジティブに取り扱って，切り替えをねらうことにしよう。

27　よかった，乗ってきてくれた。柳さんは後を引かないですみそうかな。

28　人が集まればいろいろなことが起きる。そういう経験ができることもここのサービスの一つだ。職員のミーティングで報告して二人の様子を見守ることにしよう。

29　橘さん，話し相手が見つかったようだ。牧さんはさりげない気遣いができる人だから，一人でいる橘さんを見て声をかけたのかな。誰かと会話する経験があったほうが居場所としても馴染みやすいだろうからよかった。牧さんは市の障害者就労支援センターの紹介でここに通い始めたのだが，週4日でコンスタントに来られるようになってきて順調だ。

30　磯さんだ。今日は早めに帰ると朝のミーティングで話していた。母親の要介護認定調査に立ち会うとのことだった。

31　この「おつかれさま」には，磯さんの帰宅後のお役目を労う気持ちも込めた。磯さんをずっと支えてきた母親が高齢になり，今度は磯さんが母親を支えなくてはならなくなった。通所が途切れがちになった磯さんに事情を聴き，地域包括支援センターへ一緒に相談に行ったのがきっかけで，要介護認定を受けて介護保険のサービスを考えようということになった。磯さん，がんばれ。

32　おや？　誰だろう。あ，見学者か。確か，今日一人来るって言ってたな。

33　近くに人がいるけれど，自分から声をかけようか迷っているような感じではないな。見たところ，会社で働いている真面目な女性という出で立ちだ。最近までどこかで働いてたのかな。メンバーのみんなは気づいていないようだ。初めて見学に来た人をあんまり長いこと放っておくのはよくないし，私が声をかけたほうがいいかな。あ，そばに職員がいる。

34　やっぱり，声をかけてくれた。パートで作業補助の仕事だけど，全体のことも把握して，指示しなくても，その場に応じたかかわりをしてくれる。

35　初めてなのに物怖じしない人だぞ。何となく，「私は仕事が目的なんです」というオーラを感じるなあ。

観察と逐語

近くでおしゃべりをしていたメンバーが，その声で女性のほうを振り返った。
パート職員はその女性に，「じゃ，靴を脱いでこちらへ。スリッパはこれをどうぞ」と声をかけ，「見学の方が来られましたよ」と私のほうを見て伝えてきた 36 。

「はーい。ちょっと待っててくださいね」と私はパート職員と女性の両方に向かって返事をした。
今年入ったばかりの新人職員を見ると，彼もこちらを見ていて目が合った 37 。
私はジェスチャーで私が対応するからと合図を送り，新人職員がうなずき返したのを見て，事務室に向かった 38 。
事務室へ向かい歩きながら横目で見ると，パート職員が女性に，「じゃあ，ここに腰かけて少しお待ちくださいね」と近くのテーブルに案内する姿が確認できた 39 。

▶**事務室**
受付ノートを確認する。

事務室で見学者の受付ノートを開き，所長が記載している今日の見学者に関する内容を確認した。
受付ノートには，名前が"乾さん"であること，通っている精神科のクリニックの主治医からこちらを紹介されたこと，クリニックに担当のPSWはおらず，保健所や役所の支援者とも現時点ではつながりがないこと，当日は本人一人で来ることが記載されていた 40 。

▶**事務室の外へ**
皆のいる場所へ向かう。

ノートの確認を終えると元の場所にしまい，うちの事業所のパンフレットを1部取り，事務室をあとにした。早速乾さんのところへ歩いていくと，40代の男性メンバー島さんが乾さんに話しかけていた 41 。島さんは一昨年，ピアサポーター養成講座を受講し，市内でピアサポーターとしての活動も行っている。

私が近づいていくと，島さんは「工賃は時給300円，1か月皆勤だと1万4000円くらいになるかな」と説明していた 42 。
乾さんは，「少ないですね 43 」と言った。
「金額だけ見れば確かに少ないですよね」と，島さんは穏やかな表情で返した 44 。
私は「お待たせしました」と二人の会話に加わった。
「島さんのほうで説明を始めてくださっていたんですか？」 45 と尋ねると，「いえ，ちょこっとご挨拶をしようと思っただけなんですよ 46 」と島さんが答えた。
「そうでしたか，ありがとうございます 47 」と島さんに応じ，乾さんに向かって「島さんは，ピアサポーターと

第3章　機をとらえた働きかけにおける思考過程

36 私か……，仕方ないな。見学者対応は所長がやるって今朝は言ってたけど，メンバーと一緒に納品に出かけたきり，まだ帰ってこない。とりあえず所長が戻ってくるまで待ってもらうとするか。でも，すぐに戻ってこなかったら，結局今いる職員で説明することになる。だったら今の段階で代わってしまおう。所長が戻ってきたら作業のほうに入ってもらえばいい。

37 彼も見学対応をどうするか，気になっていたようだ。対応は私がして，新人の彼には作業場面の采配をパートの彼女と一緒にやってもらおう。それをしながら，私がどのように対応しているかも目に入れておいてくれるといい。新人の彼にもいずれしてもらうことになるのだから。

38 所長が対応すると聞いていたから，今日の見学者について何も把握していない。まず見学受付のノートを確認しよう。

39 大丈夫のようだ。こちらから指示しなくても，彼女が案内してくれている。

40 見学受付の段階で細かい経過を聞かないのも，紹介する支援者と一緒に見学に来ることを求めないのも所長らしい。所長は日頃，利用したいかどうかわからないから見学を申し込もうと思って電話したのに，根掘り葉掘り個人のプライバシーを尋ねられたら誰でも不快に感じるでしょうと言っている。私もそう思う。見学前にはここが精神障害をもった人の福祉的就労の場だと承知してもらえていればよい。うちは対象とする精神疾患を限定していないから。それと，紹介する支援者がいなくて，利用しようとする当事者との直接のかかわりが出発点でも，そこから必要な情報を得てアセスメントすればよい。

41 ああ，島さんか。ピアサポーターの活動をしているから，意識して声をかけたのだろうか。島さんに事業所の案内を任せてみるのも手かもしれないな。ただ，事業所では今，みんなで力を合わせて納期に向かってせっせと作業に取り組んでいるところだ。さてどうしたものか。

42 工賃の話？ いきなり島さんから話した内容とは思えない。福祉的就労では稼ぎの金額が「売り」にはなりにくいことを島さんはわかっているはず。きっと，乾さんが質問したんだろう。

43 乾さんは期待外れと感じたのかもしれないな。主治医からはどのように勧められたのだろう？ あとで聴いてみよう。

44 さすが島さん。相手を否定せず，工賃へのネガティブな評価に対しても気持ちを乱されずに応じている。でも，乾さんから次にどんな反応が出てくるか読めない。この話はいったん終わりにしよう。

45 どんないきさつで会話が始まったのだろう。島さんから声をかけたのかな。

46 やはり，島さんからか。でも，事業所の案内までするつもりはなかったようだ。そしたら，先方から工賃の質問が繰り出されたというわけか。なるほど，納得。

47 待たせている間に声をかけてくださったのは助かった。お礼を言おう。

観察と逐語

いって当事者の体験を活かして仲間同士で支え合う活動をしているんですよ 48 」と説明した。

乾さんは,「え？ 職員じゃないんですか？ 49 」と驚いた表情で聞き返してきた。
島さんは,「一応,この事業所ではメンバーです」と笑って答えた 50 。

私は乾さんに言った。「ここにはいろいろな方が働きに来ています。一般の就労とは違って，"福祉的就労"の場所で，時給は安いけれど，一人ひとりにとっての働きたいという思いをさまざまな形で叶えるために，いろいろなプログラムを用意しているんです。今日はぜひ，それを知って帰ってくださいね 51 」
「では，まず事業所の概要をご説明しましょうか。あちらの面接室にどうぞ 52 」と乾さんを促し，島さんには「島さん，ありがとうございました」とお礼を言い，場所を移動した。

▶**事務所の廊下**
訪問者を面接室へ案内する。

乾さんを面接室へお連れする道すがら，新人職員に向かって，「これから事業所の案内をするので，作業のほう，よろしくお願いしますね 53 」と声をかけた。彼は「はい」と言ってうなずき返してきた。

ちょうど休憩時間が終わりに近づき，メンバーたちがそれぞれ自分の席に戻ってきた。そのなかで，男性メンバーの梶さんのすっきりした短髪が目に入ったが，特に声はかけずにそのまま面接室へ向かった 54 。

面接室のドアを開け，乾さんを招き入れたところで，「休憩時間終わりです。作業開始です」という畑さんの声が聞こえてきた 55 。

48 ピアサポーターについて乾さんに知ってもらおう。乾さんは何となく人を寄せつけない雰囲気があるので、仲間同士のつながりが力になるということを伝えたい。

49 そうか。乾さんは島さんのことを職員だと思って質問してたんだ。精神障害は一見してわからないことも多いから。それにしても乾さんの食いつきは結構大きい。おもしろくなってきたぞ。

50 島さんも、乾さんの反応を楽しんでいるようだ。この事業所ではメンバーだと島さんが言ったのには意図があるのかな。このまま島さんに事業所の見学を任せる方法もあるけれど、どうだろう。ピアサポーターをしているからって急に振らないでねとけん制したのかもしれない。今日のところはやめておこう。島さんがよい導入をしてくれたので、ここから先は私が引き受けよう。

51 乾さんにはよく見て、聴いて、考えてほしい。たとえうちの事業所につながらなくても、乾さんの日中活動の選択肢として、あるいは将来の何かにでも役立てばいい。私たちの事業所は社会資源の一つなのだから。

52 今はまだ休憩中だから、所内の見学は後にしたほうがいいだろう。

53 彼も様子をうかがっていたと思うから状況と自分の役割はわかっただろうけど、業務分担については言葉で確認しておいたほうがいい。

54 梶さんは、何度見てもすっきりして爽やかだ。先週までの不潔な長髪で顔もよく見えなかったときとは大違いだ。整容面での課題に対して自覚を促すのは容易ではなかったので、本当によかった。朝、皆がひとしきり声をかけているから、もう言わないでおこう。指摘するのも褒めるのも加減が大事だ。

55 さあ、あちらでは作業が再開した。私は乾さんに集中しよう。

❖ 解説 ❖

　生活場面面接による有効な働きかけは，PSWが支援計画を認識し能動的に行動することで成し得ます。

◆休憩時間だからこそ見える利用者の素顔

　この事例では，利用者の作業時間と休憩時間が明確に分かれていますが，利用者の疲労を勘案して設けられている休憩も，職員にとっては勤務中です。作業量が多く納期が迫っているため，休憩中も職員が作業を続けることもあるかもしれません。しかし，そうすることが利用者に与える影響を考え，鷹野PSWは利用者の合図に従って作業を中断しました。そして，15分の休憩時間をどのように過ごすことがPSWとしての支援になるかを考え，休憩中だからこそ見える利用者の素顔や飾らない姿に接し，観察や働きかけをしています。

　こうしたかかわり方を「生活場面面接」といい，作業中，お茶を飲みながら，同行外出の道すがらなど，どのような場面でも活用できます。利用者と日々行動を共にしていたり，具体的な作業が目の前にあるとそれに没頭してしまいがちですが，PSWが意図的に働きかけることで「面接」となります。

◆支援計画を意識して個人を支援する

　利用者は一般就労に向けた支援を求めている人ばかりではなく，また利用までの経緯や目的には各利用者に異なる事情があります。鷹野PSWはそれらを把握しながら，個別の支援計画に基づいてかかわろうとしています。そのため，作業中の仕事ぶりの観察，中長期的な経過のなかでの変化をとらえる観察，作業場面以外の時間や利用者間の人間関係を通して見えてくる姿の観察など，多角的な視点から利用者個人をとらえる目線を用い，各利用者の様子をよく観察しています。また，通所状況や最近の出来事などをよく把握しており，それぞれの利用者の状況や支援目標に見合った形での働きかけをしています。

　この事例では利用者側からPSWへの要請はほとんどなく，したがって積極的にPSWから働きかけない限り，支援らしい支援は行われないともいえます。鷹野PSWは15分間事業所内を動き，あちこちに目を向けながら能動的な働きかけ

によって支援の可能性を多様に広げることができています。

◆集団のなかの守秘義務

　生活場面面接を活用するにあたり，鷹野PSWが特に留意しているのは守秘義務です。支援者としては把握している情報であっても，利用者間では明かされていないこともあります。集団活動の場における各利用者との対話時には，話題によって周囲の存在を意識して話すのを控えたり伝え方に配慮することが必要です。またある利用者のことを他の利用者との間で話す際も，個人情報の扱いに留意する必要があります。

◆時間経過のなかでとらえる

　この事業所ではPSWは，作業時間と休憩時間を通して終日に渡って利用者と生活場面を共にします。生活場面は，構造化された面接室とは異なり，利用者のさまざまな姿が表れますから，各利用者について1日の中でもいくつかの表情が見られ，日内変化をとらえることもできます。鷹野PSWは，午後最初の休憩時間が始まると同時に，15人ほどの利用者が作業する全体状況を見渡し，午前中との大きな変化がないことを確認しています。さらに，1日単位の変化だけでなく，各利用者の1週間，1か月，数か月単位での状況変化も把握しており，適宜比較しながらアセスメントし，働きかけています。

◆相互作用を促進する

　本事例では，同じような目的をもつ利用者同士が人間関係を築きながらこの事業所を利用しています。鷹野PSWは，そのコミュニケーションを見守りながら，時には促進や介入する一方で過度の介入にならないように自らの行動を見極めています。そのためには各利用者の個性や取り巻く状況を把握しておくことに加え，職員として先走って調整してしまうことなく，交流を見守る姿勢ももっています。利用者同士の交流は社会生活を体験する機会ともいえます。PSWが先走って介入することで，その機会を損なってしまわないよう，また放任するのでもなく，意図的に支援に活用する発想をもっているのです。

第2節 転職と再飲酒を繰り返す軽度知的障害の女性
デイケアの調理プログラムを活用して、断酒と再就職を支援する

事例の概要

辻さん（仮名，30代女性）は，アルコール依存症と軽度知的障害で複数回の入院歴がある。デイケア通所は希望していないが，スリップ（再飲酒）が多く，生活保護ケースワーカーの強い要請により，今回は3か月の入院を経て退院したのち，一定期間通所することになった。

観察と逐語

▶デイケアの調理室
開始時刻となり，メンバーが参集する。

午前10時になると同時にデイケアのメンバーたちがエプロンをつけて調理室に入ってきた。看護師が調理の手順を説明し終えると，グループに分かれて<u>調理台での作業が始まった</u>⌈1⌉。
私は，<u>同じグループで作業することになった辻さんと並んで</u>⌈2⌉野菜を洗い始めた。向かい側には<u>関さんも立って一緒に作業を始めようとしている</u>。

▶調理作業の開始
グループごとに作業を始める。

辻さんはエプロンと三角巾をきちんとつけ，真剣な目つきで里芋や大根の皮むきに集中している。<u>無言で作業に終始している</u>⌈3⌉ため，隣で私も包丁を持ち，ゆっくりと大根の皮むきをしながら，<u>辻さんの手元を見守る</u>⌈4⌉。爪は短く切り揃えられており，清潔だ。包丁を持つ手もしっかりして手際も悪くない。

第3章 機をとらえた働きかけにおける思考過程

登場人物
- 辻さん…30代女性，アルコール依存症，軽度知的障害
- 関さん…20代男性，統合失調症
- 白浜PSW…病院併設の精神科デイケア勤務

場面
辻さんが退院後にデイケアへ通い始めて1か月が経とうとしている。この日は，午前中に調理プログラムが組まれている。そのプログラム中の場面。

思考過程

1. デイケアスタッフになりたての頃は自分が調理するのに精一杯だったけれど，PSWとして参加する意味を考えたら，味や材料の切り方は二の次。利用者の自炊能力や協調性を伸ばすこと，自宅や地域での生活の様子を想像しながら支援することが大事だ。

2. 辻さんは入所してやっと1か月だ。主担当は作業療法士だけれど今日は私も着目してみよう。アルコール依存と軽度の知的障害だったな。当院は依存症専門病院ではないが，デイケアの心理教育プログラムを活用して酒害について学んでもらえるとよいかもしれない。ただ，メンバーに依存症の方がいないのでプログラムを組みにくいことも課題だ。それに辻さんは知的な理解力の問題もあってかすぐに「勉強は嫌い」と言うので，心理教育にもなじまないかもしれない。

3. 辻さんは料理が好きで，週1回の調理プログラムの日は朝から元気がいい。嫌そうに来ているほかの日とは大違いだ。メンバーから「おいしい」と言ってもらいたくて毎回がんばっているようにも見えていた。ここで自信をつけてもらえば，いずれは就労継続支援B型でもやっていけるのではないか。ただし，断酒継続のための支援も併せて行わないと，スリップして再入院するリスクが高まる。そういえば抗酒剤は飲んできているのだろうか。

4. 母子家庭で育ち，子どもの頃から家事手伝いをしていたというのは間違いなさそうだ。手指の振せんはみられず，退院後も断酒を継続できているのだろう。いつも数か月はもつらしいので，まだ入院していたときの緊張感が続いているのか。しかしこの繰り返しでは本来の断酒の支援にならないし，デイケア通所にももう少し積極的な意味をもたせるべきだ。今日は調味料で料理酒を使うので，辻さんの反応にも注目しておこう。

観察と逐語

半分くらいの皮むき作業を終えたところで，辻さんが「指が痛くてうまくできないよ～ 5 」と言って顔を上げ，手を止めた。調理台には，まだたくさんの里芋や人参が並んでいる。

辻さんは照れ笑いを浮かべていて不機嫌やひどい疲れには見えず，甘えるような口調 6 である。
私は包丁を調理台の内側に置き，辻さんがむき終えてザルに積んである里芋や大根をいくつか取り上げて点検するようにしながら，辻さんの表情を見つめた。

「指をどうかしたの？ 上手に皮むきできてると思うけど？ 7 」

「だって時間がかかっちゃうし。こんなにたくさんの皮むきしたことないからうまくできないよ。包丁も重たいし親指が痛くなってきたわ～」と，相変わらず笑顔を浮かべながら甘えた調子である 8 。

「疲れたってことかな？ だったら少し指を休めて他の作業する？ 9 お鍋にお湯を沸かしたり，出汁を取ったりしないとならないし……」とホワイトボードに書かれた作業手順のほうに目を向けながら伝えてみた。

「あ，そうだね。お湯沸かしておかないとね」と辻さんは速やかに包丁を流しに置くと，戸棚から鍋を取り出し，水を入れて火にかけた 10 。

[5] 「うまくできない」は辻さんの口癖で，どんな作業でも疲れたり休みたくなってきたりすると言い出す。気乗りしないプログラムのときも「できない」を理由にして参加には消極的だ。今日の場合は集中して作業していて疲れたのかもしれない。あるいは多少肥満傾向なことや運動不足もあるのか。それとも薬の影響で倦怠感が抜けないのだろうか。そういえば辻さんは何を服用していただろうか。朝の服用はあるのだろうか。処方内容を再確認したほうがいいかもしれない。あとで外来ナースに聴いておこう。

[6] この表情と口調で助けを求めることができるのは辻さんの魅力，ストレングスといえる。ただし，ここでその甘えに乗って役を代わってしまうわけにはいかない。辻さんの稼働能力を上げたり，ストレスコーピングを高める支援もしたほうがよいから，もう少し頑張ってもらう働きかけをしないといけない。元々辻さんは「退院したら働きたい」と言っていたが，再飲酒の防止のため病院とのつながりを保つ目的で，生活保護のケースワーカーがデイケア通所を退院の条件とし，主治医も賛同して辻さんに提案している。しかし，デイケア通所が退院の条件というのはおかしな話だ。ケースワーカーは自立助長の発想だし，福祉事務所も自立支援プログラムを導入していれば就労支援に力を入れるだろう。今回，デイケア通所を強硬に求めてきたのは，辻さんの再三のスリップによほど参っているのだろう。それとも辻さんの稼働能力を信頼していないのか。本当に辻さんが就労への希望をもっているなら，責任をもって作業をやり遂げることも促したい。さてと，どうするか。疲れがひどいようなら休んでもらうほうがよいかもしれない。がんばりすぎる傾向も依存症の人には見られがちなので，このあたりは見極めていく必要がある。

[7] 休憩を促すほうがよいか，まず作業継続に向けて褒めて励ます声かけで反応を見よう。辻さんには丁寧語よりも砕けた口調のほうが伝わりやすいようなので，この間からしているように今日も親しみを込めて返すことにしよう。

[8] やはり休みたいということかもしれない。疲れを自覚して自分から休むことができるようになるのは辻さんの課題の一つなのでこれはこれでよい兆候だ。

[9] 座って休むほどの疲れか，別の作業ならできそうか判断してもらってみよう。たいていのプログラムにはあまりやる気を見せない辻さんだけど，調理は好きなはずなので休みたいとは思えない。ここで離席するようなら，今日は具合があまりよくないのかもしれない。それともやはり持久力や忍耐力の問題だろうか。けんちん汁には時間がかからないので，少し休んでから調理を再開しても間に合う。その間も関さんは野菜切りをしてくれるだろうし。

[10] さほどの疲れではないらしい。動きも機敏で，包丁の置き場所も安全確認ができている。ガスの火をつける手つきや目つきも確かで調理には慣れている様子だ。自宅でもこうした動作をいつもしているのだろう。自炊能力はやはり高いのかもしれない。今度，訪問看護師に在宅時の食生活について，把握していることを聞いておこう。辻さんはどこで買い物をしているのだろうか。家から最

観察と逐語

「じゃあ，残りの皮むきは関さんと私でやっておくから，辻さんには出汁を取るのを任せていいかな？おいしく頼みますよ！」
「オッケー。鰹節のパックはどこにあるかな……」と辻さんは機嫌よく返事をして，調理台の上から調味料を探し出した。菜箸を片手に取り上げる姿ははつらつとしている⑪。

お湯が沸くまでの間，辻さんはガス台のそばから離れず，火加減にたびたび目をやることもできている。ホワイトボードに書かれた分量を確かめながら，時折声に出し，「おしょうゆが大さじ○杯，お塩は……」と調味料の計量も始めた⑫。計量した調味料がカップに並べられていく。

▶作業からの確認

そして，料理酒の紙パックを取り上げると，銘柄をジッと見つめるようにしてから，無言で計量スプーンに注ぎ込んだ⑬。
辻さんが無言のため，「料理用のお酒も飲んだりしたことあるの？」とあえて尋ねてみた⑭。

「料理用は美味しくないんだよね〜。でも，ほかになくて買いに行けないときは飲んだことあるよ」と，ごく自然体の返答⑮である。

寄り駅までバスだと言っていたが，近所にスーパーはあるのだろうか。それに生活保護世帯でやりくりは苦しいはずだが，食費にどのくらいかけているのだろう。

11) 休憩するほどではなく，皮むき作業に没頭して疲れただけか，地味な皮むき作業に飽きて，他のことをしたくなった可能性もある。そもそも生活保護の二人世帯でこれだけ多くの野菜を使うはずもなく，包丁を使い慣れているとしてもこの作業で疲れるのは当然かもしれない。辻さんは調理を投げ出すことなく，「うまくできない」という言い方で疲れを表現し，作業を交代したいというメッセージを発信したのかもしれない。ただ，休みたいと率直に言えるようになることも大事だ。それとも，本当にうまくできていないと思っているのか。辻さんは調理にどの程度の自信をもっているのだろう。そういえば昨日の手芸プログラムでは「目が見えにくい」と言ってほとんど手を出さず，脇で音楽を聴いていた。ゲームや園芸にも参加していない。気乗りしないと手を出さないのなら，やはり調理は気に入っているんだ。それならそういう就労先を考えるのもよいかもしれない。辻さんの職歴は転々としているということだったと思うが，どんな業種が多かったのかあとで確認しよう。

12) 違う作業で調理を継続してもらおう。味付けを頼めば料理酒も扱うし，反応に注目だ。通所から1か月経つので，断酒継続のためにはAA（アルコーホリクス・アノニマス）か断酒会にもつなげるとよいかもしれない。今のところデイケアの利用目的は，退院後の社会生活の場の確保だが，決められた枠組みにはそれほど支障なく適応できているが，断酒継続の支援はもう一工夫したほうがいい。ただ，辻さんの知的能力で地元のAAミーティングについていくのは，知的水準の高めな中年男性が中心だけに難しそうだ。内省力や言語化する力は期待しにくい。保健所の断酒会のほうが，高齢で認知症の方もいてのんびりしているので適応できるかもしれないが，高齢者が多いことを辻さんがどう感じるだろう。まして，働きたいと言っているのにデイケア以外に自助グループの参加まで辻さんのモチベーションを引き出すのは大変そうだ。

13) 料理酒の紙パックを取り上げたときの顔つきは，醤油などほかの調味料を扱う様子とは異なっている。不自然というのか，意識している雰囲気が見られた。やはりお酒へのこだわりはあるのだろう。

14) デイケア入所時の主治医意見書には，連続飲酒時には台所の料理酒まで飲んだと書いてあった。ここで辻さんはどう反応するだろう。ありのままの事実を話してくれればいいが。周囲の他メンバーの存在も気になるが，料理酒を飲むかどうか尋ねるくらいなら，ことさらプライバシーを気にしなくてもいいだろう。今私たちの近くにいるのは関さんだけだ。彼は作業に没頭してほかの声は耳に入らないだろうし，周囲への関心をもう少しもってもらいたいくらいの方で，辻さんの話を聴いていたり反応したりする心配もないだろう。

15) 料理酒を飲んだことも記憶しているし，飲酒歴を否定せず話せるのはいい兆候かもしれない。それとも，よくない飲み方だと自覚していないからあっけらかんと話せるのか。辻さんの飲酒に対する意識をもう少し掘り下げて尋ねてみよう。

「買いに行けないってどういうこと？」と，さらに尋ねると「体が弱っちゃって動けなくなったときとか，お母さんがお金くれないときとかね。飲み出すとなんでもよくなっちゃうの」と自ら言う 16 。

▶プログラムの中盤
調理しながらの対話。

私の隣では関さんがこの話に加わることなく，野菜の皮むきを黙々と続けている。辻さんのほうは時折関さんにチラッと目をやるものの，聞かれても構わないのか特に憚る様子はない 17 。
「そっか，辻さんは飲み過ぎて身体も衰弱しちゃったことがあったんだよね 18 。それはつらかったでしょ」
「そうねぇ。つらかったような気がするけど〜。でも，それってイジョーだよねぇ 19 。」

辻さんは鍋に目を向けているものの，作業に集中していたときとは違い，今は菜箸で鍋をかき回しているだけで火加減にも注意が向いていない。それなりに内省しているようにも見える。
「異常って，自分でも思うの？ そこまでして何でお酒を飲んだのかな？ 20 」
「うーん。お母さんが怒るしねえ」
「え？ お母さんが怒るのは，たくさん飲み過ぎるからじゃないの？ それともお母さんに怒られるからお酒を飲むって意味？」
私は関さんに完全に皮むきを任せる格好になって，辻さんを凝視して尋ねた 21 。

「お母さんはいつも怒ってんの。だってあたしが働かないから。ウチはお金もないし。あたしが早く働かなくちゃいけないんだよねえ 22 」と，辻さんは私からは目を逸らし，目線を鍋に向けながら，自嘲気味とも聞こえるような切なさのこもる口調で答えた 23 。火加減に気が回らないので，作業には神経が届いていないことがわかる。

「そう，辻さんが早く働きたいっていつも言っているのは，お母さんから言われるせいなのね。でも，お母さんは何で怒るのかしら？ 24 」

16 体が動かなくなった記憶もあるし，親にお金をもらって飲んでいた自覚もあるようだ。「飲み出すとなんでもよくなる」というのは，理性が働かなくなることを言っているのだろうか。それともどんなお酒でもいいという意味だろうか。

17 辻さんにとって，「お酒を飲んで失敗を繰り返していること」はどのようなとらえ方なのだろう。毎回しかられたり，入院せざるを得ない状況になっていたりすることをどう受け止めているのか知りたい。

18 連続飲酒で食事もとらず，衰弱して動けなくなったときのことを辻さんはどう理解しているだろうか。

19 衰弱してまで飲むのは異常だと言っている。ある程度の内省力を持って飲酒癖を振り返ることができるのかもしれない。鍋の火加減や味付けが気になるが，もう少しこの話を続けよう。関さんの皮むき作業はちょっと手先が危なっかしいものの，目線は集中していてそれなりに進んでいる。まだ里芋が6個もあるし大根もこれからだから，もう少し時間はありそうだ。関さんは反応しないし，辻さんも関さんがそばにいることを気にしている風でもない。

20 辻さんの飲酒歴を確認していなかったが，元々なぜ飲むようになったのだろう。初回入院は20代半ばだったはずだ。働いていたのか，転職の合間だったか。いずれにしても飲酒歴をどこまで語れるか，少し聴きこんでみよう。AA等につなぐ可能性を検討できるかもしれない。それにしても，出汁が煮えたぎっている。鍋の火加減を弱めてもらおうか。そっちに気がそれると話しづらくなるので，皆さんには悪いがけんちん汁の味には目をつむってもらおうか。

21 辻さん自身も連続飲酒時につらさを感じていたのだろう。飲酒について話題にしたことはこれまでなかったが，入院中に診察場面や看護師，PSWなどとこういう話をどのくらいしていたのか。月一で来るAAメッセージには参加を促しても出なかったと聞いた。軽度知的障害とはいえ普通高校卒だから，対話は十分可能だ。断酒の支援には，それなりに内省を促し，酒害を学び，自己洞察やストレスコーピング力を高めるようなかかわりは必須だろう。デイケア通所で規則正しく寝起きし，社会生活を軌道に乗せることまではできるとしても，断酒継続に向けた支援には限界もある。やはり生活保護ケースワーカーにも理解を得て，ほかの資源を早めに活用してもよいのではないか。

22 辻さんが「働きたい」とたびたび言うのは母親からの影響が大きいのだろうか。母親は辻さんが働かないと言って怒るようだし，母子世帯で苦労してきただろうから，辻さんが母に応えたいと思っている可能性も考えられる。

23 母親の期待に応えられない自分に対して抱いている心情が感じられる。ということは，飲酒して繰り返し入院に至ってしまうこと自体，つらい体験なのではないだろうか。母親はこうした辻さんのことをどう思っているのだろう。そもそも母親が辻さんに怒るというのは，どういう場面や状況なのだろう。

24 なぜ怒られると思っているか，ストレートに聞いてみよう。

25 いつから母子世帯なのだろう。両親は離婚だったかな。母親の人物像もまだ見えてこないし，一度はお会いしたほうがいいだろう。ちょっとアルコールの話からは逸れてしまうが，母子関係のアセスメントも重要なポイントになりそう

「よくわかんない。あたしがバカだからじゃないかなー ㉕」

▶調理作業の後半

「あーっ！ 関さん！ そんなに分厚く皮むいちゃったらダメだよ～」と，関さんのぎこちない手元を見ながら急に辻さんが声をあげた。関さんはびっくりした表情を辻さんに向けるが何も言わない ㉖。

「辻さん，私も関さんのこと，ちゃんと見てなくて悪かったわ。辻さんといろんな話ができて，ちょっとそっちに集中しちゃったからね。辻さん，また今度聞かせてくれるかな ㉗」
「いいよ。でもさぁ，あんな切り方したら里芋の身がなくなっちゃうじゃん ㉘」と，今度は，辻さんは関さんに対して咎めるような強い口調である。

「関さん，任せっきりでごめんなさいね ㉙。ちょっと皮が分厚くなってたわね。疲れましたか？」
関さんは両手を下におろしてうつむいている。
「料理教室はお料理の練習時間だからね。いろんな形があってもいいし，みんなが辻さんみたいに上手にできるわけじゃないのよ。じゃあ，辻さんが関さんに包丁の使い方を教えてあげるのはどう？ ㉚ 関さん，どうですか？」

関さんが反応する前に辻さんが「そうねえ，男の人はあんまりお料理しないかもしれないし，じゃあ教えてあげる ㉛」と言い，関さんのそばに行って指を丸めながら包丁と野菜の持ち方から教え始めた ㉜。
「あのさー，指の向きがこっちだといいんだよ ㉝」
「ほら，こうやってごらんよ」と，関さんがさっきまで野菜を切っていたことも意識していないかのように，一から教えようとしている。

関さんは包丁を再び手にし，辻さんの手元を真似しようと懸命な様子 ㉞ である。

だ。生育歴と併せて再度確認しなくてはならない。生活保護ケースワーカーのほうが詳しいだろうか。それとも病棟の担当PSWにまず聞いてみようか。

26 いけない，関さんも疲れてきたのかもしれない。皮むきというより，皮ごと里芋を刻んでしまったようだ。必死に切っていたのに，辻さんの今の口調では咎められたと感じたかもしれない。

27 私も辻さんの話に没頭しすぎてしまった。会話をもう少し深めてみたかったが，今はもう難しそうだ。辻さんの関心が調理に戻っている。それはそれで今は大事な作業ではあるけれど。とりあえず，また今度この話の続きをしたいということだけは辻さんに伝えておこう。

28 関さんは辻さんより若いがかなり大柄な男性だ。でも辻さんの口調はずいぶん強い。母親がいつも怒っているという調子はこんな感じかもしれない。関さんは大人しい人だから口論にはならないだろうが，アサーティブな表現（自分の意思や考えを，相手に押しつけることなくまっすぐに伝えること）をできるようになると，先々就労したときの人間関係での苦労は減らせるだろう。

29 関さんもしょんぼりしてしまったのでフォローしなくては。いつも黙々と作業する人だけど，疲れたようなら少し休んでもらおう。

30 辻さんはデイケアで仲のよいメンバーがいないようだ。積極的にプログラムに参加することも滅多にないし，何によらず自信がなさそうなのも消極的な参加姿勢の要因だろう。調理プログラムや，こうして人に教える行為が自信をつけることにつながるよう，今後も意識的に場面設定するとよいかもしれない。

31 これまでのデイケアでの様子からはあまり見られなかった辻さんの積極的な行動だ。自分よりできない人に「教えてあげる」という状況が辻さんの自己肯定感を引き出し，対人交流を促進しているようだ。

32 手つきは良いものの教え方がうまいとはいえない。でも，一生懸命に関さんに伝えようとしている姿には好感がもてる。ただ，口調は乱暴かもしれない。

33 これまで二人は会話をしたことがあるのだろうか。接している姿を見た記憶はないが，辻さんは関さんを名前で呼んでいるので，認識はしていたようだ。関さんはおっとりした性格で，辻さんのほうが年上でもあるので怒ったりすることはないだろう。ただ，関さんは1年も前からいるメンバーなのに対し，辻さんは1か月足らずだから，関さんが先輩ということになる。上下関係のようなものを意識する発想は辻さんにはないのだろうか。それとも知的な能力の低さから丁寧語は使えないのだろうか。もしそうなら，一般就労していたときはどのような態度だったのだろう。SST（社会生活技能訓練）などで社交的な口のきき方を習得することも，辻さんの今後にとって有効かもしれない。

34 関さんはいい人だ。素直でやさしい。まだ若いし，もう少しエネルギーがわいて活気が出れば，いつまでもデイケアにいないで地域の事業所につながったほうがいい。薬が強すぎるのではないだろうか。妄想等も見られないし，デイケアに留まり過ぎてはいけない。次のモニタリングはいつだったか……。

観察と逐語

二人はまな板をぴったりくっつけるようにしながら，並んで調理に没頭している〔35〕。関さんの手つきも先ほどまでより確かによくなった。

▶プログラム終盤
料理の完成へ。

「関さん，今日はいい先生がいてよかったわね」と声をかけると，関さんは少し顔を上げて，さっきよりは明るい表情でうなずいた〔36〕。
辻さんに向かって，「ねえ先生，どうですか？〔37〕　関さんの切ったお芋の形は？」と尋ねると，「うん。関さんうまく切れてるよ」と答えてくれた。
「関さんも頑張ったし，辻さんの教え方もよかったのね」と伝えると，辻さんのほうははにかんだようにうつむきながら笑顔になった〔38〕。そして関さんの手先を時々覗き込みながらも，黙々と大根の葉を刻み始めた。先ほどと違い，疲れたとは言わずに集中している。

しばらくすると，すべての野菜を切り終えた二人は「できた，できた」と笑顔になった〔39〕。

少し心配だったが，けんちん汁は無事に美味しくできあがり，他のメンバーが「美味しい」というたびに，辻さんと関さんが目を合わせてうなずき合う姿もみられた〔40〕。

▶食後
食事を終え，休憩時間に。

食事の後は皆で手際よく片付けをすると，休憩時間を思い思いに過ごし始める。辻さんは活動室の壁際のソファにいつものように座った〔41〕。

[35] 真剣に教えているので無意識だろうが、二人はずいぶん近づいて顔と顔がくっつきそう。母子家庭で育った辻さんの男性に対する感情はどんなものだろう。父親の思い出はあるのかしら。それに交友関係はどうだったのか。主治医や生活保護ケースワーカーも男性だが、特段意識した様子は見られなかった。関さんも普段女性メンバーとの交流はまず見られないが、年頃の男性だし辻さんは可愛くないわけでもない。こういう体験も時にはできるといいし、むしろ少しは喜んでくれるほうが自然で、エネルギーも感じられてよいのだが…。

[36] よかった。辻さんに注意されたときはしょんぼりしてしまった関さんだが、気持ちは回復できたようだ。

[37] ここで辻さんから褒め言葉が出るともっといいかもしれない。そういう言葉を引き出す声かけをしながら二人を労っておこう。

[38] 辻さんは褒められるととてもうれしそうな表情をする。さっきは母親からは怒られてばかり、その理由は自分がバカだからと言っていた。母親との間だけでなく、軽度知的障害がありながら普通学級に通った辻さんには劣等感を植えつけられるような出来事がたびたび訪れたことだろう。そして、就労を求められ、母親に逆らうことなく期待に応えようと頑張ってきたのがこれまでの辻さんの姿なのかもしれない。飲酒のきっかけはわからないが、辻さんにとっては逃避したい現実に常に直面させられ、逃げ場がなかったことも考えられる。

[39] 辻さんにとっても関さんにとっても、助け合う喜びや協調性を習得する機会になったようだ。それに、辻さんはこれまであまり他のメンバーと交流する姿が見られなかったが、今日は作業を介してよい交流ができている。得意なことで自己を表現できるようにすることを、デイケアにおける支援目標の一つとして意識しておきたい。関さんの不器用だが生真面目で穏やかな人柄も、辻さんが脅威や劣等感もなく交流できる要素になっていたことだろう。まだエネルギーのわかない印象は強いが、関さんの今日のような表情が見られたこともこの時間の収穫だった。今後は関さんにも意識的にかかわることにしよう。

[40] 共同作業の達成感を共有するかのように、二人はよい表情を見せている。言葉は少ないが気持ちが通じているようだ。今日の調理がきっかけで辻さんと関さんが時にはおしゃべりをしたり、仲間意識を育てていけたりするとよい。関さんは統合失調症だが、いずれは就労継続のB型あたりに場を移すことを目指している点は辻さんと通じるものもある。励まし合いながら多様なプログラムに参加してもらえるといいだろう。

[41] 午後はフリープログラムなので、きっと辻さんはいつものように活動室で音楽を聴くか何かで過ごすだろう。時間を見つけて、さっきの話の続きをしてみよう。特に飲酒歴をもう一度尋ね、断酒について少し掘り下げて辻さんの言葉で語ってもらえるようにアプローチしてみよう。後は、いけそうだったら母親との関係性についても探ってみたい。昼休みのうちにケースファイルを再確認して、他のスタッフのアセスメントも聴いておくことにしよう。

❖ 解説 ❖

　デイケアでの多様なプログラムを利用者の目標や支援課題に合わせてPSWが意図的に活用することで，有意義なものにすることができます。

◆話しやすい雰囲気で真意に迫る

　白浜PSWは，辻さんが料理酒を使用するタイミングで飲酒について話題にしました。辻さんは，すでに数回の入退院を繰り返しており，断酒しなければいけないと頭ではわかっているかもしれません。構えた面接では否認が強まる可能性もあり，関係性が構築されていないと本音を語るまで時間がかかるかもしれません。辻さんは，母子関係や就労を希望する理由など，支援における貴重な情報も自然な会話の流れで語っています。軽度の知的障害もあるために抽象的な話し方よりも，目の前で繰り広げられる事象を介した対話のほうが具体的な発言を引き出しやすいと思われます。このように，生活場面面接は，利用者の緊張感や構えを除き自然体で話しやすい雰囲気をもたらします。なお，白浜PSWは辻さんとお酒の話を始めるときに周囲の様子にも目を配り，辻さんのプライバシーに配慮しながらこの話を展開している点も重要なポイントです。

◆生活能力を多面的にアセスメントする

　白浜PSWは，調理をはじめ，辻さんの言葉遣いや整容などの日常生活能力，精神症状や状態，母子関係，コミュニケーション能力など多岐にわたって推し量ろうとしています。これらは，本人や周囲の関係者から聴取する以上にわかりやすく明確な情報となり得ます。多様な利用者を相手にするデイケアのプログラムは，必ずしも全利用者の支援目標にマッチしたものとは限りませんが，支援課題を明確に意識し柔軟な発想で活用することで，調理が得意な人に対する有効性が見えにくいプログラムからもアセスメントに役立つ情報を得ることができます。白浜PSWが調理作業自体に没頭したり集中しすぎず，利用者への支援を意識し，プログラムを活用する発想をもって行動した成果です。

◆距離感や関係性を考え言葉遣いを選択する

　白浜PSWは意識的に平易な言い回しを用いています。同じ作業や空間を共にすると連帯感や仲間意識が醸成され，距離感が縮まると言葉遣いもフランクになりがちです。白浜PSWの思考のように，こうした話し方は無意識ではなく意図的に選択すべきものです。利用者と平等に作業することや，運営について話し合いで決めることを重視する方針の職場もあることと思いますが，PSWは支援者の立場で一つひとつの言動を瞬間的に思考し選択する必要があり，利用者との対等性や距離感に対して自覚的であることが必要です。

◆できていることに着目しフィードバックする

　デイケアの支援目的として利用者の体験の幅を広げ自信をつけてもらうことを掲げる場合，単に多様なプログラムを提供するだけでなく一つひとつの場面で利用者のストレングスを見出す発想をもち，積極的にその評価を伝えることでより強化することができます。白浜PSWは，辻さんが得意な調理プログラムでは生き生きと作業をするものの，他では自信がなさそうにしていると把握しています。そこで得意なことで力量を発揮し，ポジティブな評価を得ることで自信をつけてもらうための意識的な働きかけをしています。これは，やがて辻さんが就労に向かうための支援の布石となっていきます。

　さらに，白浜PSWはコミュニケーションを取り持って利用者間の相互作用を起こしています。辻さんを「先生」と呼び，関さんに調理を教えるよう促してストレングスを高めようとしたり，野菜の切り方に失敗した関さんを辻さんが褒めるようリードし，関さんの真面目さを労うことも忘れていません。

◆構造化された面接を併用する

　PSWとしてはもう少し深めたいところで調理作業に戻る必要があり，対話は中断しました。白浜PSWは，この先を続けるには構造化された面接が妥当と判断し，その導入の声かけをして対話を終えています。生活場面面接にはさまざまな利点がありますが，プライバシー保護や時間をかけて丁寧に話し合う必要がある際，また利用者のモチベーションを明確にしたり支援契約を結ぶ際などは，面接室などに場を設けて構造化された面接を行うことが適当です。

第3節 生活支援を長年拒み続けてきた一人暮らしの男性
思い出を共に回想し，明日への希望を呼び覚ます

事例の概要

堀さん（仮名，40代男性）は，生活保護を受けながらアパートで単身生活をしている。30歳頃に統合失調症を発症し，精神科病院に1年間入院。以来，退院後は2週に一度の外来受診。生活保護の担当ケースワーカーから見守りや生活の困りごとの対応として，相談支援事業所に協力依頼があり，3か月前から月に一度の家庭訪問を行っている。

観察と逐語

▶午前11時過ぎ，玄関前
堀さん宅を家庭訪問する。

堀さん宅の玄関前。ドアチャイムを鳴らす。数十秒経過しても返答がないが，自宅前には堀さん愛用の自転車があり，家に設置されている電気メーターも勢いよく回っている。玄関の前には，堀さんの物と思われる何年も使用していないであろう棚や雑貨類が並んでいる。
「こんにちはー，堀さーん，玉川です ① 」

ドアが開き，堀さんが姿を見せた。そして，「はい。ごめん，テレビ観ていたらウトウトしちゃって……どうぞ」と無表情で話すと，背を向けて部屋の中へ戻った。
「大丈夫ですよ，お邪魔します」
堀さんは目を擦りながら何度もまばたきをし，寝癖もついている。寝起きのせいか無表情だが，口調は落ち着いている。服はいつも同じジャージを着ている。襟元は黄ばんでおり，擦り切れてボロボロの状態 ② 。

玄関には新聞やチラシなどが散乱し，床が見えない状態になっている ③ 。また，使用していないと思われる靴が何十足も無造作に転がっている。

登場人物	●堀さん…40代男性，一人暮らし，統合失調症 ●玉川PSW…相談支援事業所勤務
場面	相談支援事業所のPSWが本人との関係性の構築と支援ニーズの把握，地域生活上でのアセスメントを実施するため，3回目の家庭訪問を行った。

思考過程

1. 堀さんは寝ていることも多く，訪問の時間を約束していてもいつもすぐには出てこない。玄関の前に自転車も置いてあるし，電気メーターもこれだけ回っているから自宅にいるだろう。近所の人に堀さんが障害者であることがわからないように，事業所の名前も言えず「玉川」しか言えない。堀さんは，いつもお金のことを気にしているけれど，これだけメーターが回っているってことはエアコンをつけているだろう。今日はエアコンをつけなくても十分暖かい。電気代はどれくらいかかっているのだろうか。玄関の外にこれだけ荷物を置いていて，堀さんには片付けたほうがいいのではと声をかけているのだけど，近所の人や大家さんからクレームが来ないのか心配だな。

2. やっぱり寝ていたか。これだけ寝癖がついているのだから結構長い時間寝ていたのだろう。たまたまだろうか，それともこの時間はいつも寝ているのかもしれない。眠気はいつもあるのだろうか。薬の影響もあるかもしれない。寝起きだから表情は晴れないが，無表情なのはいつものこと。口調もしっかりしているし，コミュニケーションはできそう。普段通りに話はできそうだ。いつも同じジャージを着ているな。何日着ているのだろうか。洗っているのかな。あの襟の黄ばみを見ると，洗っていないだろう。しかも擦り切れている。他の服も持っているのにどうして毎回同じ服を着ているのだろうか。

3. 新聞もチラシも開いた形跡がないので，読んでいないのだろう。どうして契約しているのだろう。断れなくて契約してしまったとか。何か意味があるのかもしれないし，様子を見ながら聴いてみよう。堀さんは片付けが苦手なのだろう。

観察と逐語

「堀さん。私の靴，ここに置いていいですか？ 4 」
「うん，いいよ」
「相変わらずたくさん靴を持っていますね。靴は好きなのですか？ 全部履いているのですか？ 5 」
「好きってことはないけど，集めていてね。どれも履いてるよ」と話すが，靴底が剥がれていたり，片方しかない，値札がついたままの靴もある。

「そうですか〜。でも，玄関のスペースがなくなってしまうと生活で困りませんか？ 6 」
「狭いけれど大丈夫。何とかなってるから」と，顔はこちらを向いているが目線を合わせず苦笑いをしている 7 。それから堀さんは部屋の奥に案内してくれた。

▶**自宅の部屋**
部屋に案内される。

堀さんは賃貸アパートの2階，2Kの間取りの部屋で生活している。部屋は6畳間が二つ。主に窓側の一室を使用しており，もう一つの部屋は物置のような状態で，使っていない棚やタンス，書籍やオーディオなどが置かれていて，中には入れない状態。
堀さんに招かれ部屋に入ると，中央に布団が敷いてあり，その周辺には衣類やタオルなどの生活雑貨，お菓子やインスタント食品などの食料が床一面に置いてあり，足の踏み場がない状態である。布団は黒ずんでいて，ペラペラに薄い。窓は閉め切り，エアコンをつけているが，堀さんのたばこの影響で煙たく，壁や天井が黄ばんでいる。たばことかび臭いにおいなどが混ざり，独特な異臭がする 8 。

堀さんは「どうぞ」と私に声をかけると，今まで寝ていたと思われる布団の上に座った。
そして「堀さん，私はどこに座ったらいいですか？」と質問する 9 と，「布団の上に座っちゃって 10 」と手招きをした。そのまま近況について話をすることとなった。

「堀さん，あらためましてこんにちは。お久しぶりです。今日はお時間をつくっていただいてありがとうございます。近況をお伺いさせていただきたいのですが，いかがでしょうか？ 11 」と笑顔でゆっくりと話を切り出した。

「最近ねぇ。そうだなぁ……生活はなんというか……変わらないね 12 」と腕を組み，途中，口を真一文字に結び，

第3章 機をとらえた働きかけにおける思考過程

[4] 訪問先にはお邪魔する立場。何度訪問しても，玄関での作法は重要だ。靴を揃えて部屋に上がりたいけど，部屋との境目がわからないし，どこに置いていいかわからない。仕方ない，堀さんに聴いてみよう。

[5] 堀さんの家はいつ来ても靴だらけになっている。埃まみれになっているもの，ボロボロになっているものもあるし，明らかに履いていない靴がたくさんある。片付けられないように見えるけど，もしかしたら堀さんなりにこだわりがあるのかもしれない。今日こそは聴いてみよう。

[6] 散らかっているのはやっぱり片付けられないだけか。でも，どうして集めてしまうのだろうか。そして，堀さんはこの状況をどう考えているのだろうか。困っているのかな。そうであれば，支援の必要性を感じる。例えばホームヘルパーとか導入できないだろうか。

[7] 苦笑いをして話を合わせているが，目はこちらを向いていない。空返事のようにも聞こえる。表情も真剣に考えている様子も見られず，こちらの話が届いている印象ではない。理由はなんだろうか。やっぱり靴を集めている理由が知りたい。堀さんは他にも服やらカバンやら身に着ける物が欲しくなってしまう傾向があった気がする。片付けたくないのは靴が大切なのか？ 自分でやりたくない？ 体がだるい？ 片付け方がわからない？ 聴いてみないとわからないな。

[8] 足の踏み場もない。やっぱり服やら食べ物など物が散乱している。半袖から長袖，靴下や肌着，ジャンパーまでゴチャ混ぜになっている。この状況はこだわりというより，片付けられないように見える。物も訪問で来るたびに増えていく上，どんどん散らかっていっている気がする。買ってきてしまうのだろう。生活保護でお金に余裕がないのに，どうして買ってきてしまうのだろう。布団もペラペラで黒ずんで衛生的に大丈夫なのだろうか。毎回敷きっぱなしだから，干してもいないだろう。部屋は閉め切って煙いうえに，独特の生活臭が漂っている。空気を入れ替えたりはしないのだろうか。こんななかで生活をしていたら体を壊してしまいそうだ。堀さんの身体面は大丈夫なのだろうか。

[9] どこに座ろうか。布団の上に上がるのも失礼だし，堀さんの服や荷物の上に座るのもいけないだろう。仕方がないから堀さんに聴いてみるか。

[10] ここに座るのか。黒ずんでいるし，不衛生に見えるし，座るのをためらう。でも，ここしか座るところはないし，布団の上に座らせてもらうしかないか。

[11] 立ち話を少ししたけれども，きちんとこちら側の訪問の趣旨を伝えたうえで，話を伺う構図をつくることが大切。貴重な時間をいただくのだから，きちんとお礼を言うのを忘れずにしよう。できる限り表情を柔らかく，そしてゆっくり話し，堀さんに安心してもらって，リラックスしてもらおう。

[12] いつも堀さんは「変わりないです」と答える。生活に変化があったり，困ったことがあっても，うまく人に助けを求められず，相談が苦手な人。だからこそ

観察と逐語

沈黙を挟みながら答えた。
「そうですか。体調はいかがですか？ よく眠れていますか？ お食事はどうでしょう？ 召し上がれていますか？ 13」と続けると，「体調ね……大丈夫だよ」とゆっくり返答した。続けて，「ご飯もちゃんと食べてるよ 14 。でも，動かないからお腹が減らないときがあるよね」と，つぶやくように話した。

「先ほどまで寝ていたようですが，よく眠れていますか？」
「あぁ……寝すぎて困っちゃうよ 15 。さっきは気づかずに悪かったね」
堀さんの髪は，電気ストーブの前で寝てしまった影響か，チリチリに焦げている。そして部屋の床のあちこちにはたばこの不始末による焦げがあり，ウトウト寝てしまうという堀さんの言葉を裏づけている。

そこで，「眠くて動けないことはありますか？ 例えばフラつきがあるとか？ それとストーブやたばこの取り扱いは慎重にしてもらって，火事には気をつけてくださいね 16 」と質問を続けた。
「はい。えっと，フラつきね……。ないかな。動いているときは大丈夫だけれども，やることがないからさ，それで眠くなっちゃうんだよね 17 」と顔を上げると，再び苦笑いをしながら 18 答えた。

そこで，「そうですよね，確かに動かなくなると体力は落ちてきてしまいますからね～。やることがないっておっしゃっていましたが，いま堀さんは何かやってみたいこととか，ありますか？ 19 」と問いかけた。
すると少しの沈黙 20 の後，堀さんは視線を外して，つけっぱなしのテレビに視線を送りながら，「いやいや，若くはないから，今さらやりたいことなんてないよ」とつぶやくように答えた 21 。

▶一呼吸おいて

「そうですか。堀さんはまだご年齢的にもやりたいことを追求できるように思いますよ。では，今の生活のなかで課題となっていることはありますか？ 22 」と尋ねた。
「別に困っていることはないなぁ 23 」と表情一つ変え

第3章 機をとらえた働きかけにおける思考過程

定期的に訪問しているわけで，このまま帰るわけにはいかない。しかし，この沈黙は何だろうか。何かを思い出しているのか，何かを考え込んでいるのか。それとも何にも思い浮かばないのか。もう少し丁寧に聴いてみよう。

⑬ まずは聞かれ慣れていて，堀さんが答えやすい体調を確認しよう。さっきの寝起きで出てきた様子から睡眠状況は気になる。眠気が強いのかもしれない。体型に変化はないから食事はとれていそうだが，食事の状況も聴いておこう。

⑭ ちゃんと食べていると言っているが，大量のインスタント食品を見ると，栄養のバランスが取れているのか心配になるな。あとで話に触れてみよう。

⑮ 堀さんは体調が悪くなると，不眠が続いてテンションが高くなる傾向がある。それに比べれば，今は眠れているし，うつむき加減で話している様子からテンションはむしろ低い。食事もとれているし，体調は落ち着いているように見える。でも，予想通り眠気が強いようだ。昼間に眠いというのは生活リズムを作る上で支障が出る。それに気になるのは堀さんの髪の焦げとたばこの不始末だ。眠気を我慢できなかった結果であろうが，火事になっては大変だ。睡眠についてはもう少し突っ込んで聴いてみよう。

⑯ 眠気の原因は何だろう。抗精神病薬の副作用や睡眠薬が強すぎることなど服薬の影響か，それとも生活習慣が乱れて昼夜逆転など，生活リズムの乱れによるものか。あるいはその両方か。一人暮らしだし，転倒のリスクは怖いな。堀さんを見る限り，アザや傷は見られないが，フラつきがあるかどうかは聴いておこう。火の取り扱いに注意するよう促しはしたが大丈夫だろうか。心配だ。

⑰ 動いているときには眠気がないということは，常に眠気があるというわけではない。服薬の問題というよりも，生活習慣からきている眠気ということか。あとで服薬の状況も確認しよう。一人で家にいて，やることがなければ眠くなるよな。動かなければ体力も低下してしまうし。堀さんの言うことは納得できる。

⑱ 堀さんに苦笑いばかりさせている。こちらが責めているように感じさせてしまったらいけない。でも，突っ込んで聴かなければ「大丈夫です」と答えるだろう。笑顔で言葉がけをして，柔らかい表情で共感する姿勢を表そう。

⑲ 堀さんは今の生活をどう思っているのだろうか。あらためてこれから望む生活のイメージを聴いてみよう。まだ40代だし，いろいろな可能性があると思う。

⑳ 堀さんは何を考えているのだろうか。やりたいことを考えていたのかな。思いついているが，話すことをためらっているのかもしれない。

㉑ 本当にそう思っているのだろうか。目線を外すことや言葉の弱々しさからは，あきらめのようにもとれる。発病後，喪失体験を多く経験してきただろうし，挫折感や自己肯定感が低くなっているとすれば当然のことだろう。希望をもつことや，何かにチャレンジすることに躊躇しているのかもしれない。この話をしてもらうには，もう少し堀さんから信頼される必要がありそうだ。まずは関係構築を主体として，堀さんから話してもらえるようにかかわっていこう。

㉒ 今，どのようなことに困りごとや課題を感じているのだろうか。そこから支援のアプローチをしていったほうが堀さんも話をしやすいかもしれない。

㉓ 実感としては困っていないのだろう。しかし，支援のニーズがないとはいえない。堀さんに自分の生活をイメージしてもらえるように言葉がけをしてみよう。

ずに返答した。そこで,「そうですか。恐縮ですが,堀さんのお部屋は物がたくさんあって,生活のスペースが狭くなっているように私には感じられますが,いかがですか？ 24」と再び質問した。すると,「別に大丈夫だけど。でも生活保護の○○さんから部屋を片付けるようには言われているけどね。別に誰も来ないから大丈夫だよ 25。それに一人じゃどうにもならないし 26」と返答した。

「誰かと一緒であれば片付けてみたいですか？」
「前にホームヘルパーさんを派遣してもらうように言われたけど,面倒だし,要らないなと思って断ったよ 27」と,堀さんは少しやけになったように勢いよく話した。

そこで,「一人で解決するのはなかなか大変ですよね。ましてや部屋の片付けなど,生活習慣を立て直すのには結構な労力が必要ですよね 28。今でもホームヘルパーの利用には抵抗がありますか？」と問いかけてみた。
「手続きとか面倒なことは嫌だよ。自分でできるから大丈夫 29」と堀さんは腕組みをしながら,再び視線を下に落とした。

「そうですか。そういうことであれば,これから少し一緒に片付けをしてみませんか？ 30 もしよろしければ私にお手伝いをさせていただけませんか？もちろん,堀さんの意向を聞きながら片付けますから,勝手に物を処分したりすることはありませんよ 31」と,堀さんの顔を覗き込みながら提案した。

堀さんは少し驚いたような顔をしながら,「えっ,どうしようかな。別にいいけど……でも一人で大丈夫だよ」と頭を掻いている 32。

堀さんは,「でもさ……悪いからな」と何度か遠慮するような素振りをしていたが,「私は堀さんが一緒に片付けていいって言ってくださるのであれば,大丈夫ですよ 33」と言うと,「じゃあ,ちょっとだけやるか」と,吹っ切れたように笑顔で了解した 34。

二人で部屋の片付けを始める。

布団をベランダに干した後,散らかっているカップラーメンやコンビニ弁当の空き容器をゴミ袋に入れた。容器はタワーのように積み重ねられている 35。
「拝見する限り,堀さんの食事はカップラーメンやコンビニ弁当が多いようですけれど,どうでしょうか 36」と

- ⌈24⌋ 今の居室環境をどうとらえているのだろうか。柔らかく直面化してみよう。
- ⌈25⌋ きっと今の堀さんの本音だろう。10年以上も一人暮らしで社会との接点は通院のみ。家に訪ねてくる人もいないから，部屋が汚くても片付ける必要もなければ，「困り感」もなかったのだろう。
- ⌈26⌋ 一人ではどうにもならないということは，誰かが一緒であれば違うということなのかもしれない。ここを取っかかりにしてみよう。

- ⌈27⌋ 精神障害のある方は環境の変化を嫌う傾向がある。また，細かい話は覚えられないことや，理解するまでに時間がかかることもある。だから，申請などの公的な手続きも「面倒」に感じて利用しない方も多い。堀さんは制度を利用することに負担を感じているのかもしれない。

- ⌈28⌋ もしかすると，堀さんは部屋を片付けたいという気持ちがあったのではないか。それが自分一人ではどうにもならなくて，結果としてあきらめてしまったのかもしれない。すべてを一人で背負っていかなければならないうえに，障害を抱えながらでは生活の維持は容易なことではない。単身生活の大変さに寄り添おう。
- ⌈29⌋ 先ほどと同様，制度を利用することについて抵抗感を示している。では，まずは制度やサービスありきではなく，堀さんの意向を尊重しながら実際の生活のしづらさに着目しよう。

- ⌈30⌋ 堀さんがどれくらい家の片付けをできるのか知りたいし，一緒に片付けをすることによって，信頼関係もつくれるのではないだろうか。家の様子も確認できるうえ，堀さんが何に興味をもっているのか，どのようなものを大切にしているのかわかるかもしれない。核心をつく話も一緒に作業しながらのほうが話しやすいだろう。
- ⌈31⌋ 自宅内での支援に拒否的な方の意見として，「勝手に物を捨てられるのではないか」という不安は多い。勝手に物がなくなることはないと説明しておこう。

- ⌈32⌋ 急に言ったからきっと驚いたよな。拒否的ではなく提案を受け入れようか迷っている。知っている人であれば，頼りたい気持ちがあるのかもしれない。

- ⌈33⌋ 堀さんはこちらの提案に揺れて，態度を決めかねている。やさしい人だから気遣ってくれているのかもしれない。だからこそ，こちらは「大丈夫ですよ，堀さんの力になりたいので」というメッセージを送り続けよう。もう少しで了解をもらえそうだ。
- ⌈34⌋ よかった，了解してくれた。笑顔も見られて安心した。

- ⌈35⌋ 食生活の偏りが容易に想像できる。栄養バランスが乱れた食生活……，糖尿など内科的な疾患が心配になる。食生活について堀さんの考えを聞いてみたほうがよさそうだ。
- ⌈36⌋ 放っておけない食生活，かといって指導的なかかわりをすれば，本人との関係性に支障が出るうえ，一緒に片付けるとうるさいことを言われると思われてし

観察と逐語

尋ねると,「お金がないからさ,仕方がないんだよ 37 」と,堀さんは手を動かしながら答えた。

「お金ですか。何に使うことが多いのですか?」と続けて質問した。「服とか身の回りのものを買うかな 38 」と,堀さんは淡々と答えた。
「食生活が偏ると,体のバランスが崩れてきます。心配ではないですか 39 」と顔を覗き込むように話した。
「大丈夫だよ。ちゃんと病院にも通っているしね。あれはあれでおいしいんだよ」と笑いながら答えた 40 。

「そうですか。おいしく召し上がれているのはよいと思います。私も食べますしね。でも,私は堀さんの健康も心配しています 41 」と伝えると,堀さんは何度か繰り返しうなずいた。

次に,部屋に散乱している衣類の整理を行った。ジャケットやシャツ,ズボンなど,多様なものがある。部屋の押し入れにも大量の衣類や布団が入っているため,整理が必要な状態。同じような種類のものが何枚もある。汚れていたり,擦り切れているものや値札が付いたままのものもあり,着ている形跡が見られない。
そこで,「すみません,これ,全部着ているのですか? 42 」と質問すると,「うん,着るつもり。元々アパレル関係で働いてたから服が好きで 43 ,つい外来受診の帰りに買ってきちゃってさ」と,堀さんは答えた。

しかし,服のサイズが今の堀さんには明らかに小さいものもあり 44 ,汚れや服の傷みの状況を加味せずとも,全部着ているとは思えない状況である。
よく見ると,駅前にある同じ衣類店のレシートやビニール袋が何枚も転がっている 45 。毎回外来帰りに同じ店に立ち寄り,服を買って帰るのが定番のコースのようだ。

そこで,「堀さんは家ではいつも同じジャージですけれども,家では買ってきた服は着ないのですか? 46 」と質問した。
堀さんは「いろいろな服も着たいけど,この服は楽だから。着替えは億劫で 47 」と表情を変えずに答えた。

「そうですか。それでは服を買うことは堀さんにとってどんな意味があるのですか? 48 」
「えっ,いつもなんとなく買ってるのだけど……。昔の感覚で気になっちゃって 49 」

㊲ まう。ここは直面化して考えてもらおう。
食生活に影響が出てしまうとは，何にお金を使っているのだろう。

㊳ お金の使い方に偏りがあるようだ。それが生活全般に影響している。長期的には金銭管理の方法についても視野に入れておく必要があるな。

㊴ これでは健康面への影響は不可避である。本人はどう考えているのだろうか。再び本人に直面化してみよう。

㊵ 本人に問題意識はないようだ。健康管理も長期的な支援の課題となるだろう。

㊶ 好きなものにお金を使って生活することは，正当な権利である。一方で生活を支援していくためには健康管理や金銭管理の支援が必要なこともある。これは強制されるのではなく，堀さんが自分の問題としてとらえて取り組む必要がある。堀さんに気づきが得られるようなかかわりが必要であろう。そのために，堀さんのことを心配しているというメッセージを伝えておこう。

㊷ 一人暮らしの割には服が多すぎる。しかも，どう考えても普段は着ていないものが多い。必要なものと不要なものに分けて，整理か処分をしないと収納に入らない。でも，もしかしたら大事なものかもしれないし，堀さんに聴いてみよう。どうしてこんなに服を買ってきてしまうのだろう。こんなに買ってきたら，確かにお金はなくなるだろう。

㊸ 着ないものも絶対にあるだろう。元々アパレル関係で働いていたとは知らなかった。服や靴が好きということか。ファッションに興味があるということは，堀さんの今後の希望として活かせるかもしれない。しかし，この服の量はついつい買ってしまうレベルではない。衝動買いしてしまうということなのだろう。

㊹ ずいぶん前に買ったものであろうが，堀さんの今の体型では着られないものがある。サイズは選べているようなので，以前に比べて堀さんの体型が大きくなったということであろう。やはり食生活の改善を図らなければ，生活習慣病等が気になってくる。

㊺ これが，堀さんの今の社会との唯一の接点。同じ店に行っていることから，堀さんの生活範囲の狭さがうかがえる。

㊻ これだけあるのだから着替えればいいのに。堀さんなりのこだわりがあるのだろうか。ファッションが好きなのに，どうして家ではジャージなのだろう。

㊼ 興味があっても，実際にお洒落をして外出する等，行動化することはできないということ。これは生活のしづらさの部分であり，障害の一部なのだろう。堀さんの興味関心を尊重し，やりたいことを実現することが支援目標となる。

㊽ 堀さんにとって，服を買うことにどんな思いが込められているのだろうか。

㊾ 昔の感覚とは，アパレル会社で働いていたときのものだろう。堀さんにとって服は情熱を注いでいたものであり，自然と意識が向くのだろう。服を買い続けるのは，昔の自分への思い，戻りたいという感情の表れではないだろうか。

その後,「堀さん,これは要りますか?」という問いかけに対して,「もう着れないですね～」や「まだ着れます」というやり取りを,堀さんと一枚一枚服を広げながら,今後着る可能性があるかどうか考えながら行った 50 。

すると,片付けた服の下から堀さんの昔の写真が大量に出てきた。ずいぶんと古い写真だが,堀さんが働いていた頃に職場の同僚と撮ったものや,家族で旅行に行った際の写真などがあった。堀さんはそれを見つけると,懐かしいなぁと手を止めて見入った。
「懐かしいなぁ。こんなところにあったのか。もうなくなってしまったかと思っていたよ。片付けもいいものだね」と穏やかな表情で写真を見ている 51 。

「堀さんの写真ですか? 見せてもらえませんか?」
「いいよ。昔はちゃんと働いていたんだよ」と,笑顔であるものの,寂しそうな表情で写真を私に手渡した 52 。写真には,職場の同僚たちと肩を組み,笑顔のあふれる堀さんがいる。職場の同僚たちと苦楽を共にしていたこと,良好な人間関係であったことが容易に想像できる。年齢の違いはあるが,どの写真にも,今は見られないような生き生きとした表情の堀さんが写っていた 53 。家族との写真もあった。幸せそうだ。
しばらく,写真を見つめていたが,堀さんは気持ちを切り替えるように,「さぁ,また始めるか 54 」と言って,衣類の整理を始めた。私も一緒に作業を再開し,手を動かしながら堀さんにゆっくりと話しかけた。

「最近,暖かくなってきましたけど,外に出たりはしないのですか? 例えば,散歩をしたり買い物をしたり 55 」
「昔はよく行ったけどね。今は病院に行くことぐらいしか用事はないし。なんだか寂しいね」と,堀さんは言うと下を向いてしまった。苦笑いを浮かべるのが精一杯の寂しそうな表情になった 56 。
「そうですね。確かに一人だと何をしても寂しいですよね 57 」と,静かに寄り添う気持ちで返答した。

50 手間がかかっても，必ず堀さんに確認しながら片付けることが基本。物の要否には人それぞれの価値観がある。こちらで勝手に判断してはならない。一方で，要るかどうか判断してもらうことも大切。全部取っておくと片付いていかないし。堀さん，常識的に判断できているようだし，任せてみよう。

51 片付けたことによるプラスの効果を感じてくれたようでよかった。堀さんは，どのような気持ちで写真を見ているのだろうか。また，どのような思いの詰まった写真なのだろうか。堀さんの表情を見る限り，思い出深い写真であり，よい思い出なのだろう。写真を見せてもらおう。

52 あれ？　さっきまであんなに穏やかな表情をしていたのに，寂しそうな表情になってしまった。

53 堀さん，生き生きとしている。こうして働いていたときもあったのだな。仲間に囲まれていて，今の一人での生活とはかけ離れている。今はこの同僚たちとは連絡を取っていないのかな。堀さん，家族ともいろいろなところに出かけていたんだな。とても幸せそうな家族に見える。堀さんは病気になったことで，退職を余儀なくされ，離婚後，家族とも疎遠になってしまったはず。こうした喪失感は今も堀さんの気持ちに影響を与え続けているのだろう。これが寂しそうな表情の原因だろう。堀さんの気持ちに寄り添おうとすればするほど，軽はずみに言葉をかけられない。

54 堀さんのほうから作業を始めようと言ってくるなんて驚いた。それだけ自分の気持ちにも切り替えが必要だったということだろう。写真を見てから，堀さんの気持ちが揺れているような感じがある。

55 堀さんは，今どんな気持ちで手を動かしているのだろうか。写真を見て，寂しい気持ちになっているのではないか。家族に会いたいとか，仕事をしてみたいとか，希望をもっているのではないだろうか。でも，直接的には聴けないし……。まずは遠回しに外の世界について，どう思っているのか聴いてみよう。

56 以前の自分のことを考えているのだろう。家族ともこんなに仲よく生活していたのに，今では会えないなんて，堀さんの寂しさは大きいのだろう。以前の堀さんは外出もしていて外が嫌いというわけではなさそうだ。堀さんの言うとおり，一人で外出しても楽しむのには限界があるだろうし，きっかけや目的があれば外に出る習慣がつくれるかもしれない。今は病院と自宅の往復だけみたいだし，これでは生活に張りをもたせることは難しいだろう。今の表情が一番元気なく見える。ようやく核心に迫ってきた気がする。最後の「寂しい」という言葉から，このことが堀さんの抱えている一番大きな課題のように感じられる。発病を境に人間関係を断ち切ってしまった堀さんの孤独を解消するためにはどうしたらいいのだろうか。気の許せる仲間ができたらいいのに。

57 この場面ではたくさんの言葉を並べても軽く聞こえてしまう。ここはじっと堀さんの寂しさを受容し，共感しよう。

観察と逐語

▶面接終盤

少しの沈黙の後，堀さんは「なんだか恥ずかしいな」とつぶやき，「いつもはこんなこと考えなかったのに，昔の話をしていたら急に寂しくなって……[58]」と語った。
「寂しい気持ちをもつのは当然ですよ。それは恥ずかしいことではないと思います。私は堀さんの気持ちが聴けてよかったです[59]」と返すと，「ありがとう」と，ボソッと短く返答した[60]。

「職場の写真がありましたね。堀さんはアパレル関係で働いていたとおっしゃっていましたが，どんな仕事をされていたのですか？[61]」と尋ねると「アパレルメーカーで服を作っていたんだ。あの頃は楽しかったな」と答えた。

出てきた写真のなかには，堀さんが会議で真剣にプレゼンテーションをしているものや，飲み会で職場の仲間とふざけ合っているものもあり，充実した日々であったことがにじみ出ている[62]。

写真を眺めながら，「堀さん楽しそうですね。いいお仕事をなさっていたのですね。また誰かと出会い，仲間と何かしてみたいとは思いませんか[63]」と尋ねると，堀さんは「うーん……」と目をつむった。
そして，大きく深呼吸をすると目を開いて，「自信はないけど何かしたいね。仕事とか。やっぱり一人で生活するのは寂しくて……。友達というか仲間が欲しい[64]」と話した。
堀さんは自分の気持ちを表現できているのか恥ずかしそうな様子で，それをごまかそうと精一杯の苦笑いをしている。表情は自信がない様子で，目が泳いでいる。

▶面接終了
今後に向けた提案を行う。

「そうですよね。孤独は不安だし，寂しいものですよね。堀さんと同じように仲間が欲しい方はたくさんいます。もちろん，私達も堀さんの話を伺うことはできますよ[65]。当事者会では，仲間が集まって話し合いをしていますし，障害福祉サービスのなかにも，精神障害をもっている方たちが日中集まって活動している場所はたくさんあります。もしよろしければ，今度詳しくご案内しますよ」と，堀さんの目を見ながらゆっくりと説明した。
すると，「すみませんが，よろしくお願いします。まずは今度話を聴かせてください」と，堀さんは笑顔でお辞儀をし，再び片付けを始めた[66]。
後日，再度訪問し，日中活動場所と当事者会の内容について相談することとなった。

58 長い間話さなかった昔の楽しい思い出を語った。そしたら今までバランスをとっていて，平気だった「独り」が重くのしかかり寂しさを実感したのだろう。部屋が片付くと「隙間」ができることも，寂しさの一因なのかもしれない。

59 堀さんの寂しさが当然であることを伝え，また堀さんの大切な思い出や気持ちを話してくれたことに感謝の気持ちを表現しよう。

60 短い言葉ではあったが，私が堀さんのことを考えていて，気持ちを受け止めたいと願っているという，こちらの気持ちや意図が伝わった気がする。

61 若い頃はどんな方だったのだろうか。写真の様子は生き生きとしている。仕事のことやこの頃の話を伺うことで，堀さんの興味やストレングスが見えてくるかもしれない。今後の支援のきっかけがつかめるかもしれない。

62 堀さんは人と一緒に仕事をすることが好きなのだな。周りの人と一緒にチームが組める協調性のある人なのだろう。これからもきっかけを得ることができれば，人と出会って何かを作り出す作業をすることができるのではないか。それにしても写真の堀さん，いい顔をしているな。

63 堀さんに自信を回復してもらうためには，堀さん自身のエンパワメントが必要であり，大切なのは再び主体的に生活を送ることであろう。それは周りが決めるのではなく，堀さん自身に語ってもらう，決めてもらうことが重要ではないか。外に出れば仲間はきっとできる。その仲間と過ごすことによって，堀さん自身の生活も大きく主体的に変わるのではないだろうか。

64 本当の気持ちを話してくれてよかった。それに応えたい気持ちになる。大人の男性が寂しい気持ちを口にするのは勇気がいる。一人での生活は寂しかったことに早く気づいてあげられなかったことが申し訳ない。堀さんの年齢であれば，就労の可能性はある。自分が頑張っているという，自分の存在意義が認められることが大切で，堀さんの言う「仕事」は必ずしも就労という意味ではないのだろう。大事なことは，堀さんが主体的に生活することなのだろう。

65 支援者が見守りを続けるだけでは，堀さんらしい生活を実現させるには至らない。堀さんが主体的に自分自身の生活を歩んでいくためには，友人，仲間づくりが不可欠であろう。そのなかで堀さんが自分の気持ちを「わかち合う」ことができれば，堀さんの寂しさを癒し，安心感を与えるだけではなく，これでいいのだという自己肯定感の回復にも効果があるのではないか。そのためには堀さんが同じような経験をもった人と出会う場を紹介する必要がある。

66 今まで具体的な支援を断り続けていた堀さんがこちらの提案を受け入れてくれてよかった。今までの生活を変えるのは容易ではなく，揺り戻しが必ず来る。次回話したときに，また気が変わっていることもあるだろうから，あらかじめ心の準備をしておこう。堀さんの本心のようなものは聴くことができたから，これからもあきらめずにその気持ちに寄り添っていこう。

第3節　思い出を共に回想し，明日への希望を呼び覚ます

❖ 解説 ❖

生活感を伴う環境であり，その人らしさのよく表れている自宅への訪問を活用した支援では，PSWのきめ細かい配慮や観察と工夫がカギを握ります。

◆在宅訪問の留意点と特徴

福祉サービスの利用を拒否していた堀さんに，生活保護ケースワーカーが勧める形で訪問を開始した経緯から，訪問は歓迎されているとはいえない状況で始まっており，緊張感や警戒心をもたれたり堀さんが気を遣っていることも考えられます。玉川PSWは，堀さんの独自の生活スタイルをもった暮らしに脅威を与えないため随所で気を遣っています。他人の家を訪ねていることを認識し，利用者のペースや嗜好を尊重する姿勢の表れです。また，隣近所に精神疾患や障害のことを知られたくないと考えている方が多いことやプライバシー保護をふまえ，服装や用いる車両にも気を遣い，玄関先での名乗り方も工夫しています。

多様な職場で行われている在宅訪問の目的は，医療中断の防止や服薬確認など医療色の濃いものもあれば，相談支援のアセスメントやモニタリングをはじめ，通所困難な方とのつながりを保つためなどさまざまです。玉川PSWは，支援関係の構築やニーズの把握を目的としており，長い支援経過の導入部分ですが，前2回の在宅訪問で，物が多い，片付けが苦手，不規則な生活，栄養の偏り，あまり清潔でない様子等を観察できています。自宅は利用者の生活感がもっともよく表れており，支援に活かせる情報に満ちています。

◆利用者の速度に合わせて介入する

買ってきた物が溢れ，部屋が片付けられないことを堀さん自身も課題と感じているらしいと判断した玉川PSWは，片付けを手伝うことを提案し，多少のやり取りの末に堀さんの同意を得ます。今回が3回目の訪問であり，これまでの観察から一定のアセスメントをしていることに加え，堀さんの嗜好やスタイル，意向を尊重しながら緩やかに支援を提案していることが，堀さんの受け入れを可能にしたと考えられます。部屋を片付けられない利用者に出会うことは珍しくありませんが，支援者の価値観や速度で介入してしまうと，利用者は自分を否定された

と感じたり，浸食されることを脅威に思ったり，時には勝手に処分された，盗まれた，という被害感情をもたれることもあります。それが理由で以後の訪問を拒否される場合もありますから，特に清掃や片付け等，環境変化を伴うような支援は，丁寧な提案や利用者の同意のもとに行うことが肝心です。

◆作業を通じたコミュニケーション

堀さんは，会話だけのときは「大丈夫」「着るつもり」といった応答が目立ちます。ところが，作業を共にしながらの「生活場面面接」では，玉川PSWが食生活を話題にして健康管理上の心配を伝えたり，買い物の機会や過去の職歴に伴う質問をすると，堀さんの心情も自然な流れのなかで語られていきます。統合失調症の方のなかには，現状の生活に満足しているわけでなくとも，新しい希望をもったり，語る力が阻害されてしまっている方もいます。そこで，実際に作業しながら堀さんの意思を確認し直し，具体的・現実的に考えるよう促す働きかけをしています。実生活に即した作業を媒介することでコミュニケーションに深みを出すことができています。さらに片付けの後に見つかった昔の写真によって両者のコミュニケーションはいっそう深まり，堀さんに対する玉川PSWの見方に幅が出ると共に，堀さんの語りにも変化がみられていきます。

◆利用者も忘れていた深い思いへの接近

訪問の冒頭で布団に座って話していたときは「変わりない」「やりたいことはない」「困っていることはない」と応じていた堀さんですが，片付いた室内や，職場や家族と共に写る自分の若い頃の写真に刺激されて「寂しい」「何かしたい」「仲間が欲しい」という思いを口にするようになります。これは堀さん自身も忘れていた感覚だったかもしれませんし，対面して尋ねているだけでは発せられることのなかった深い思いかもしれません。自分のペースを尊重しながら一緒に片付けをしてくれた玉川PSWとの連帯感があるからこそ，堀さんも率直に伝えられたのだと考えられます。

見方を変えると，物で溢れた室内は堀さんの寂しい心情を埋めるために必要だったのかもしれません。片付けたことでできた隙間を埋める支援まで責任をもって行うことが，支援者のもう一つの存在意義ともいえるでしょう。

第4節 激昂した無職の男性と泣き出した休職中の女性
葛藤を糧に,グループの発展的関係へといざなう

第3章 機をとらえた働きかけにおける思考過程

事例の概要

単科精神科病院のサテライトクリニックで,開院当初は外来診療のみだったが,6年前にリワークデイケアを開所した。スタッフは精神保健福祉士のほかに臨床心理士,看護師,作業療法士,医師がおり,登録メンバーは現在73名,1日の平均利用者数は30名前後である。

登場人物

- 角さん…本事例のメイン・クライエント(45歳男性,双極性障害,無職)。リワークデイケアに通所し2年が経つ。言葉遣いは乱暴だが,やさしい一面もある。仕事に就いていないことへの焦りや,デイケア内での孤独感や苛立ちもある。
- 西さん…本事例のサブ・クライエント(29歳女性,うつ病,休職中)。内気で優しい性格。先月からリワークデイケアに通所しているが,テンションの高い角さんを苦手としている。
- 中さん…西さんのよき理解者(50歳女性,神経症,休職中)
- 浜さん…真面目な好青年(21歳男性,うつ病,休職中)。大人しく控えめな性格
- 楠さん…不思議な存在(38歳男性,発達障害,休職中)。明晰な頭脳,変わった性格

観察と逐語

▶スタッフルーム
グループワークの準備を進める。

本日のフリートーキングの参加者名簿を確認[1]し,参加者6名のなかに最近通所を開始したばかりの西さんと,その西さんが苦手意識をもっている角さんがプログラムへ参加することを知り,今日のプログラムは特に角さんと西さんにとって大きな成長を促すようなグループワークを展開しようと決意[2]した。

- 沖さん…プライドの高いエリートOL（42歳女性，うつ病，休職中）。自己顕示欲が強い
- 開原心理士…臨床心理士。グループサブリーダー
- 海堂PSW…リワークデイケア勤務。グループリーダー

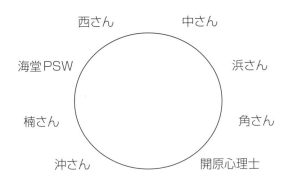

グループワークでの座席の配置図

場面

リワークデイケアの1日が始まったところ。午前中のプログラムの一つは「フリートーキング」。

＊フリートーキング：グループで行うリワークデイケアの1プログラム。決まったテーマを設けずに，参加メンバーがいくつかのテーマについてフリーにディスカッションを展開する。6〜7名程度に限定し，希望者を募りグループを構成する。参加メンバーは毎回異なり，スタッフは通常2名。アサーティブなコミュニケーションのトレーニングの場として機能し，スタッフはグループワーカーとしての役割を担う。

思考過程

1. 参加人数は6名，グループを運営するには適度な人数だ。グループを対面集団と考える場合に6名程度が望ましい。スタッフ2名を加えて合計8名。このくらいであれば，人の息遣いがわかるし，仲間としてここにいる感覚ももてる。グループの集中力がもつのは90分が限度，今日用意した時間は2時間弱。休憩を考慮すれば，グループワークとしては適切な構造といえるだろう。
2. 西さんは今月からデイケア通所を始めたばかり。コミュニケーションが課題だ

▶デイケアフロア

プログラム開始前，先に西さんに声をかけた 3 。
「西さん，今日の体調はいかがですか？」
「体調は大丈夫ですけど，すごく緊張しています」
「緊張ですか？どうしてですか？」
「いや，その，元々人と話すことが苦手なので……。フリートーキングは会話がメインのプログラムですものね。でも，仕事に復帰するためには克服しなければいけない私自身の課題なので頑張ります」と西さんは笑顔で話した 4 。

次に角さんに声をかけた。
「角さん，体調はいかがですか？」
「ん？ 新しい若いメンバーばかり増えて寂しいし，何だかイライラするけど，大丈夫ですよ。心配いりません……」
角さんは淡々と渋い表情で語った 5 。

私は，今回のグループにサブリーダー役として一緒に入る臨床心理士の開原心理士に，今日のメンバーでは特に角さんと西さんを注視してほしいこと，何かあればフォローをお願いしたい旨を伝えた 6 。

「そうですね。今日は通所開始したばかりの西さんがいますものね。それに，最近の角さんのイライラした様子はちょっと気になります。私も気をつけて見ていきます 7 」と返答してくれた。
「とはいっても，角さんと西さんにだけ着目するのではなく，メンバー全員の動きと全体の関係性を見ながら角さんや西さんをフォローしていく体制をつくっていきましょう。このプログラムが角さんと西さんの距離が近づく機会になればいいですね」と言うと，開原心理士は「そうですね」と笑顔でうなずいてくれた 8 。

▶集団療法室

メンバーが集まる。

プログラム開始5分前。今日のフリートーキングに参加するメンバー6名が「集団療法室」と呼ばれるデイケア内の

と話していたので，いい機会と思いこのプログラムへの参加を勧めた。西さんは乱暴な言葉遣いをする角さんが苦手であるということも話していた。角さんは最近イライラしていることが多い。復職を目指す若い利用者が増えたこと，角さんと同じような無職で再就職を目指していた数名の利用者の就職先が決まり，角さんが一方的に孤独感と焦りを感じているように思われる。何かあったら逆にグループや個人が成長できるチャンスととらえて対応していこう。

3 参加者の中で少し気になる角さんと西さんにはプログラム前に声かけしよう。ただでさえコミュニケーションが苦手で，さらに角さんがプログラムに参加することに気がついた西さんの不安は強いはず。職場復帰のためには人と会話する練習をしなければいけないと思い頑張ろうとしているだろう。声をかけて西さんを安心させたい。

4 西さんは無理をして笑顔をつくっているように見える。緊張しているのは間違いないが，無理をしてでも自分のために頑張ろうと思って参加を決意したのだろう。それはそれで西さんにとって必要なことだけれど，通所を始めたばかりだし無理だけはしてほしくない。こんなにも頑張ろうとしている姿を見るとよりいっそう応援したい気持ちになる。

5 一方の角さんは努めて抑えようとしている印象を受ける。デイケア内でたまに起こしてしまうトラブル（喧嘩）は何らかの原因（意味）があってのことで，理由なくトラブルを起こしているわけではない。今日は角さん以外の参加者はみんな休職中の方なので，復職の話題になることは避けられないと思うけど，角さんも再就職に向けて頑張っているところだし，意図的にグループを破壊するような行動に至ることはないだろう。総合的に判断すると，グループでも十分に対応していけると思う。

6 開原心理士ならこの状況を察知しているはず。角さんの言動には注意し，他メンバーへの必要以上の干渉があった際にはこちらで何らかのアプローチをしていきたい。また，西さんが不安に思う気持ちを最大限フォローしたい。グループで何か問題が生じたなら，グループで解決していくことが望ましいし，その視点でプログラムを運営していく必要がある。それらを彼と共有しよう。

7 角さんに何か特別な意図があるわけではないだろうけど，先ほどの角さんの言動から推察すると，グループ活動を妨げてしまうおそれがある。そのとき，メンバーのなかから自発的に何らかのアクションがあるのがベストだが，スタッフが介入せざるを得ない状況も考えられる。その際には介入のタイミングとその方法がカギとなる。角さんの自尊心やメンバー間の関係性にも配慮していかなければいけない。

8 うん，大丈夫そうだ。今日のグループのパートナーが彼でよかった。物静かな開原心理士だけど，今日の参加メンバーの性格や人柄を考えると，みんなとの相性もよさそうだ。

9 西さんの表情はさっきより暗くなっている。角さんを意識しているのだろうか。でも，これから会社に復職しようとしているのだから，このくらいの試練は乗

小部屋に集結した。角さん，西さんもいる。西さんは緊張した面持ちで下を向いている⑨。一方で，角さんは隣に座った浜さんに何やら大きな声で話しかけている⑩。

プログラム開始の時刻となり，6名の参加メンバーは円状に配置されている椅子に腰をかけた。
私は「ここに座っていいですか？」と言って西さんの隣に⑪，開原心理士は角さんの隣に⑫椅子を持っていってそれぞれ座った。私と心理士が円のなかに入り，8名全員が着席した⑬。

▶グループワークの開始

「それでは皆さん，本日のフリートーキングを始めます」司会進行役の私が開始の挨拶をし，プログラムがスタートした。
「今日も話し合いのテーマは特に設けておりませんので，皆さんでお決めいただければと思います。いつもなら，早速ここからディスカッションに入りますが，今日は初めて参加されるメンバーもいらっしゃいますので，先にウォーミングアップをしてから始めることにします⑭」と言って，まずはウォーミングアップを行うことにした。
「皆さん，ここはデイケアといっても通常の精神科デイケアとは違ってリワークデイケアです。ウォーミングアップといっても，それなりの負荷をかけますので，コミュニケーションの訓練と思って覚悟してくださいね⑮」

「それでは，最初のウォーミングアップとして，"1分間トーキング"を行います。私がこのストップウォッチで1分間を測りますので，皆さんは頭のなかの時計を使って1分を意識してください。その限られた時間のなかで今から選んでいただくお題の解説をしていただきます。なるべく1分で話を完結させるように，自分の話を1分間にまとめてください⑯。これはプレゼンテーション能力を養う訓練です。自分の考えを短時間でまとめ，みんなにわかりやすく説明する練習です。これはとっても難しいので，失敗を恐れずチャレンジしてみてください。言葉は丁寧にゆっ

り越えてほしい。対人スキルを身につける練習だと思って頑張ってほしい。西さん自身もそのことをよくわかっているからこそ、このプログラムに参加しているに違いない。その強い意思には敬意を払いたい。

10　角さんのテンションは明らかにいつもより高い。気分が少し高揚しているようで、苛立ちも見られる。いつもより口数が多いし、声も大きい。身振り手振りやリアクションも派手だし、周囲に対する気遣いもできていない。応対している浜さんも困っているようだ。

11　西さんの隣には私が座ったほうがいいだろう。何かあったらすぐにフォローできるし、西さんもスタッフが隣にいてくれたほうが安心できると思う。

12　開原心理士は西さんの顔が見やすい正面の位置、かつ角さんの隣にちゃんと座った。さすがだ。今日のプログラムで彼とのアイコンタクトによるコミュニケーションは重要な位置を占めることになるかもしれないぞ。

13　他のみんなはいつものプログラムのときと変わらない定位置だ。座る場所や位置に不自然さは感じない。西さんの隣には仲のよい中さんが座っている。角さんの隣に座った浜さんの表情は少し固く緊張しているように見える。浜さんは角さんとの付き合いも長く、最近の角さんの苛立った様子から変化を察知しているのかもしれない。グループ全体の雰囲気は「重たい」と感じる。何人かのメンバーの緊張が自然と他のメンバーへ伝染し、グループの緊張度が高くなっているのだろう。

14　グループの緊張度が高いことは明らかなので、今日はウォーミングアップから入ろう。少しでもメンバー間の緊張を和らげることが必要だ。

15　やや強めに負荷をかけてみよう。アイスブレイクで行うような内容とは違うことを実施し、ウォーミングアップの場もコミュニケーションの訓練の一環であるということを意識してもらおう。復職や再就職を目指している人たちのグループなのだから、それくらいは大丈夫だろうし、これくらいのスキルはみんな有しているはずだ。

16　何かのテーマを1分という短い時間で理路整然と話すことはとても難しい。高度なプレゼンテーション能力が求められる。でも、ここは失敗してもいい場なので思い切って挑戦してほしい。

観察と逐語

くりハキハキと話すことを心がけ，また短過ぎず長過ぎず60秒で語り終わることを意識してください。それでは，順番は私の右隣の楠さんから反時計回りでいいですか？」
特に意見がなかったので，私の右隣に座った楠さんから話してもらうことにした⒄。テーマにはあらかじめ番号が振ってある。楠さんから順番に番号を選んでもらい，その番号のテーマを1分間で発言してもらうことにした。話す順番とそれぞれのテーマ⒅は，このようになった。
・楠さん＝日本ってどんな国？
・沖さん＝これから挑戦してみたいことは？
・角さん＝携帯電話ってどうして便利なの？
・浜さん＝自分を動物に例えると？
・中さん＝子どもの頃に好きだったことは？
・西さん＝好きな季節とその理由は？

▶ウォーミングアップ
"1分間トーキング"を行う。

それぞれ1分間の時間を使い，担当のテーマを見事に話し切っていった。
楠さんは1分2秒というほぼぴったりの時間で，四季や和食文化を織り交ぜながら日本を的確に表現していた⒆。
沖さんは，50秒という少し足りない時間ながらも，これから海外旅行に行ってみたいという自分の夢を熱く語っていた。
角さんは，2分近く話すというオーバータイムで携帯電話の魅力を語った。携帯はツイッターやフェイスブックなどのSNSを使って社会に対する日頃の愚痴や不満を書き込めるから，ストレス解消のツールとして便利⒇だと話していた。
浜さんは，45秒という短い時間ながらも，自分を動物に例えると犬であると語り，理由として，自分は飼い主に従順で人の言うことを何でもすぐに受け入れてしまう傾向があるからと語った㉑。真面目で大人しい浜さんらしい発言で，メンバー間には笑顔が見られた。
中さんは，1分10秒という少しのオーバータイムで，子どもの頃に好きだったこととして，外ではゴム跳びやかくれんぼなどの遊び，家の中ではおはじき，おてだま，あやとりで遊んだ経験を話してくれた㉒。トーク終了後に年齢の若いメンバーから，どんな遊びなの？と質問が出るなど関心を集めた。
最後は西さんで，55秒という楠さんに次ぐ1分ちょうどに近い時間だった。西さんは，春が一番好きな季節と話し，きれいな桜を見ていると心が落ち着くからとその理由を語った㉓。
「皆さん，ありがとうございました。それぞれ上手なプレゼンテーションでした。コミュニケーション能力の高いメ

第3章 機をとらえた働きかけにおける思考過程

[17] 楠さんはちょっと変わった性格の持ち主だが，とても頭のいい方だ。こういった発言の先頭を任せても，いつも期待に応えてくれる。グループ活動では頼りになる存在だ。楠さんから順番に回していけば，最後が西さんになるので，西さんの緊張も少しはほぐれるかもしれない。

[18] 無難なテーマ設定だろう。そんなに難しそうなテーマではないし，順番が後ろの人はそれまでに考える時間もたっぷりある。角さん，西さんのテーマも答えやすいだろう。テーマが決まったときは「えー」とか「う〜ん」とか反応はいろいろあったけど，みんなに笑顔が見られている。雰囲気づくりとしてもよいウォーミングアップになるだろう。

[19] 楠さんはやはり話が上手だ。的確にわかりやすく「日本」を表現している。わずか1分間のなかに四季の話を入れてきたのは，西さんが最後に四季の話をすることを意識してのことだろうか。緊張しているであろう西さんへの配慮だろうか。それとも，テーマの中に季節という言葉が出ていたため，思いついて話したのだろうか。いずれにしても，西さんの表情が少し和らいだのがよかった。でも，角さんの表情は少し硬いままだ。

[20] 角さんは2分近くも話してしまった。話すスピードも速く，聞き取りにくい。いつもの角さんの話し方とは少し違う。内容も過激だ。社会の不満や愚痴を書き込めるから携帯電話は便利との発想は，TPOを考えた場合にはふさわしい発言ではなく，少し独善的な思考が垣間見える。だいぶ解けてきたグループの緊張もまた少し強くなってしまった印象だ。やはり今日は角さんの言動には注意しないと。ただ，礼節は保たれている部分もある。そもそも角さんはぶっきらぼうな性格ではあるけど，新しい通所メンバーに積極的に話しかけたり，プログラムに誘ったりなど，人を気遣うことのできる一面をもっている。グループ活動の意味もわかっているだろうし，ここで何か事を起こすようなことはないだろう。

[21] 浜さんらしい心温まるトークである。時間は短かったものの，ゆっくりした口調で穏やかに，自分の性格を的確にとらえている。角さんの発言でピリピリした空気を一気にほんわかした雰囲気に変えてくれた。浜さんのよさをまた一つ発見した気がする。

[22] 中さんも丁寧で柔らかい言い方で語ってくれた。それにグループの最年長であることを自覚してか，みんなに語りかけるような口調で話している。話題もジェネレーションギャップに触れる単語が飛び出し，終わった後に浜さんや楠さんが食いついている。そのやり取りを通して，場がさらに温まっている。中さんもグループでの自分の役割を見出しているようだ。

[23] 落ち着いてはいるが，声が少し小さい。自信のない様子が見て取れる。でも，場が温まっていたからか，さほど緊張感なく話せていたようだ。今日は角さんと西さん個人の成長が期待できるかもしれない。メンバー全員が角さんに対する何らかの意識をもっているように感じるし，角さん自身もそんな各メンバーの変化を感じ取っている気がする。自分の調子が上向きであることを自覚して

観察と逐語

ンバーが揃ったグループであると感じました。どうでしょう，少しはリラックスできましたか？　それでは，早速フリートーキングに移りましょう」と各メンバーの発言をねぎらい，次のセッションへと進めた。

▶ルールの説明

はじめに，フリートークのルールを説明した 24 。
「最初にこのプログラムのルールだけお伝えしておきます。フリートーキングのルールは，①政治・宗教色の濃い話はしないこと。②メンバーへの不当な攻撃・批判等はしないこと。③パスはいつでもできること。④人の話を遮らず，相手の話を最後まで聴くこと。⑤ここで話された内容は，デイケア外では他言しないこと，です。これらのルールを守るよう，ご協力をお願いいたします」

「それでは，まずは今日の題材について，テーマ選定を皆さんにお任せします 25 ので，自由に話し合ってみてください。よろしくお願いいたします」

そう私が話し終えると，いきなり角さんが口火を切った。「今日は障害者雇用について話しませんか？　興味があるんですよね 26 」と，大きな声で障害者雇用についての話をしたいと切り出した。
すると，楠さんが「いいですね。障害者雇用や法定雇用率については私も関心があります。今日はそれについて話しましょう」と同意した。
沖さんも続いた。「私も賛成です。私は障害者雇用の枠ではないところでの復職を目指していますが，我々リワークデイケアにとっては重要なテーマですしね」
他のメンバーからも，うんうんとうなずいている様子がうかがえた 27 。

「わかりました。皆さんの関心が高いテーマのようですね。それでは，一つ目は障害者雇用について話をしましょう。時間は90分以上ありますので，他にもいくつかテーマを決めておこうと思います。他に話したいテーマはありますでしょうか？ 28 」

その投げかけに応える声はなく，しばらくの間沈黙が続いた。痺れを切らした開原心理士が物言いたそうな表情でアイコンタクトを使い，何かを訴えかけてきたのがわかった

第3章　機をとらえた働きかけにおける思考過程

いるなかで，メンバーと相互に影響を与え合うこの状況下では，角さんの変化や人としての成長も期待できるかもしれない。もちろん，角さんと西さん以外のメンバーの変化も追っていきたい。これで全員の話が終わった。メンバーの緊張も少しとれたようだ。ウォーミングアップ兼コミュニケーショントレーニングとしては成功といっていいだろう。

[24] フリートークはテーマ設定を設けない自由なディスカッションだけど，ルールの確認は毎回したほうがいい。反復して伝えることでルールを自然に覚えていただけるし，今日は特に角さんの状態を考えると，このルールを事前に確認したほうがいい。ただ，強調しすぎてしまうと角さんへの当てつけのように思われてしまうので，自然に話すことを心がけよう。

[25] メンバーに「任せる」とは言ったものの，このグループはセルフヘルプグループではない。自分のなかでしっかり区別しなくてはいけない。グループワークの運営の主体はスタッフであり，セルフヘルプグループとは明確に異なる。メンバーの自発性に期待しつつも，スタッフはグループの一員であり，グループワーカーとしての態度を忘れないようにしよう。

[26] 角さんからの話題提供か。障害者雇用はみんなの関心テーマであるとは思うけど，角さんがいきなりこの話題を出すのは何か意図がありそうだ。角さんは以前に何度か就労経験があるが，どこも長続きせず，働くということに対してよい思い出をもっていなかったはず。今は休職中ではなく無職，再就職を目指しているけれど，障害者雇用に興味があって自分でいろいろと調べているのだろうか。どんなことを話したいのだろう。

[27] 障害者雇用についてみんな興味をもっているようだし，リワークデイケアのグループで展開される話題としても悪くない。角さんからの提案でもあるし，グループのメンバーが納得しているのであれば，異論の余地はない。ただ，このテーマだけでこれからの90分程度の時間を費やせるかはわからないので，はじめにもう一つくらいテーマを用意していただこうか。

[28] 一つのテーマで話はそんなに長くはもたないし，角さん以外にも話したいことがあってプログラムに参加したメンバーもいるはずだ。最初に角さんが意見を出したから，後からは意見を言いにくいと思われては困る。先ほど角さんが発言したとき，他のメンバーの反応や表情，うなずきの仕方や首の傾き具合からは西さんと中さんは何か言いたそうだった。角さんに遠慮して発言しにくい雰囲気があるのなら，スタッフが介入して流れを変えよう。西さんや中さんには自然な形で意見を求めてみるか。

[29] グループでの沈黙は正直気まずい。でも，沈黙のうちで最もやっかいなのは，「皆が考えることを放棄した結果として起きている沈黙」だろう。今はみんな必死に考えて，場の空気を一生懸命に読んでいる。ここで生じている沈黙は悪いこ

が，あえて待つことにした 29 。

数十秒後，中さんがゆっくりと口を開いた。「あの〜，このプログラム，西さんが初参加なので西さんが話したいと思っているテーマも取り上げませんか？」と自信のなさそうな細い声で発言した 30 。
私は，「中さんがこのように言ってくれていますが，西さんはいかがですか？」とグループメンバーからの一つの意見であることを強調したうえで西さんに質問を投げかけた 31 。
西さんは，申し訳なさそうな表情で遠慮しがちな態度を見せながら，「もし時間があればということでかまわないのですが，私は皆さんにこのデイケアに通っている目的や将来の目標などを聴いてみたかったです」と発言した。

私は，「どうしてそのようなことを聴きたいと思ったのですか？」と西さんに質問した 32 。
西さんは，「私自身，最近このリワークデイケアに通い始めました。私はこれまで，ある会社の総務課で働いていました。食品関連の会社です。そこで，上司や同僚にいろいろな嫌がらせを受けて，うつ病を患いました。あっという間に仕事に行けなくなってしまったのです。それから休職願いを出し，6か月の休職が認められました。私は今，半年以内に復職しなければならないというプレッシャーと闘っています」と話し，こう続けた。

「そんな折，友人からリワークデイケアというものがあることを聞き，ここに通うことを決めました。ここでは私のような休職中の方々が多くいて，頑張っていると聞きました。皆さんのここでの体験や復職へのモチベーションを聞くことで私自身の励みになると思ったのです」と西さんは堂々と語ってくれた 33 。
私は西さんに視線を合わせながら，大きなうなずきをもって相槌を返した。同時に他のメンバー一人ひとりの表情や態度をじっくり観察した 34 。角さんの豹変した様子と，角さん以外のメンバーの大きな共感を瞬時に感じ取り，この話題を先に取り上げるべきかどうか悩んだ 35 。

とではない。今は時間をかけなければいけない場面だし、この状況を助けてくれる人が必ずいるということを信じることがグループワークでは大切だ。

30 中さんは西さんのことを気遣っている。そして、この沈黙のなかで発言してくれた中さんは勇気をもっている。西さんのよき理解者であり、デイケア内でもそうだが、このグループのなかでも西さんの味方になってくれている。西さんも心強いだろう。角さん以外の他のメンバーの表情も明るい。中さんの意見に共感していることは明らかだ。しかし、この発言を受けて角さんの表情が少し曇った気がする。時間は十分にあるが、自分の話したいテーマ以外の話題がもち上がり、皆がそれに同調した雰囲気になったのが面白くなかったのだろうか。

31 この場面では角さんへの配慮が必要だ。スタッフが初参加の西さんをひいきするような物言いでは角さんは納得しないだろう。あくまでもメンバーからの意見であり、このグループはメンバーの意思を尊重して動いているということを、角さんにも他のメンバーにも知ってもらったほうがいい。その意味では、中さんは絶妙のタイミングで素晴らしい発言をしてくれた。

32 西さんの意見は、みんなのプライバシーに直結する話題になる可能性がある。パスができるルールがあるとはいえ、今日はその場の空気や雰囲気を読むことに長けているメンバーが多い。本当は話したくないことも言わざるを得ないという半強制的な場の流れに後押しされて話してしまうことも考えられる。西さんがそのことに興味をもった背景やその理由を明確に問うことは必要だろう。それについて、メンバーからまた別の意見が出てくるかもしれない。

33 最初は自信なさそうに小さな声で話していたけれど、今の発言は堂々として、表情も豊かだ。中さんがバックアップしていること、他のメンバーが受容的態度を示したことを西さんも感じて頼もしく思っているに違いない。テーマも、このリワークのグループで取り上げるものとして適切だ。個人情報の問題をどこまで意識化していくか、過去のネガティブな体験をどこまで掘り下げて語ってもらうかには注意を要するが、このテーマはみんなの関心も高いと思われる。

34 視線の配り方は重要な専門的技能の一つである。ワーカー自身の視線を発言者や他のメンバーに向けることは、メンバー全員に話しかけているというメッセージを送ることになり、また発言しているメンバーにはしっかりと聴いているということを伝えるメッセージになる。うなずきや相槌などの反応を場や状況に応じて伝えていくことはグループワークには有効だろう。

35 角さんの表情が無表情に変わった。固いでもない、険しいでもない、突如として変容した角さんの能面のような表情からは、その感情が読み取りづらくなってしまった。開原心理士も角さんの微妙な変化を感じ取ったのか、困惑した表情をしている。この角さんの変化はきっとメンバーそれぞれが感じている。ここではこのグループの葛藤を取り上げて、メンバー間で共有することが重要だ。ここはあえてメンバーの反応に委ねてみよう。

観察と逐語

▶共通の関心事
関心の高いテーマが登場。

「皆さん，今，西さんが話してくださった内容は理解できましたでしょうか。西さんが言いたかったことは伝わりましたか？」と笑顔で他のメンバーに投げかけた 36 。
案の定，最初に中さんが発言した。「西さんの話ですけど，私もすごく興味があります。みんなのデイケア通所の意図や今後の目標など聴いてみたいです。そういえば，あんまりこういうことって他で話したことなかったですものね」と関心の高さをのぞかせた 37 。
続いて，楠さんが口を開いた。「確かに，面白そうな話ですけど，通所の目的なんてみんな一緒じゃないですか。ここはリワークデイケアなんだし。就労に共通した目的があるからここにいるのではないのですか 38 。まあ，僕は就職とかじゃなくてもみんなの趣味とか特技とか何でも話し合えればいいですけどね」と楠さんは，もっともらしい論理を展開しながらも，中さんとはまたニュアンスの異なる発言をした 39 。
次いで沖さんが話し始めた。「いいではないですか。私も皆さんの就労経験やその意識について興味がありますわ。それに，私は一流企業に勤めていますから，私の経験が皆さんのお役に立てるのであれば何でも話しますわよ」と，西さんの意見を肯定するかのようで，その実，自分の存在をアピールするような口ぶりで語った 40 。

私は，最初に西さんのテーマを取り上げてよいかどうかをメンバーに尋ねようとしたそのとき，開原心理士が再びこちらに何かを訴えようとしていることに気がついた 41 。
角さんのことであろうと察知し，凝視しないよう注意しながら角さんの表情に着目した 42 。
角さんの変化を感じた私は，何らかの対応をしようと思った矢先，「あの～」と今度は浜さんが話し始めた。
「僕も皆さんの復職への道筋みたいなものを参考までに聴いてみたいです。僕は働いてまもなく病気になって，たいした就労経験も積んでないまま今に至ります。よかったら皆さんの豊富な就労体験を聞かせ……」

▶グループ内で葛藤が生じる

浜さんの話が終わらないうちに，「みんなちょっと待てよ！」と角さんが声を荒げた 43 。
角さんは，「さっきから我慢して聞いていればみんなで好き勝手言いやがって。そもそも全員が休職中であることを前提に話を進めているが，俺は無職だ。これは俺に対する当て付けか？　俺だけが無職だからってこんな話しているのか！」と，激しい口調でまくし立てた。
角さんの視線は西さんをとらえてしまっている 44 。

[36] グループワークではワーカーの感情面の表出も大切になる。常に共感的な対応が求められるが、西さんの発言を他のメンバーがどう受け止めたかを確認する作業も重要だ。ここではワーカーは反射板の役割をもつ必要があり、西さんの話を傾聴しつつも周囲のメンバーの存在を意識することを忘れてはいけない。発言の要点がわかりにくければ西さんに補足を求め、「繰り返し」の技法を用いて他のメンバーに投げかけることも必要だが、今の西さんの表現はわかりやすかったと思う。

[37] やはり、西さんの意見に真っ先に同調したのは中さんだ。西さんの発言の後に中さんがバックアップするという構図ができあがっている。中さんの言う通り、この手の話題はグループワークであまり取り上げたことはなかった。これがよいきっかけになってくれれば御の字である。

[38] 確かに就労という目的では一致しているかもしれない。角さんも「求職中」で就職活動中であるという意味では、みんなと同じように就労という共通のテーマを有している。

[39] なるほど。言われてみれば正しいようにも聞こえるが、リワークといってもその問題意識や参加目的、個々のモチベーションなどは三者三様である。今の発言が不適切とは言えないけれど、西さんは自分の考えを否定された気持ちになっていないだろうか。私から何かフォローするような発言をしたほうがいいだろうか。それとも、もう少し他のメンバーの意見を待ってみるのがいいか。

[40] そういう角度から話されるか。西さんの意見を後押ししているようにも聞こえるけど、沖さんは自分のプライドと一流企業に勤めている自負を示したいようにも感じる。みんなの反応が気になるところだが、慣れているからなのか、今のところ全員に大したリアクションは起きていないようだ。

[41] 開原心理士がアイコンタクトでこちらに何かを訴えようとしている。表情は深刻そうだ。角さんのことだろうか。目配せの印象からは、角さんに注意を向けるように訴えかけている気がする。よし、角さんの様子を観察してみるか。ん？角さんの様子が……。

[42] 角さんの様子がおかしい。顔こそ変化なく平然を装っているが、明らかにソワソワしている態度がうかがえる。足元に注目すると、貧乏ゆすりが止まらなくなってきている。開原心理士は角さんの隣に座っていたので、足元の変化にすぐに気づけたのだろう。私は表情ばかりを目で追っていて、この些細な角さんの変化に気づけなかった。

[43] 角さんへ介入しようとするタイミングで浜さんが話し始めてしまった。そして、浜さんの話を途中で遮って、角さんが声を荒げ割って入ってきた。角さんの表情が一気に険しくなり、浜さんも驚いた表情をしている。他のメンバーも例外なく不安そうな表情に変わってしまった。角さんは何を言い出すのだろうか。

[44] 角さん、いきなりどうしたのだろう。何だか被害的に受け取ってしまっている。角さんの話題を無視したから怒っているのだろうか。角さんだけが無職であることはわかっていたけど、角さんだって現在は再就職に向けて準備している段階だ。この無職と休職中の状態の違い、再就職と復職というゴールの相違は私

「角さん，これは就労体験の話を聴いてみたいという意見であって，休職中だからとか，無職だから話せないとかそういうことではないのですよ。障害者雇用の話も皆さん忘れてないと思いますよ。それに，角さん。どんな理由であれ浜さんの話を途中で遮るのはルール違反ですよ」と，<u>私はメンバーをフォローする発言をした後，ルールを破った角さんをたしなめた</u> 45 。

角さんは，「そこの女が休職中の人がここに通っている目的を知りたいとか，復職するためにはどうしたらいいか聞きたいとか言い出したんだろ。なんだ，ここには休職中の人しか通ってはいけないって言っているのか。俺はこのプログラムに参加するなって言っているのかよ！」と，<u>明らかに西さんに向かって，その鋭く冷たい乱暴な言葉を怒鳴るように投げかけた</u> 46 。

案の定，西さんの表情はみるみる固まってしまい，不安と恐怖でかすかに震え出してしまった。西さんの目からはポロポロと大粒の涙がこぼれ落ちた。<u>他のメンバーも驚きを隠せず動揺してしまっている</u> 47 。
そして，<u>他のメンバーらは皆一様に私のほうを見ている</u> 48 。
しかし私は，<u>黙ってメンバーを見渡した</u> 49 。

私は，「角さんの主張について，皆さんには角さんが言いたかったことは伝わりましたか？」と，丁寧にゆっくり笑顔でメンバーに語りかけた。

が思っていた以上に角さんには大きな負い目を感じさせてしまっていたのだ。角さんの気持ちはわかる。私の配慮が完全に欠けていた。でも，どうしてその矛先が西さんに向かってしまうのだろうか。

45 ルール違反した角さんには毅然とした対応をしなければいけない。激昂している角さんにきちんと伝わるかどうかは別にして，他のメンバーもいる以上，そこは適切に介入しないとグループが崩壊してしまう。それにしても，このトラブルの発端はどこにあったのか。メンバーの発言を振り返ると……西さんか。最初に西さんが復職や休職というキーワードを出し，デイケアへ通う目的や働くことへの動機を聞きたいと言っていた。角さんだって働きたいという目的はあるはずなのに，これは私の角さんへの配慮が足りないことが招いた事態だろう。

46 私の注意はあまり響かない。それほどまでに感情を露わにしている。話をしているうちに，自分でも収拾がつかなくなってしまったのだろう。しかも，よりによってその怒りの矛先がすべて西さんに向いてしまっている。西さんの様子はどうだ，これはどうすべきか。強引に介入すべきか，緊急事態ととらえて一度グループワークを止めるべきか。それとも，グループで起きている問題なのでグループの力を信じてグループで解決する方向へ導いていくのか。いろいろな選択肢が脳裏をよぎる……。

47 西さんの表情は不安で埋め尽くされている。そして，やはり泣いてしまった。グループ内でメンバーの一人が泣き出す。これはグループの危機的状況と判断すべきだろうか。他のメンバーの反応はどうだろう。楠さんだけが涼しい顔をしているが，それ以外は一様にびっくりしている。この驚愕の表情の背景には，西さんが悪いわけではないのにどうして？という思い，あるいは角さんの怒りの原因に対して，憤りというよりまだ事態を呑み込めていないという不明さがあるのだろう。さて，西さんをどのようにフォローしようか。

48 メンバーは一刻も早いスタッフの介入を望んでいる。この状況はグループワークを一時中断し，個別で角さんを部屋に呼んで話を聴くという方法が第一に考えられる。しかし，その方法だと角さんが悪者という構図になってしまい，スタッフが強制力をもって角さんをグループから排除したように取れてしまう。そうなれば，角さんは二度とこのグループに，そしてこのプログラムには参加しなくなってしまうだろう。それは，グループがグループであることの意味を成さない。

49 グループのメンバーは，スタッフにこの問題解決を委ねてきている。ここでスタッフが全面的に介入してしまっては，グループの成長は見込めない。個人が成長するせっかくの機会も妨げてしまう。この問題は角さんや西さんという個人間の問題ではない。「グループで起きている問題」として扱ってみよう。西さんのフォローはきっとメンバーがしてくれるはずだ。メンバーとその力動を信じてみよう。開原心理士もきっとそのように考えているはずだ。

50 角さんの主張をみんなでわかち合う方向性への介入を図ってみよう。角さんを排除するのは簡単だ。でも，角さんの言い分を丁寧にひも解き，思いをみんなで受け止めて共有し，乱暴な言葉でしか言い表せない今の自分の不器用さに気

西さんを始めとする他のメンバーはもちろん，角さんさえも不思議そうな顔で私を見ている 50 。

私はたたみかけるように，「角さん，落ち着いて聴いてくださいね。角さんの主張をみんなできちんと理解していきたいと思うのです。それはきっと西さんも望んでいることだと思いますよ」と言い，角さんの目を見て，落ち着いて語りかけた 51 。

まもなくして，中さんが角さんに話しかけた。
「角さん？ 西さんは休職中とか関係なく，みんなの就労経験やデイケアへ通所する目的を聴いてみたいって言っただけですよ。角さんの意見も聴いてみたいって。私も角さんのこれまでの就労経験やそこでの苦労話など聴いてみたいわ。たくさん苦労してきたのですよね？」とやさしい口調で語りかけた 52 。
この発言を受けて，角さんの表情が少し軟化していく様子が手に取るようにわかった 53 。
続いて，沖さんが「そうよ，角さん。私だって一流企業に勤めているって言ったけど，今はみんなと同じで病気で働けていないの。そういう意味では，復職を目指している人も，再就職を目指して頑張っている人もみんな同じよ」と角さんに語りかけた。楠さんと浜さんは，この中さんと沖さんの発言に対して大きくうなずいた 54 。

暫しの間，沈黙が続いた後，角さんは呆気に取られたような表情で，「俺は，何となくこの場にいてはいけないような気がして……。休職者だけの集まりであるかのような論調で話が進んでいたから，俺は無職で再就職先を探している身分だし。みんなとは違うと思ってよ……」
角さんの口調にはしんみりした響きがこもっていた 55 。

▶プログラム終盤
事態が収束へ向かう。

「皆さん，いろいろなご意見をありがとうございました。角さんの意図をみんなで理解することができたのではないかと思います。とっても貴重なご意見でしたよね。復職と再就職，似ているようで異なる両者の意味やリワークデイケアそのものの意義を考えるよいきっかけになったかもしれません。角さんの問題提起があったから私はそのことに

づいてもらいたい。この場面では，グループダイナミクスを有効に使うことが求められている。他のメンバーの希望とは正反対の試みかもしれないけど，ここは角さんも西さんも他のメンバーも成長できる可能性を秘めたチャンスの場面であるととらえたほうがいい。グループワークの一番の醍醐味は，グループでの問題をグループで解決できたときに得られる個々人の成長だ。

[51] さっきの角さんは，カッと頭に血が上って咄嗟の勢いでなすがまま自己主張を展開したのだと思う。確かに最近の角さんはデイケア内での孤立感からイライラしているようだったけど，本来の角さんはやさしくて思いやりのある一面ももっている。常識のない方では決してない。グループの中での自分の立ち位置，役割，上下関係というものもきちんと見分けることができる。きちんと冷静に話せば理解してくれると思うし，そのような態度をスタッフが取り続けていくことで，角さんも他のメンバーもグループの効果や利点というものをわかってくれると信じたい。

[52] 中さんは西さんに対してだけでなく，誰にでもやさしい気遣いができる方である。西さんを庇いつつ，角さんのフォローにも回ろうとするなんて，グループの中で自分が一番年配であるという自覚があるのだろう。この言葉に西さんも角さんも救われることになるかもしれない。

[53] 角さんの表情が弱々しくなった。さっきまでの炎火がメンバーの言葉によって鎮火していく様子が手に取るようにわかる。勢いで啖呵を切ったものの，冷静かつ笑顔というスタッフの態度とメンバーのやさしい声かけという正反対の対応に拍子抜けしてしまったかのようだ。

[54] 沖さんも意見を述べてくれた。言葉こそ発しなかったが，楠さんと浜さんはわかりやすい態度を表明することで沖さんに同調してくれた。みんなで西さんを守ろう，角さんを仲間として迎え入れようという意識が働いているように感じる。そのことをきっと角さんも西さんも感じ取っているに違いない。

[55] 思った通りだ。角さんは何かの腹いせにメンバーに嫌がらせをしようとか，グループを壊してやろうとか考えていたわけではない。漠然とした病状の不安定さやデイケア内でのメンバー構成の変化による孤独感や苛立ちを自分でも感じていて，納得のいかないことに対して自己主張をしたに過ぎなかった。その方法や言い方を間違ってしまっただけだ。ここでスタッフが一方的に角さんを排除しなくてよかった。メンバーの力，グループの力を信じてよかった。危うく大切なメンバーを一人失ってしまうところだった。

[56] 角さんは，グループを破壊してしまいそうな態度を取ったけれど，結果的にはグループがまとまりを見せるきっかけをつくってくれた。みんなに休職や復職，再就職というものを考える動機を与えてもくれた。私自身もこの違いを深く認識できていなかった甘さに気づくことができた。このことに対して角さんに感謝の言葉を述べ，グループ内で角さんの自尊心が傷つくことなく，またメンバーと角さんの関係性がよりよいものへと進展できるよう配慮しておこう。角さん

気づきました。私は角さんに感謝したいと思います。角さん，ありがとうございました」と，感謝の意を述べた 56 。
角さんは恥ずかしそうな表情を浮かべた。

続けて，「最初にそのような問題提起をしてくださった西さんもありがとうございました。西さんのご意見は，リワークデイケアにとって非常に重要な話題提供なのだと感じました 57 。実際に皆さんの力で建設的な議論に発展させていきましたしね。私はこのグループがとってもよいグループだと感じました。後半のディスカッションも楽しみです」と，角さんと西さんをフォローすると同時に，さりげなく前半終了の合図をメンバーらに送った 58 。

私は時計を確認し，「そろそろいい時間となってきていますので，ここで一度休憩を取りたいと思います。いつもの休憩時間は10分ですが，今日は皆さん疲れたと思いますので，20分間の休憩時間にしたいと思います。後半は，まずは角さんが提案してくださった障害者雇用について話を進めていきましょう 59 。休憩時間を利用して，それぞれで考えておいてくださいね」と話し，休憩に入った。休憩時間は，その間に交わされるメンバー同士のコミュニケーションや立ち振る舞いにさりげなく目を注ぐことにした 60 。

はみんなに見捨てられなかったという感覚をもて，その感覚が力となって今後はグループやデイケア内での立ち位置が変容するかもしれない。もちろん，メンバー同士の支えがあったから成立したわけで，そのことの総括をスタッフから伝えることはグループにとって大切な作業である。

[57] 西さんはみんなに守られているという感覚を得てくれただろうか。それが今後の自信につながればいいのだけれど。今日はちょっと怖い思いをしてしまったかもしれないけど，自分を支えてくれる仲間の存在と，苦手だった角さんが変容していく様子を目の当たりにしたことで，西さんの何らかの心境の変化や成長につながっていけばいいと思う。

[58] そろそろいい時間になってきたし，ここで一区切りとして休憩に入ろう。メンバーからも疲労感が漂ってきている。グループ終了後には，角さんと西さん，それぞれ個別で面接をしようかな。後半でどのようなグループが展開されるかはわからないけど，今のインシデントでもまだ納得していない部分もあるかもしれないし，言い足りないことを吐き出してもらう作業は重要だ。双方の言葉に個別で耳を傾け，グループワークとケースワークの両側面から彼らの問題解決能力の向上や個人としての成長のサポートに努めていこう。

[59] 後半は角さんが出してくれたテーマを先に取り上げよう。角さんへの関心を引き続きもっているというメッセージを伝えることが今の角さんには重要だ。角さんは自分が無職であることに大きなコンプレックスを抱いていること，最近デイケアで威張り散らしていたのはどこかで自分に引け目を感じていて，その反動がデイケア内での言動に表れていたことをあらためて実感した。それがわかっただけでも今日は大きな収穫である。グループワークを通して，角さんの理解がさらに深まった気がする。

[60] 休憩中には，グループワークのときは見られなかったメンバー個々の表情や態度，他のメンバーとの関係性などを見ることができる。休憩中の様子には注目しておきたい。グループ内で平然を装っていても，休憩や終了となった途端にまったく別の顔を見せることもある。今回のような何らかのインシデントが起こった後のグループでは，メンバーの動向を注視することが重要である。角さんと西さんには特に着目していこう。

❖ 解説 ❖

集団活動にPSWも参与観察しながらアセスメントしたり，各利用者の支援課題にも働きかけることで，「グループ」を有効活用します。

◆個人の支援課題を意識した集団活動の活用

この事例では，海堂PSWが「フリートーキング」プログラムを活用して，特に最近イライラしトラブルを起こしがちな角さんと，通所し始めたばかりで初参加の西さんに注目して働きかけています。双極性障害の角さんに対しては，気分変動の大きさに対する自覚を促して自己コントロールできるような社会性を習得することを支援課題とし，職場での人間関係をきっかけにうつ病を発症した西さんに対しては，苦手意識をもつ対人コミュニケーションのトレーニングとしてグループの活用を応援しようとしています。

さらにこの両者間で，グループ参加をきっかけにして理解しあったり人間関係を築いてほしいとも考えています。精神疾患や障害を抱えながらもグループという小さな社会を体験すること，つまり葛藤や苦手意識からも避けずに対処できる力量の習得を目指すという支援課題を意図しているのです。

◆グループワークの構造化とリーダーシップ

グループワークはセルフヘルプグループとは違って支援技法の一つとして一定の構造をつくりスタッフが介在して展開します。海堂PSWは，復職や再就職を目指す利用者を対象としたリワークデイケアという特徴から，「就労」を意識したグループワークの構造をつくることから始めています。全体に目を配りながら，状況に応じて個別の支援課題を各利用者に適用する采配を振るい，トラブルも活用してグループをリードし，利用者の成長や課題解決に導いています。

◆席次を考える

各利用者の状態や特性によってグループ進行中の支援の必要度は異なり，それに応じて席次を差配することもグループをうまくリードするコツの一つです。海

堂PSWは，角さんと西さんに特に注意する必要性を考慮し，西さんの隣でサポートする姿勢を見せながら，角さんの様子が常に観察できる正面に座っています。サブリーダーの臨床心理士とは対角線の位置を取り分担して全体を見渡す構図をつくり，双方が迅速にフォローできる用意をしています。また，席次に表れる各参加者の心理的な距離感も観察しています。仲のよい者同士が隣り合って座ること，反対に普段は並んでいる者が離れて座っていれば，そこには何らかの意味が込められている可能性を考察するなどもポイントとなります。

◆利用者間の相互作用を活用する

海堂PSWは各利用者の特徴をよく把握しており，力量のある楠さんにウォーミングアップの最初の発言者を当てたり，PSWの意図を汲んだ中さんの言葉を拾って他利用者に投げかけています。このグループは，毎回参加者を募るオープン形式ですが，海堂PSWが日ごろから各利用者の特性や状況，以前グループに参加したときの様子も把握しているからこそできる働きかけです。

本事例の山場であるトラブル発生時にも海堂PSWは慌てることなく，またトラブルの原因である角さんを排除することなく，グループ参加者に判断を仰ぎ，グループの力で問題解決することを側面的に促しています。利用者の力量の的確なアセスメントに基づく信頼からくるゆとりをもってかかわっています。

◆参与観察

海堂PSWはグループの司会進行役としてリードしていますが，何から何まで指示するわけではなく，利用者の主体性に任せたり自己開示しながら一参加者としてのスタンスも表現しています。こうしたかかわり方を「参与観察」といいます。グループ全体を見渡して雰囲気をつかんだり，各利用者の言動や行動を注意深く観察し，また利用者間の動向や関係性にも目を向けています。海堂PSWが観察しているポイントは，席次の取り方，表情，話し方（口調），声のトーンやボリューム，発言内容，誰かの発言に対するリアクション内容，人間模様など実にさまざまです。

慣れないうちは進行することに精一杯で，多角的な視野をもつことは難しいですが，沈黙を恐れず，また展開をその時の空気に委ねる発想ももち，少し引いたところから俯瞰する発想をもつと少しずつ余裕がもてるようになります。

第4章 経過をふまえた支援における思考過程

　PSWのかかわりは，クライエントにとっての必要性と合わせ，所属機関の特性によっても変化します。例えば，通所や入所等により，一定期間または一日の数時間にわたって利用者が滞在する施設・機関と，相談や申請など必要な時にピンポイントでかかわる機関では，支援の組み立て方は異なります。前者では，目標に基づく支援の展開中にもクライエントや周辺の状況を時間軸で比較し，変化も把握してアセスメントし，適宜支援方法や内容を見直したり，目標についてクライエントと共に再検討することも欠かせません。一方で，必要な時だけかかわる場合は，前後の経過に関してPSWがより積極的に情報収集しないと変化を把握することは難しくなります。他にも，面接や会議等の業務の背後で，関係者からの情報収集やクライエントとの話し合いを繰り返すことも実際の仕事場面ではよくあります。
　いずれも場当たり的にならないよう，「今」がクライエントの人生にとってどのように位置づけられるかを見据え，経過のなかでの見通しを立てて支援することが求められます。さらに，クライエントを取り巻く状況や環境に着目して家族や関係者，支援者チームの動きについても把握し，共通認識に基づいて自身や所属先が果たすべき役割を担う必要があります。
　このような支援の大きなプロセスを意識した一貫性のある支援におけるPSWの着眼点を見ていきます。

第1節 一人暮らしを希望する双極性障害の長期入院の女性
本人を中心にした多職種チームのケア会議をコントロールする

事例の概要　南さん（仮名，60代女性）は双極性障害で，うつ期が長いが，躁転したときの浪費が激しく，家族に迷惑をかけたため長期入院して現在に至る。近年は，薬効で病状は安定している。ほかに，糖尿病の既往がある。

観察と逐語

▶開放病棟の奥のミーティングスペース

病棟に着くと，すでに南さんは担当PSWと共に席についており，主治医や担当看護師もちょうど着席するところである [1]。ナースステーションの奥のスペースで，昼休みには看護師が休憩に使うらしく，やや雑然としたスペースだが，南さん，担当PSW [2]，担当看護師，主治医がぐるりとテーブルを囲んでパイプ椅子に座っている。

南さんの顔色が少し悪いように見える [3]。
「こんにちは，南さん。ご気分はいかがですか？」

「こんにちは。いつもすみませんね。……昨日はあんまりよく寝られなくて……[4]」
南さんが答えると，脇から看護師が「南さん，昨日は睡眠剤を追加でもらいに来た後は，ちゃんと寝ていたみたいよ。朝も声をかけるまで起きてこなかったって夜勤の○○さんが言ってたし」と口を挟んだ [5]。

南さんは「そうなんですけどね，なんか寝つきが悪かったんですよ」とこちらに向かって説明される [6]。

第4章　経過をふまえた支援における思考過程

登場人物	●南さん…60代女性。双極性障害 ●巽さん…南さんと仲のよい元入院患者。高齢で一人暮らしの女性 ●湊さん…相談支援事業所のピアスタッフ ●担当PSW，主治医，看護師…病棟スタッフ ●白浜PSW…相談支援事業所勤務
場面	親しくしていた入院患者の退院を契機に退院希望が強まり，地域移行支援事業を利用してアパート退院を目指すこととなった。相談支援事業所のPSWの支援開始から3か月目に入り，定期モニタリング（月1回）面接の場面として，トータル4回目のケア会議。

第1節　本人を中心にした多職種チームのケア会議をコントロールする

思考過程

① 前の相談が長引いたけど，ギリギリ間に合った。本当は主治医や看護師が来る前に南さんと話をしておきたかったが，すぐ会議を始めるしかない。それにしてもこの先生はいつも時間に正確だ。言いたいことだけ言ってさっさと立ち去ってしまうけど，地域移行支援に関しては特に拒否的でもないので助かる。

② PSWは先に南さんと話をしてくれたかしら。前回のグループホーム見学の帰りは調子が上がり気味だったのが気になったし，感想を尋ねてくれたかな。この担当看護師は面倒見がよいから，きっと南さんと話しているだろうが，大袈裟なのと，最初から一人暮らしは無理だと決めてかかっているのは難点だ。

③ 顔色がすぐれないし表情も暗いような気がする。この前調子が高そうに思えたのは気のせいだったか，それとも調子が上がり，その後で落ちてきているのか。日程調整の電話ではPSWも何も言っていなかったな。とりあえず挨拶を兼ねて気分を尋ねよう。いつもだと「変わりありません」と返答されるはずだ。

④ いつもと違って「変わりない」と言わない。今日はこれまでとは様子が違うかもしれない。あまりよく眠れていないのか……どうしたんだろう。まあ，今日の会議に向けて興奮したことも考えられるけれど。

⑤ 看護師さんが口を挟んでしまったので，南さん自身の言葉があまり聞けていない。睡眠剤を追加でもらったということは寝つきが悪かったのかな。口調からは，特に調子が高そうな印象は受けない。

⑥ 状況が動き出して緊張しているのかもしれない。うつ期に入ってしまう兆候だと厄介だ。南さんは躁転すると派手だけど期間は短くて，うつが長いと聞いている。来週K市のグループホームを見学する提案をしようと思っているが，様子によってはそこまでしないほうがいいだろうか。いや，その前に前回見学

| ▶14:15
ケア会議スター
ト | 「南さん，今日もいつものように1か月の振り返りをして，今後の計画を相談する会議ですけど，大丈夫ですか？ 7 」と会議目的を説明しながら状態を再度尋ねた。 |

「大丈夫です。いつ頃退院できますか？ アパートは見つかりました？ もう，早く退院したいですよ 8 」と慌てたような，怒ったような口調になる。
「退院したい気持ちはよーくわかっていますよ。だから今日も相談しに来たんですし，こうして先生方も集まってくださって。皆さん応援してくださっていますからね」と少し説得気味に伝え 9 ，担当PSWに今日の参加予定者が全員集まったことを確認すると，早速会議を始めることにした 10 。

「今日は約45分の会議で3時頃の終了予定です。まず，前回見学に行ったグループホームについて，南さんはその後どんなふうに考えましたか？ 11 」と南さんの意見から尋ねることにした。

ところが，主治医が「すみませんが，僕は10分ほどで失礼しなきゃならないんで先にいいですか 12 。南さんの状態は今のところまあまあ落ち着いています。ただ，張り切りすぎると調子が上がっちゃうんでね 13 ，そこだけ気を付けてほしいんだよね。ね，南さん？」と南さんが話すより先に発言された。

南さんが何か言おうとする 14 と，横から看護師も「そうなんですよ〜。最近ちょっと調子高めです。お化粧も濃いかなぁ，今日はそうでもないけど。調子は高めよね 15 」と続ける。
南さんは「新しい口紅買ったから，つけてみただけですよ。春だし年とってきたら明るい色のほうがいいのよ 16 」と看護師に向かって応じる。

したところの感想をもう一度聴かなくてはならない。アパートに退院したい南さんにとって，あのグループホームではちょっとイメージが違っただろうし。

⑦ 病状チェックのような展開になってはいけない。今日はあと40分ほどしかないし，効率よく進行するために会議目的を最初に確認して，余分な発言をけん制しておかないと。それにしても南さんの状態だけはきちんと把握したい。

⑧ この言い方は，南さんがイライラしている証拠だ。こっちがアパートを探してくるわけじゃないと何度説明していても，時々この言い方になる。でも南さんはやはりグループホーム等ではなくアパートに退院したいのかな。そのことは今日も話題にしながら，退院先の選択肢を増やす方向で進めよう。とにかく病状が多少悪くても在宅生活できればいいのだから，実現可能なところを探っていかなくては。実際，アパートでもやれそうな気はするし。

⑨ 支援者に依存的な傾向があるので，退院する主体はあくまでも南さんだと繰り返し伝えなくてはならない。退院したいという気持ちを受け止めていることも，しつこく伝えよう。実際の退院までに時間がかかると支援のムードもどんよりしてしまうので，会議のコントロールもしなくては。

⑩ 今日やることは，前回の見学先についての南さんの意向の確認，1か月間の病棟での支援状況と目標の達成度合いの共有，今後1か月間の支援目標と役割分担の確認だ。南さんが望む暮らしのイメージを具体化していくために同行外出も増やしたいが，病状との兼ね合いで可能な頻度を主治医に確かめなくては。

⑪ うつっぽくなっているわけではなさそうなので，まず南さんから発言してもらい，その言葉を中心に会議を展開しよう。前回のグループホームの見学後に病棟で看護師やPSWにも感想を話しているだろうし，すぐ話せるだろう。時間が経って考えが変わることもあるから，再度支援者全員で南さんの思いを聴くのがよい。特に看護師は施設がお勧めだと繰り返すが，南さんは元々アパート暮らしを希望している。単身生活に向けては病棟生活でも応援してもらう必要があるので，特に病棟スタッフの方たちにはしっかり聴いてもらわなくては。

⑫ そうか，この先生は今日もやっぱり時間がないんだ。でも本当は南さんの思いを聴くところだけは共有してほしかったが……。

⑬ 落ち着いているなら一安心だけど，張り切りすぎるってどういう意味かな。やっぱり先生は躁転を心配しているのか。過去の借金問題もあるし当然か。私は，躁転した後にうつで意欲低下や閉じこもって入院が長引くことを避けたいが……。躁転しないことは大事なので，言い方は違うが目的は同じかな。

⑭ うなずく素振りを見せたようだ。気をつけるべきことの自覚はあるのかな。

⑮ 調子が高めと感じるのはお化粧のせいだけかな。さっきの夜勤看護師からの申し送りでは，昨夜はよく寝ていたようだというし。この看護師さんは，面倒見はよさそうだけど，感情的というか印象だけで語るところがあるからなあ。

⑯ 新しい口紅か。オシャレ好きだから化粧品を買った話はよく聴くし，女性らしくてよいことだ。確かに年をとったら明るい色のほうがいいし，春の新色を買いたくなるのももっともだ。さて，今は主治医のいる間に病状を確認しておかないと。時間が足りなければ後で担当PSWに補ってもらってもよいが。

観察と逐語

「わかりました。南さん，ちょっと先に先生にお聴きしますね。先生，調子が上がってしまわないように気をつけるというのは，具体的には何に気をつけたらよいのでしょうか？ [17]」と尋ねた。

主治医は「そうだなー。あんまり興奮しないようにしてほしいのと，薬を飲み忘れないことだね [18]。南さんは調子が高くなると薬を止めちゃう傾向があるから。まぁ，自分では調子がいいって感じちゃうんだろうから仕方ないけどね，それだと病状のコントロールできなくなるから。じゃ，僕はこれで失礼しますんで，あとよろしくお願いします」と席を立とうとするので，私は間髪入れずに尋ねた。
「先生，この後も施設見学や，場合によっては体験的な通所，宿泊等も考えてみたいと思っていますが，そういう刺激はよろしいですか [19]」
主治医は「いいですよ，まあ，その都度相談してください」と応じて退室された。

▶ 14:25
医師の退室後

「さて，南さん。それではもう一度気を取り直して，この間見学したグループホームについて，その後考えたことがあれば聴かせていただけますか」と南さんに向き直って尋ねた [20]。
南さんは「建物はきれいでしたけど，私はあまり好きじゃありません。アパートを探してください [21]」と即答である。

「そうですか。見学している間は積極的に職員さんにも質問されたりして，関心をおもちのように見えました [22] が，好きじゃなかったのですね」と見学時の様子を交えながら再確認の意味で尋ねると，
「ええ，せっかく案内してくださったからね [23]。いろいろお聴きしたんです。でもあそこに入るのは嫌です [24]」とはっきり言われる。

「なるほど，南さんは社交的ですものね。わかりました。たぶん，共同生活の場所が多いから施設みたいに見えてし

17　これから外出や見学等で刺激は増える。退院が現実的になって，南さんが不安定になることもあり得る。躁転しないために何に気をつけたらいいか，主治医の具体的な指導を得たい。ただ，はたして見立てが成されているか。それに，多少は調子を崩す可能性も見越しておいてもらわないと。いろいろ制限されたり退院話が撤回されたりしてはいけない。そのあたりも詰めておきたい。

18　この医師はありきたりのことしか言っていない。興奮っていったい何だろう？　そもそも南さんに疾病と服薬に関する教育はきちんとされているのだろうか。これまでの計画では薬剤師からの服薬指導を受けているはずだが，薬剤師はまだケア会議に出てもらったことがない。次回は加えてもらうように後でPSWに相談しよう。南さん自身が自分の病気についてどう思っているか，この会議の席であらためて語ってもらい，皆で聴いておくことも必要かもしれない。とにかく，長期入院者がやっと退院しようと動き出しているんだから，興奮することくらいあり得る。そこを薬や診察や面接等で上手にコントロールしてくれないと，何のために入院しているんだかわからないじゃないの。

19　入院が長かったので，南さんには体験プログラムをいくつか提供してみたい。その最中はこれまでのように漫然と入院患者を預かっておくのではなく，病棟での綿密な観察や声かけによるサポート，必要に応じて薬物コントロールもしっかり行ってもらいたい。そのうえで南さんの病状の波を安定させることが大事なので，主治医にも認識しておいてもらわないといけない。今日はじっくり話す時間がないが，刺激が加わることだけは伝えて，後はPSWに補ってもらうことにしよう。看護師経由でも伝えてもらえるかもしれない。

20　最初の質問に戻し，南さんの希望を再確認しよう。見学時の様子ではこの間のグループホームに入居したいとは言わないかな……。でも心境の変化もあるかもしれない。嫌なら嫌で選択肢から外すためにもはっきりさせよう。

21　やっぱりアパートに退院することを望んでおられるようだ。でも，あのグループホームの何が好きじゃないと言っておられるのか，そこはできれば確認しておきたい。南さんの一人暮らしのイメージを共有する必要があるし，ここにいるPSWや看護師に理解しておいてもらうためにも，そのほうがいい。

22　見学時の様子は前にPSWには伝えたが，病棟の看護師達にも伝わっているだろうか。南さんは社会性のある態度で積極的に職員へ質問を重ねていたので，その様子は一応伝えよう。あんなに熱心だったのに「好きじゃない」という南さんの真意も探りたい。たぶん南さんの過剰適応傾向がああいう場面で出るのだろう。それをやりすぎると疲れるだろうから，ほどほどにしてくれるとよいのだが。このあたりはSST（社会生活技能訓練）でトレーニングするのもなかなか難しいかな。

23　やはり説明に対して質問したのは，関心をもったというよりは社会性の高さというか，南さんの性格的なもののようだ。

24　何が気に入らなかったのかははっきり表現されない。たぶん共用部分の多さや，見学時の食事風景などが「施設」風に見えたことも影響しているのだろう。

25　時間もだいぶ経ってしまったし，次回までの計画をもう少し詰めたい。アパート探しと並行してサテライト型グループホームの見学を提案しよう。調子は高

まったのかしらね。実はもう一か所，建物はアパートの作りで，必要なときだけ世話人さんの部屋に訪ねる形のグループホームがK市にあるんです〔25〕。南さんはK市には馴染みがないかもしれないけれど，一度見学に行ってみてはどうかと思ったのですが」と，次の提案をすることにした。

南さんが「そうですねえ……」と思案顔になると，隣にいた担当PSWが「南さん，そのグループホームは以前，3病棟から退院した人が入っていて，この間外来に来られたときに話を聴きましたけど，住み心地よさそうでしたよ〔26〕」と声をかけた。

南さんは，「3病棟から？ 誰？」と関心を示した。担当PSWが「お名前は，今は言えないけれど，南さんは知らない人かもしれません。あんまり長く入院してなかったし，同じ病棟になったことはないんじゃないかと……」と答えると，「そうですか……。とにかく私はアパートに退院したいんですよ〔27〕。グループホームって施設でしょう？」と再びこちらに向かって畳みかけるような目つきになった。

横から看護師が「南さん，施設って……」と何か言いかけたが，私は看護師の言葉にかぶせるようにして口を開いた〔28〕。
「そうですね。グループホームは，法律的には『施設』じゃないんです〔29〕。ただ，一人暮らしをするには多少のお手伝いが要る人を対象にしていて，すごく施設っぽいところから限りなくアパートに近いところまで，さまざまです。私が南さんにグループホームをお勧めするのは，入院が長いから，いきなり一人暮らしで何でも自分でやろうとすると疲れてしまうんじゃないかと心配だからなんですよ。さっき先生もおっしゃっていたように，がんばりすぎると調子が上がってしまうんじゃないかと思って〔30〕。でも施設が嫌だってことは十分わかっていますからね」と，やや長い説明を加えた。

「がんばりすぎるって，どういうことですか。一人暮らしをするんだったら，がんばるのは当然じゃないですか〔31〕。両親はもういないし，きょうだいだって誰も助けてくれやしないんだから〔32〕」と南さんは語気を強めた。

くも低くも感じないし，退院の話を先に進めないと期待を裏切ることになってしまう。K市のグループホームは南さんの言う「アパート」のイメージに近いはずだ。それでも気に入らなければ本格的にアパート探しにシフトするほうがいい。ただ，K市はここからだと不便なのと，南さんの住所地とは反対側だから馴染みが薄いかもしれない。でも，こちらの事業所としては守備範囲なので退院後も支援継続は可能だし，見学には行っていただきたいところだ。

26 前に後輩が地域移行支援した方だな。いい後押しをしてくれた。と言っても，南さんがこの方をどう思っているかにもよるが。少なくとも馴染みのある人がいる親近感にはなるかな。それに，あの利用者さんもここまで通院しているのなら，南さんも通えないこともないな。まあ，ここに通わなくてもK市内にも診療所はあるし，あまり病院に頼った地域生活を考えることもないけれど。

27 南さんは繰り返し「アパート」と言うが，どんなイメージをもっているのかな。アパート暮らしのよい思い出があるとしても相当昔の話だろう。それに南さんは末っ子でずっと両親宅にいたと聞いた。アパート暮らしの経験自体あるのかしら。それとも「施設」のイメージが悪いのか。いずれにしても，アパートか施設かではなく，退院後にどんな暮らしをしたいか，もう少し日々の生活の姿を描けるような話し合いにしたい。それにはあと何度か同行外出をしたり，体験者の声をもっと聴いてもらう必要があるな。グループホームに見学に行くことになったら，うちのピアスタッフも同行してもらうことにしよう。

28 この看護師さんはいつも施設入所を勧めようとする。これ以上南さんを苛立たせないためにも，悪いけど，話を先に進めさせてもらうことにしよう。

29 法体系の話をしても仕方ないかもしれないが，実際にグループホームは多様化していて，サテライト型のところなんてアパートとほとんど変わらない。

30 主治医が言っていたように，キャパオーバーにがんばってしまうのは避けたほうがいいのだろう。「施設」という単語に南さんが過剰反応している気もするので，もう少し探ってみたい。南さん自体は施設暮らしの経験はないはずだし。

31 ちょっと苛立っているようだ。でも「がんばるのは当然」という発想は南さんの価値観かもしれない。お若いときに不動産の営業職で成績もよかったと言っていた。きっとがんばる人で，発病前から躁うつ気質だったのかな。

32 確かに，ごきょうだいは南さんの浪費と借金問題以降はかかわりを拒否していると聞いた。年金とご両親の遺産でお金の心配はないといわれているものの，アパートを借りる場合は保証人問題が出てくる。そういえば南さんはごきょうだいと音信はあるのだろうか。面会にはどなたも来られないとは聞いている。それに保護者だった父の死後は任意入院になったはずだ。退院に向けてごきょ

▶ **14:35**
会議の中盤

少しの間，沈黙が続いた。南さんは，眉根を寄せて明らかに不機嫌な顔を見せている 33 。

そこに看護師が再び口を開いた。「南さん，一人でがんばるのは大変だよ。私も南さんと似たような年だからわかるけどね，身体がついていかないしさ。毎日ごはん作るのも大変なんだから。ここでは三食出てきて，お風呂も沸かしてもらって，掃除やゴミ捨ては業者さんがやっているから，やらなくてすむし。南さんががんばり屋さんなのはみんな知ってるけど，がんばりすぎると今までだって調子が上がっちゃったり，落ち込んでベッドからぜーんぜん出て来られなくなったりしたじゃない？ そういうの見てるからさぁ，誰かに手助けしてもらったら？って言ってるんだよ 34 」と諭すような口調である。

「でも……一人前に暮らしたいんですよ，私は 35 。アパートに住みたいんです……」と今度は伏し目がちに囁くような声で言う。すると，担当 PSW が隣から南さんの顔をのぞき込むようにして「南さん，もしかすると先に退院した巽さんがアパート暮らしだから 36 ，それで南さんも同じようにしたいんですか？」と尋ねた。

南さんは「巽さんは，アパート暮らしは気楽でいいって言ってましたよ 37 」と PSW に応じた。

「南さんは巽さんとは仲がよかったですもんね。いろいろ話を聴いてるんですね」
「ええ，外来に来たときは寄ってくれますからね，お菓子も好きなときに食べてるって言ってたし 38 。外食とか買い物も自由だって」と，南さんは少し元気を取り戻したような口調で言った。

「南さん，巽さんから一人暮らしについていろいろお聞きなんですね。確かに楽しそうな暮らしみたいですね。今度，巽さんも一緒に南さんの退院についてお話ししてもらえるといいかもしれませんね 39 。それにうちの事業所にもピアスタッフといって，今も通院しながら働いている職員がいるから，今度一緒に来て話すのもいいかなって今思いました 40 」と，退院の実現に向けた暮らしのイメージ

うだいにはアプローチされているのか，あとでPSWに確認しておこう。

[33] 南さんはがんばらなくちゃいけないと思っているんだな。それなのに私たちが「がんばりすぎないように」と言うのは，何か頭を押さえつけられたような気持ちにさせてしまっているのかもしれない。南さんのできることやがんばっていることを認める発言を意識して伝えるかかわりをしていこう。でも，もう60歳だし，几帳面にがんばりすぎないでほしいというのが本音だけれど。

[34] いい感じで話してくださった。さすがに一日中見ているだけに説得力がある。年代が近いことも，南さんにとっては聞きやすいかもしれない。この看護師も本当に南さんの今後を案じてくれているんだな。それにしても南さんは本当に掃除も洗濯も調理もしないですんでいるようだ。入院生活だから仕方ないが，このあたりのことを理解してもらって，一人で暮らすとどうなるかイメージをもってもらうにはどうしたらいいだろう。体験宿泊が手っ取り早いか……。

[35] いま，「一人前」と言われた。やはり人の世話になりたくないという意味だろうか。しょんぼりしてしまったのは，看護師さんの言葉に説得力を感じたからかなぁ。さっきまでのような反発した態度とは違ってきている。

[36] 巽さんは南さんが退院したいと言い出し，うちの事業所に依頼が入るきっかけになった患者さんのことだな。確か長期入院で，南さんとは同室だったと聞いた。どの辺に住んでいるんだろう。今も南さんとは交流があるのかしら。

[37] 確かに病院での集団生活より気楽な面は多いかな。マイペースに過ごせることが一人暮らしのイメージなのかもしれない。そうなると「一人暮らしはがんばらないといけない」というこちらのメッセージも実は伝わりにくいのかな。

[38] 巽さんは外来に来ているんだ。支援も受けているはずだが，退院後の生活は「気楽な一人暮らし」とだけ南さんに伝わっているのかもしれない。それなら調整して今度一緒に話してみてもいい。そういえば南さんは糖尿病だからお菓子の制限もあるのかな。内科合併症のことも確認しなくちゃ。それに栄養士の食事指導が要るのか，いずれ確かめよう。買い物は南さんの楽しみの一つだろうし，「一人暮らし」の魅力的な部分はそのあたりかもしれない。

[39] 巽さんに日中の過ごし方や利用社会資源について伺ったり，一人暮らしで気をつけていることや苦労話をこちらから意図的に尋ねたりして，一緒にそれを聴く形で南さんにも一人暮らしのイメージの幅を広げてもらおう。

[40] グループホームの見学は延期しよう。それよりも南さんの退院後の暮らしのイメージを具体的にしていくことが先だ。南さんは単独で外出できるから，これまで2回の同行支援は施設見学にしたが，入院が長いので暮らしのイメージをつくってから住む場所を検討したほうがよさそうだ。巽さんの影響力も強そう

づくりについて提案してみた。

「巽さんは月2回，外来に来ますよ」と南さんが教えてくれた。担当PSWが「次は来週かな，私から声かけてみましょうか」と応じると，「昨日来てくれたの。そのときに『南さん，いつ退院するの？』って 41 聞かれてね。『早くアパート見つけなさいよ』って」
担当PSWが「そうですかぁ。それで南さん，昨夜はいろいろ考えたのかな？ 早く退院したいとか，どうやってアパート見つけようかとか」と続けると，南さんは，「早く退院したいってことはずっと前から言ってるでしょ 42 」とムッとしたような口調になった。

「すみません，そうでしたよね」と担当PSWが謝ると，看護師が「南さん，だからさぁ，退院に向けた話し合いしてるじゃない。今度はホントに退院してよ〜。そのためにはもう少し作業にも出てほしいんだけどなー」と言い出した。「作業は腰が痛くてできないのよ 43 」と南さんは渋い顔をつくって見せる。

▶14:45
会議の後半

「終わりの時間も近づいてきましたので，ちょっと整理しますね 44 。今日も南さんの病状は安定していることが確認できました。これは大事なことですし，今後もこの状態を保っていただけるとよいですね。お薬の管理や効き目の説明などは，薬剤師さんから聴いておられますか」
「はい」と南さんは神妙な表情で答える 45 。

「では，次回は薬剤師さんにも出席していただいて，私たち支援者も南さんの病気やお薬のことを勉強したいのですが，南さん，いいですよね？ 46 。ではPSWさん，調整をお願いします。次に，グループホームの見学ですが，前回のところは好きじゃないとのことですし，K市のほうは見ていただいてもいいかなと思っていたのですが，南さんが乗り気ではないようなので見送りましょうか 47 」

看護師が「南さん，行くだけ行ってみたら？」と短く声をかけ，南さんが「そうねぇ……せっかくだから」と言いかけたところで，担当PSWが「南さん，今度さっき話した方が外来に来られたときに話を聴いてみますか？ 私からお願いしてみますよ 48 。たぶん再来週だと思うので」と提案した。

私は「南さん，見学はいつでも調整しますから，その方のお話を聴いてから決めていただいて構いませんよ。それに巽さんのアパート暮らしのお話を聴いたり，うちのピアス

だし，もし近くに住みたいのなら，そこから退院先の選択肢を考えてもいい。

[41] 巽さんとの面会は私が同席しなくても，PSWに頼めばいいかもしれない。それにしても，昨日巽さんから退院のお勧めを受けていたとは。それもあって，今日の南さんはアパートを見つけたかとか，早く退院したいとかいきなり言われたのかな。寝つけなかった原因もそのあたりにあるのかもしれない。

[42] 確かに，長い入院生活で退院したいと何度もおっしゃっていたのだろう。この病院は，以前は退院促進に熱心ではなかった。地域移行支援の利用者が出るようになったのも最近だし，南さんも巽さんの退院がきっかけで刺激を受けたことは間違いなさそうだ。よいお仲間なら南さんの退院後もつながりを保てるほうがいい。男性かな？ 女性かな？ おいくつくらいなのか……。

[43] いけない，話が逸れてしまう。退院支援のなかで作業療法への参加は特に重視していないが，やっぱり病棟ではこうした日課に沿った生活を強いられるのか。南さんは作業にも飽き飽きしているのではないだろうか。それより，むしろ今は生活の実感をもてるような支援が欲しいところ，後は病状コントロールか。

[44] あと15分で3時だ。そろそろ今日は締めに入らないといけない。ここまでのまとめをして，今日話しておくべきことを再確認しよう。

[45] 南さんがちょっと疲れてきたかもしれない。ここからはこちら主導で進めさせてもらおう。次回までにするべきこともまだ確認していない。薬剤師の同席も南さんの了解を取らなくては。

[46] 南さんもうなずいているし，私たちが勉強するという表現で，南さんにもご自身の疾病や障害についての理解を深めることを暗に伝えておこう。退院したら，自分で調子が普通か高いかなどを見つめる習慣をつけ，セルフコントロール力をもってもらいたい。

[47] ここは急ぐこともないし，南さんの暮らしのイメージができてからでも遅くはない。その間に空きが埋まってしまったら仕方ないし。条件としては悪くないグループホームなので残念だけれど。南さんは見学に行くと言うかな……。

[48] もしその患者さんが了解してくだされば，グループホームの見た目がアパートと変わらないことや，部屋の間取りなども簡単に話していただけると，南さんの「グループホーム」に対するイメージは変わるかもしれない。PSWが取りもってくれれば助かる。グループホームにこだわるわけではないけれど，選択肢は多めにあるほうが退院も実現しやすい。

[49] 次回のケア会議も1か月後にするとして，その間に一度ピアスタッフの湊さんと一緒に訪問しよう。その前後で巽さんとの交流場面もPSWに設定してもらえばいいだろう。アパートを借りる行為のイメージづくりや家賃相場を知るの

観察と逐語

タッフも今度は一緒に来ますから，おしゃべりしながら気晴らしの外出をしたりしてもいいですし。駅前の不動産屋さんに行って物件情報を見て来てもいいですしね」と<u>支援計画案をお伝えした</u> 49 。

南さんは，「ピアスタッフってなんですか？」と聞いてきた。「元入院患者さんで，今は通院しながらうちの事業所でアルバイトしてもらっている方です。南さんと同じ，精神障害者の手帳を持っていて，いろいろな体験を活かして皆さんの支援をしてもらっています。湊さんという男性で40代。息子さんという程じゃないけど，南さんよりだいぶ若くて元気ですよ。ところで，仲良しの巽さんはどんな方ですか？」
「巽さんは，おばあさんです。もう70歳くらいで」
「巽さんはもっと上だと思いますよ。お元気だからそんなに見えないけど」と<u>担当PSWが補うと南さんは目を丸くし，「え〜，そうなの！ エラいねえ」と驚かれた</u> 50 。

「じゃあ南さん，<u>グループホームの見学については，外来患者さんや巽さんとお話ししたり，ピアスタッフとも情報交換しながら考えることにして，少し保留にしておきましょう</u> 51 。先に退院した先輩たちの話を聴きながら，アパート暮らしで必要な準備について情報収集をしてくださいね」と見学の件をまとめた。

<u>看護師も納得してくれたような表情でうなずき</u> 52 ，<u>南さんは「はい」と返事をした</u> 53 。

▶14:55
終了予定時刻の5分前。

「だいぶ集中して話しているのでお疲れだと思いますが，あと一つだけいいですか？南さん，大丈夫ですか？」と，<u>南さんの少し硬さを増してきた表情が気になって尋ねた</u> 54 。脇から担当PSWが「あと5分くらいですね？」と尋ねるので，「そうですね」と返事をした。
南さんは「大丈夫です。<u>退院したいから頑張ります</u> 55 」と，責任感を思わせる口調で応じた。

「ありがとうございます。南さんは真面目な方なんですね。では短めに話しますね。南さんはアパートで一人暮らしをしたいということなので，入院生活の間にできるリハビリ

にも役立つだろうから，外出して不動産屋の貼り紙等を見てきてもらうのもいいな。湊さんにはそのあたりを含めて頼んでおくことにしよう。あとは病棟での生活について少し確認できるとよいが，時間があるかどうか。

50 やはりPSWのほうがよくわかっているな。巽さん達との交流の設定はこちらの病院PSWにお任せしよう。なるほど，巽さんは南さんよりかなり高齢な方のようだ。相談支援事業所ではなく介護系の事業所が絡んでいるのかもしれないし，ヘルパー派遣などの支援も受けているだろう。一人暮らしで気ままに，というのも納得だがそのお年での退院とは，長期入院だったのだろうか。今はご自分の暮らしを満喫していらっしゃるようで何よりだ。南さんにも早くそういう日がくるといいな。

51 ピアスタッフの湊さんの紹介は，次回同伴してから丁寧に行えばよいだろう。グループホーム見学も希望が出たときに調整することにして，何度か湊さんだけでも訪問してもらおうか。それにしても，巽さんや湊さんのことも考えると，この病院内で当事者の体験発表会を企画してもらえば，もっと多くの患者さんにも情報提供や刺激を届けることができる。最近こうしたイベントを持ちかけていないので，来年度は久しぶりにうちから提案してもいいかな。

52 ここまでの経緯を理解しておいてもらえれば，きっと病棟でも折に触れて南さんと一人暮らしについて話題にしてくれるかもしれない。この看護師さんは，南さんと年も近いし，一市民，主婦の感覚で話していただけると一番いいな。

53 やはりアパートへの退院をご希望だろう。実際にはグループホームを見学して，もし気に入れば体験宿泊，入居申し込みと，意外に早く退院が実現するかもしれないが，南さんにはまだ具体的な暮らしのイメージがないようだし，少し遠回りでも南さんの納得を確認しながら退院支援するのがやっぱりベストだ。

54 時間的には集中力の限界だろう。最初から焦りや緊張もみられたのに，南さんはよく辛抱している。話し合いのなかで喜怒哀楽もあったしお疲れに違いない。そろそろ終わりにしなくては。でもあと少しだけ確認しておきたいのは日常の入院生活のなかでのリハビリについて。意識的に取り組んでもらえると，何より一番効果が上がると思うので，できれば取り入れていただきたいところだ。

55 やはり南さんは相手に合わせようと懸命になる人だ。疲れたと言っていただいてもよい場面だが，こちらの意図を汲んでくださるというか，過剰適応傾向でもあるというのか。このあたりのさじ加減はなかなか難しい。

56 今のところ，サテライト型のグループホームと普通のアパートの二本立てで退院先を考えていることは共通認識できているはずだ。いずれにしても，ある程度の身辺自立が不可欠なので，金銭管理や服薬管理，掃除や着替え，清潔保持

があったらしておいていただきたいんです。調理実習とか，服薬指導，身辺整理やお小遣い帳をつけるなど，この3か月でも新しく始めたことはあると思います。でも，もし毎日の生活のなかでできることがまだあったら，看護師さんにも協力していただいて病棟で取り組んでおけるといいと思うんです。どうでしょう？」
私は南さんだけでなく，看護師や担当PSWにも目線を向けて尋ねた 56 。

ふと看護師が「南さん，目覚まし時計って持ってる？ 朝は自分で起きるのも大事だよね」と思いついたように発言した。南さんは「持ってないわ。だっていつも放送で起きるじゃない。寝てれば起こしに来るし 57 」と意外そうな顔をしている。

PSWも「南さん，病棟でレクや作業の無い日は何をしてますか？ 退院したら病棟みたいに日課がないから，朝から自分で決めて行動するんですよ」と投げかける 58 。南さんは「レクとか作業とか，もういいでしょう？ 59 長年やって飽きてしまったし」と不満そうな声になった。

▶ 15:05
終了予定時刻を5分経過して。

暫しやり取りを見ていたが，予定時間を過ぎていたこともあり「みなさん，ありがとうございます。いろいろとお話しできて，次にやることも具体的になってきましたね。今看護師さんやPSWさんが話してくださったことは，病院のみなさんにお任せします 60 ので，ぜひ何度でも南さんと話し合って，そのなかで何かできそうなことがあったら，チャレンジしてください 61 」とまとめた。

一同がうなずくのを見届け，「次回は約1か月後の予定です。日程はPSWさんとご相談しますね。その前にも私はピアスタッフの湊さんと一緒に来ます。あとは，南さんがK市のグループホームの患者さんや巽さんと，退院した人の暮らしについて話す機会をもっていただくことになりました。PSWさんに調整していただいて，日程が決まったら知らせてください。湊さんと一緒にお訪ねする日がかぶらないようにしますので」と，来月までにすることを再確認し，「南さん，何か心配なことや確認しておきたいこと，ありますか？ 62 」と尋ねた。

南さんは「ええと……大丈夫です」と返された。「何かあったら事業所に電話でもいいし，看護師さんやPSWさんにお伝えくださってもいいですよ。支援計画表は後でお届けするので，受け取ってくださいね。では，これで終わりま

第4章 経過をふまえた支援における思考過程

等の自主的な動きができるようになってほしい。日用品費は1週間ごとの手渡しだというが，このあたりは管理が必要なのだろうか。それに病棟では日課に沿って時間を過ごすので，自然と生活全体が管理されてしまう。南さんが自分のペースで暮らしていくとなったら，掃除や食事のタイミングなどはどのように構築していけばいいのか，なかなか入院生活中にはシミュレーションも難しいが，何か主体的に生活する働きかけはできないものだろうか。

57 なるほど，この病院は毎朝放送で患者さんを起こすのか。土日もかな？ 集団生活ならではの風習だが，一人暮らしではあり得ない。南さんが特にどこにも出かけなければ，起きたい時間に起きてもいいかもしれないが，病状コントロールや服薬励行を考えると，朝起きて食事を摂り，夜は入浴して眠るくらいの生活を送っていただきたい。とすると，自分で起床する習慣づけも大事なリハビリかもしれない。この看護師さん，いいところに目をつけている。

58 どういう暮らしをするか，まさに朝起きて「今日は何をしようか」からだ。南さんにはこのイメージがまだ無いようだし，日々話しながら考える時間をとってほしい。この様子なら看護師もPSWもセンスよく働きかけてくれそうだ。

59 いまさら病棟のレクや作業はいいけど，南さんは，実際に日中は何をしているのかな。ピアスタッフとの交流のときにでも話題にしてもらってみよう。

60 南さんの退院に向けて，私たち事業者はあくまで外からのサポーターだ。こちらに任せきりにせず，病院内ですべきことは継続していただかなくてはならない。そこを強調しておこう。

61 南さんも本当にお疲れだろう。こちらもちょっと疲れたし，想定とは少し違う方向に支援計画が向かったけれど，なかなか楽しい取組みになりそうだ。南さんは「自分」をもった人だし，多様な経験者の声を聴きながら，自分がどんな暮らし方をしたいか，しっかり考えていただけるとよい。

62 まくし立てるようになってしまった。南さんはお疲れだろうし，これは頭に入りきらないだろう。いつものように支援計画表に書いて渡しながら示せるとよかったが，今日は時間がとれなかったので，後日届けることにしよう。とりあえず看護師さんには方向性を認識してもらえただろうし，この後，担当PSWとは少し打ち合わせをしていくことにしよう。次の訪問先にはちょっと遅れてしまいそうだが，今話しておいたほうが後で楽だから。

63 南さんもほっとしたご様子だ。今夜はリラックスして眠ってくださるといいが。

す。南さん，いろいろと話してくださってありがとうございました 63 。とてもいい話し合いができましたね。お疲れでしょう，夕飯までゆっくりお休みくださいね。看護師さんとPSWさんも，どうもありがとうございました」と述べてケア会議を終了した。

その後，看護師が南さんを伴い退室すると，私は部屋に残った担当PSWと今後の打ち合わせを行った 64 。「南さんは病棟で日中をどう過ごされていますか？ 退院後の生活を考えると，徐々に病棟の日課を離れてご自分で1日を組み立てるイメージがつくれるといいですよね。それから，調理実習や服薬管理指導の成果はどうですか。何かOTや薬剤師さんからお聞きですか。できれば次回は薬剤師さんにもご出席いただいて，病状コントロールと服薬管理の支援について共有したいのですが？」と，今日の会議で見えてきた課題について確認した 65 。

担当PSWは，「調理はそこそこできそうとのことです。ただ，毎日3食作るのは厳しいかなと思って，ヘルパーの導入とか，デイケアか地活などへの通所で何食か補えれば 66 と思いますが。服薬管理については，そうですね，私から薬剤師に確認して次回の出席も打診します。結構患者さん達とは面談していて，いろいろな相談を受けたりしているようで，積極的にかかわるタイプなので，しっかり入ってくれると思います。南さんについてはどうか確認しておきますね」と話してくれた。

「よろしくお願いします。それから，さっき話題になった外来患者さん達と南さんの交流というのか，退院者の体験談を聴く機会，ぜひ実施しておいていただけますか 67 。グループホームも選択肢として残したいですし，アパート生活にするのであれば，保証人も含めて支援体制も濃密に組む必要があると思うので，来月の会議では方向性を再度話し合いましょう。できればK市のグループホーム見学も再提案したいと思います。ところで，保証人はごきょうだいにお願いできますかね？」

「実際，厳しいとは思いますが……。でもグループホームに入るにしても何らかの関与は求める必要がありますし，一度連絡を取ってみます。可能性があるのは，一番下のお兄さん夫婦かな。両親と同居していて，保護者だった父の死後もこの夫婦が来ていたので。でももう何年も会ってないんですけどね 68 。退院となれば連絡する必要もあるので，とにかく一度コンタクトしておきます。それと，患者さん同士の交流は大丈夫です，こちらで進めておきます」

思考過程

64 今日をふまえて，次回までに担当PSWにはいろいろと動いてほしいので確認しよう。他職種にも働きかけてコーディネートしておいていただく必要がある。

65 前回はOTも参加してくれていたが，今日は都合がつかなくて欠席だった。このOTプログラムでは退院準備に役立つ活動が他にもあるのだろうか。それと，服薬管理のことは南さんの地域生活の維持にとってかなり大事なはずだ。MDI（双極性障害）の高齢者は急激に躁状態になったり，そこからバランスを崩して身体面にも影響することがある。南さんはDM（糖尿病）もあるからなおさら心身の健康維持には気を遣ったほうがいい。気持ちに多少のアップダウンはあっても病状が表出しなければいいが，そのためには服薬励行は欠かせないだろう。薬剤師のかかわりは結構大事なのではないだろうか。

66 PSWも院内での情報収集をしてくれているようだ。南さんの退院に向けたプログラム活用を計画に入れているが，病院のPSWが，ケア会議だけではカバーしきれないところも院内の多職種と連携して情報交換や情報収集をしていてくれると支援の全体を把握しやすいし，計画の妥当性や成果も判断できるので助かる。ヘルパー導入や地活などの地域資源の導入については，南さんの居住地が決まり次第，こちらでも具体的に検討することにしよう。

67 時々，患者さん同士の面会を嫌がる病院がいまだにあるけれど，さっきの南さんの話によれば，この病院では外来患者さんが入院患者さんに面会することは特に問題なさそうだ。ピアサポーターというほどではなくても，長期入院から退院して地域生活を送っている方は，大勢通院しているんだろうから，ぜひとも今まだ長期入院中の方へ外の風を入れるためにも取り組んでみてほしい。

68 何年も会ってないのか……。これは早めに取りかかってほしいところだ。この様子だと連絡もまったく取っていないらしい。長期入院で，過去に金銭トラブルで迷惑をかけていて，高齢期に入る患者さん。ということは悪条件が揃っているようなものだ。ご家族が反対する可能性もあるし，もちろん反対でもいいけれど，ご家族への支援も必要なのか，ご家族の協力はないものとして進めることになるのか，それだけは早めに見極めておきたい。

第1節　本人を中心にした多職種チームのケア会議をコントロールする

観察と逐語

「お願いします。お兄さまもご高齢でしょうし，具体的なサポートはともかく保証人のお名前だけでもいただければいいですから。あと一つ気になるのは金銭管理ですが，病棟では今，週渡しでしたよね。躁状態での浪費というのはずいぶん古いエピソードだと思いますが，最近はどうなんでしょう？実際，単身生活となれば社協の金銭管理サービスでも使うようですかね？」

「うーん。病棟では月2万円を4回に分けて，売店でお菓子やシャンプーなんかを買ったりするくらいだし。お菓子はDMのために制限付きだし，南さんはそんなに頻繁に外出もしないですからね。1か月分の生活費をやりくりするとなると，どうかなぁ 69 」

「では，そのあたりは少しアセスメントしておいていただければ 70 。いろいろと動きが出てきて南さんの気分にも影響するでしょうから，主治医の先生にもどうぞよろしくお伝えください。今日はこれで失礼しますね。ありがとうございました」

[69] 金銭管理については入院中のトレーニングには限界があるし、退院して生活してみないとわからないところもあるけれど、サービスを使う必要がありそうかどうかはアセスメントしておけるといい。場合によっては日常生活自立支援事業を勧めることになるし、南さんにも制度を説明して意向を尋ねないといけない。南さんは厚生年金の障害2級だったな。退院後の生活では、1か月にいくらくらいまで使えるのだろう。ご両親が資産家だったと聞いてはいるが、次回は生活費の話も詰めていく必要がある。そもそも南さんの金銭感覚もまだ把握できていなかった。次回アパートの家賃の話もすることになるだろうし、そのときにこのあたりのことも話題にしてみよう。

[70] 相変わらずやや呑気な病院ではあるけれど、うちの事業所からは南さんで3件目。いずれもそれなりによいチームが組めているし、まだまだ長期入院者は多そうなので、波長合わせをしながら今後は大きな取組みに発展できるとよさそうだ。このことはいずれ自立支援協議会でも話題になるだろう。戻ったら早速湊さんに情報提供して訪問の日程調整をしよう。ピアスタッフの動員はこの病院に対しては初めてのはずだ。ここから退院している人も結構いるようなので、そういう方々ともつながりをつくっていけるといいかもしれない。

❖ 解説 ❖

　チームのマネジメントとクライエントの希望から目を逸らさないかかわりが，クライエントを中心にした多職種連携による支援の展開を可能にします。

◆病状や障害への着目と支援の検討

　白浜 PSW は，病院の外からのかかわりのため，入院中の南さんとは月に 1～2 回顔を合わせるだけですが，双極性障害に関する精神医学的知識と併せて，長期入院のエピソードや毎回の様子観察をもとに支援を展開しています。数か月から時には年単位となる退院支援の最中に，病状や障害が変動することも想定しているためです。南さんの入院の長期化は病状のせいだけではないと思われますが，白浜 PSW は南さんの病態の特徴や長期入院による生活能力の障害に目を向けてアセスメントし，病状悪化を防ぐための支援や南さん自身に対処能力をつけてもらうための助言や支援の発想をもって働きかけています。

◆他職種に対するアセスメントと活用の視点

　外部機関から医療チームと連携する白浜 PSW は，院内の多職種それぞれの特徴を見極め，南さんの地域移行支援に必要な役割を担ってもらうように差配しています。主治医には，診断や治療方針を尋ねるだけでなく，支援中に起こり得る病状変化にも適宜対応してもらおうとし，担当看護師には療養生活全般にかかわる看護チームとして，退院後の生活を見据えた働きかけを促しています。同職種で価値を共有できる PSW に対しては，院内のチームのコーディネートや社会資源の検討と導入，家族調整など，院外からは介入しにくい部分での PSW としての支援を求めており，打ち合わせも綿密にしています。

◆利用者本人の意向を中心にする

　白浜 PSW は，退院したい意向をもっている南さんが，どのような退院生活を望んでいるのかを一緒に探る姿勢を保ち，施設見学や地域生活を送る当事者の話を聴く機会を用意するなど，南さんにとってのオーダーメイドの支援を心がけて

います。近隣に利用可能なグループホームなどがあると，長期入院者の退院先として安直に勧めがちですが，特に長期間の入院であればあるほど退院後の生活イメージを具体的に描かなくては，利用者の意向も示されません。南さんに病院とは違う地域社会での生活感覚をもってもらい，どのような支援が必要かを具体的に検討し，利用社会資源を調整することも想定しています。

　白浜PSWは，こうした支援の展開過程を見通しながら，今したほうがよいこと，時期が来たら行うべきことなどを短期・中期・長期の支援計画として描いています。計画を目測しておくことと併せて，南さんの希望が今後徐々に具体的になっていったり，その過程で変化する可能性も想定内のこととし，これらを柔軟に受け止めながら南さんのペースで支援を展開しようとしています。

◆会議進行における時間管理

　今回想定した45分の会議時間を効率よく展開するためには，タイムスケジュールを意識し，事前準備や事後対応も想定しておく必要があります。多職種が参集できる機会は貴重ですし，南さんの集中力や持続力と疲労度との兼ね合いも勘案しなくてはなりません。白浜PSWは，冒頭で時間の目安を伝え，参加者にも時間を意識してもらうようにし，進行中に南さんの疲労感を尋ねる配慮もしています。また，話が本筋から逸れたときは軌道修正したり発言をさえぎって介入するなど，あくまでも「今日のケア会議で話すべきこと」を中心にすえて関係者の話を引き出します。一方で計画外の内容であっても重要な発言にはしっかり耳を傾け，支援計画を柔軟に検討する姿勢をもっています。

◆インフォーマル資源の活用

　長期入院者の地域移行やその後の生活支援には，さまざまな社会資源の活用が欠かせませんが，利用者の希望に対して質，量ともに十分とは限りません。白浜PSWは，南さんが先に退院した仲のよい巽さんから話を聞いていることを知ると，地域生活に対する具体的なイメージが曖昧な南さんに，巽さんとの交流は役立つと考え早速支援計画に盛り込むなど，公的資源のみで支援を組み立てるのではなく，南さんにとって何が必要か，それはどこにあるか，ぴったりくるものが無かったら代わりに使えそうなものは何か，と柔軟に発想しています。

第2節 "死にたい"と任意入院を繰り返す男性
見逃してきたことに光を当て，関係をつくり直す

事例の概要

岡さん（仮名，30代男性）は，グループホームに入居してまもなく1年になる。世話人であるPSWは，入居時からかかわっている。この間，順調に生活していたように見えたが，3か月前に突然「死にたくなった」と言って入院した。その際，手持ち金はほとんどなく，「財布をなくした」と言っていた。病院を1か月で退院した後，2か月ほど経った。

観察と逐語

▶ 9:45
出勤して間もなく，電話が鳴る。

連休が明け，グループホームへ3日ぶりに出勤した ①。今日の予定を確認した後，アパートの前を掃除しようとして玄関口に出たところで，電話が鳴った ②。
電話を取ると，B精神科病院の相談員からだった。

「昨日の夜，岡さんが急に入院になった ③ ので，下着やタオル，洗面用具など入院に必要なものを持ってきてもらえませんか」と相談員は言った。
「え？ 待ってください。岡さんが入院ですか？ ④」とあわてて返すと，「間違いありません。岡○○さんです」とフルネームで返ってきた。

一瞬，息が詰まって ⑤，「一体……何があったんでしょうか？」と尋ねた。
「ゆうべ9時過ぎに，岡さんから当直医に死にたくなったという電話が入って ⑥，病院に来てもらって診察して，そのまま入院したんです。任意入院です」と教えてくれた。

「そうですか……」とだけ返し，次の言葉が続かない ⑦ でいると，相談員から続けて，「看護師によれば，さすがに夜は眠れなかったようですが，今朝はちゃんと起きて食事もとったし，会話もできるみたい ⑧ ですよ」

登場人物
- 岡さん…30代男性，統合失調症
- 相談員…精神保健福祉士，B精神科病院の相談員
- 男性職員…精神保健福祉士，グループホーム運営法人の就労継続支援B型事業所の職員
- 主治医…B精神科病院の医師
- 鷹野PSW…グループホームの世話人

場面
連休明けの朝，3日ぶりにグループホームに出勤すると，精神科病院の相談員から電話が入った。昨晩，岡さんが急遽入院したとの内容だった…。

思考過程

1. 3日間，休日夜間用の緊急携帯電話も鳴らず，ひとまずはよかった。今日は一人ひとりに会って，この間どんなふうに過ごしたのかを聴いてみよう。
2. なんだろう。連休中に何かあったのでなければよいが……。

3. え？ 岡さんが？ なんで？
4. 本当に岡さん？ 2か月前に退院してきたばかりだし，連休前の夕食会で会ったときは，特段変わった様子は感じなかった。違う人じゃないの？

5. なんだか気持ちがざわざわする。何があったのか，とにかく状況を聴こう。
6. 岡さんから電話……。普段自分から相談しない岡さんが病院に……。夜9時台か。まだバスはあったな。そういえば3か月前の入院も突然だった。あれは確か週明けの月曜だった。通っているB病院のデイケアで「死にたくなった」と訴えて入院したんだ。前回も今回も病院に助けを求めたんだな。グループホームの休日夜間用の緊急携帯電話は鳴らなかったのに。

7. 前回の退院前カンファレンスで，つらくなったときはまず世話人に相談するという解決方法を確認したはずだけど。電話番号は知っていたはずだ。あのとき聴いたら知っていると答えていた。では，かけにくかったのか……。
8. それはよかったけど，何か釈然としない。岡さんは病院だったら安心できるの

観察と逐語

と教えてくれた。
やや上の空 [9] で,「そうですか。とりあえずよかったです」と伝えた後, また言葉が続かず, 黙ったままになった。

再び, 相談員から,「入院に必要な物を持って来てもらえませんか？ [10]」と言われた。
「岡さんと話して決めたい [11] んですけど, 電話で話せますか？」と尋ねた。すると, 病棟に設置されている公衆電話の番号にかければ, 岡さんにつないでもらえるとのことだった。そこで電話番号を教えてもらい, 相談員にはあとで報告すると伝えて電話を切った。

▶10:00
岡さんと電話で話す。

病棟の公衆電話に電話をかけると, 看護師が出た。所属と名前を名乗って岡さんを呼び出してほしいと頼み [12], そのまましばらく待った。

岡さんが電話に出た。「はい [13]」と低いぼそっとした声で, 後は黙ったままだった。
「〇〇ホームの鷹野です。さっき, 相談員さんから電話をもらって, 岡さんが入院したと知りました [14]」と伝えた。
少し耳をすませましたが, 何も返ってこなかった [15]。

「入院すると着替えとか必要だから, 荷物を持って行きましょうか [16]」と尋ねると, 岡さんから,「あ……, はい……」と少し戸惑ったような声が返ってきた [17]。

「じゃあ, 持っていきますね」と応じ, 続けて「岡さんのいない間にお部屋に入ることになるけど, それはいいですか？ [18]」と尋ねた。すると,「はい [19]」と返事が返ってきた。
「一応, ホームの決まりで, もう一人, 法人の男性職員にも立ち会ってもらうけど, 構いませんか？ [20]」と尋ねると,「あ, 別に構いません」という返事だった。

9 前の入院のときは，生活保護の保護費を全額下ろして財布に入れていて，財布ごとどこかに置き忘れてなくしてしまったのがきっかけだった。お金がなくてどうしようと思ったら死にたくなり，怖くなって荷物をまとめてデイケアに行ったと言っていた。IC乗車カードはポケットに入れていたから，かろうじてバスには乗れたそうだ。あのときは皆で「うっかり者でキャパの小さい岡さん」像を共有して，次はあわてないで相談しようねと和やかに話し合ったけど，今度は何だろう。なぜ今回も相談できなかったのか。

10 そうだ。荷物の話をしていたんだ。持って行くのはちっとも構わないけど，岡さんは私が居室に入るのをどう思うだろう。岡さんとまず直接話したい。

11 岡さんは，グループホーム入居当初から口数が少なくて，干渉されるのはあまり好まないのだろうと少し引いて見守っていた。そこへ前回の急な入院があった。あれはあれで，何かあるとパニックになりやすい岡さんの「素」が見えるよい機会だったととらえていた。だけどそれだけじゃないようだ。岡さんのことをもっと知って，関係をつくり直す機会にしなければいけない。

12 岡さんは私にどんな反応を見せるだろうか。不安だけど，グループホームの世話人として，向き合って話すことを心がけよう。

13 岡さんの声だ。いつもより，ややぶっきらぼうな感じだ。表情が見えないから難しい。何か身構えているような感じも受けるけど，気のせいかな。

14 なぜ岡さんが入院していることがわかったのか，岡さんが理解できるようにはじめに説明しよう。入院したことについて，岡さんのほうから何か言うかな。

15 黙ったまま，か。黙っているのは岡さんのほうは用がないからだろうか。電話をしたのは私なので，こちらから荷物のことを話題にしよう。

16 相談員に言われたことを引き合いに出さずに，私の主体的な申し出として岡さんに伝えよう。岡さんと私の関係性で話をしたい。

17 何を聞かれるのかと警戒していたのかな。少し緊張が解けたような印象だ。曖昧な返事だけど，これは「イエス」と解釈していいかな。岡さんと直接会って話す段取りをつけるのが肝心だし，「イエス」と解釈して進めよう。

18 世話人といえども，入居者の了解なく無断で居室に入ることはできない。ましてあわてて出ていった部屋の中を見られるのは嫌だろう。

19 あら，あっさりOKしてくれた。意外だ。荷物がないことに岡さん自身，困っていたのかな。

20 一刻を争うような事態でない限り，入居者のいない居室に入るときは複数人で行うことが原則だ。相互に監視し，あとで「あれがなくなった」と疑われるような無用なリスクは回避する。岡さんは男性だから，一緒に入るのは男性のほうがいいだろう。あいにくもう一人の世話人は，午後からの出勤で，別の入居者の退所に向けてアパート探しに行く予定だ。法人の別の事業所に応援を頼もう。

観察と逐語

「持って行くのは，下着やタオル，洗面用具，あとはスウェットとか普段着とか……スリッパも？ 21 」と必要と思われる物を列挙すると，「ああ，ハンガーに掛かってると思う 22 」と，岡さんのほうから言ってきた。
「じゃあ，お部屋に入って，入院に必要そうなものを見つくろって持って行きましょうか？」と尋ねると，「お願いします 23 」と返ってきた。「ここは開けてほしくない，見られたくないという所はありますか？」と尋ねると，「別にありません 24 」との返答だった。

荷物を持って行くのは午後になるかもしれないと岡さんに伝え，電話を切り，ひと息ついた 25 。

▶**そのまま在室**
電話連絡と確認作業に入る。

今度は同じ法人が運営する就労継続支援B型事業所に電話をかけた。一緒に岡さんの居室に入ってくれる人を探したところ，男性の職員が来てくれることになった 26 。職員が来られるのは午後とのことで，見学者の対応もその職員が代わってくれることとなった。

電話を切った後，デスクの脇にあるキャビネットから，グループホームの日誌と岡さんの個人記録のファイルを取り出し，内容に目を通した 27 。
まず，前回の退院後の経過に目を通した。月，火，金と週3回のB病院のデイケアと水曜の週1回の訪問看護，毎週木曜のグループホームの夕食会に参加しているのが短く記載されている 28 。他には，1か月前の夕食会で，最近ファミリーレストランのドリンクバーに行かなくなったと言っていたと記載されていた 29 。

続いて，グループホーム入所時に聴取した岡さんの生活歴にも，ざっと目を通した 30 ところ，以下の内容が記載されていた。
岡さんは一人っ子で，幼い頃に父親を亡くし，母親が外で働きながら岡さんを育ててきた。高校を出て働き始めたが，20歳で統合失調症を発病して退職した 31 。その後，通院を始めたが，デイケアなどは利用しなかった。

3年前に母親ががんで入院し，生活保護を受けるようになった。一人暮らしとなった岡さんは，怠薬で病状が悪化し，アパートの外で暴れてB病院に措置入院になった 32 。入院はこのときが初めてである。
母親は入院先で亡くなり，岡さんの入院が長引いて，それまで住んでいたアパートは引き払われてしまった 33 。

21 何が要るか共有できるよう，こちらから具体例を挙げていこう。
22 岡さんは持って来てほしかったんだ。自分からしてほしいと頼むことは苦手だけど，ひとたびやってもらえるとなったら，途端にハードルが下がった感じだ。
23 岡さんの口からお願いしますと言ってもらえた。こんなふうに頼まれるのは初めてじゃないかな。なんだかうれしい。
24 あ，そうなんだ。これも意外だ。自分の領域には踏み込まれたくないというわけではないのか。岡さんのこと，やっぱりわかっていなかったんだ。

25 まずは，「入院に必要な荷物がない」というニーズを共有し，「こちらから持って行く」という支援がまとまった。岡さんのニーズをこちらから予測して支援を提案することが必要だということがわかった。さて，午後はグループホームに見学者が来ることになっている。これから調整が必要だ。

26 彼が空いていてラッキーだ。異動する前はグループホームの世話人だったから，彼なら安心だ。

27 さてと。岡さんについて何か見落としていることがないか，確認しておこう。岡さんとの支援関係を見直す機会なのだから。
28 規則的な生活をしている。目立った発見はないなあ。もっとも，書く側の私たちが順調だと判断していたわけだけど。
29 相方の世話人の記載だ。私も聞いたことがある。ドリンクバーには，手持無沙汰でもの寂しいときに，つい行って何時間も過ごすんだと言っていたから，行かなくても過ごせるようになったんだなって，当時は漠然とよかったと思っただけだった。

30 だいたいは頭に入っているはずだけど，あらためて確認しておこう。意識していなかったことがあるかもしれない。
31 岡さんはどんなふうに育ってきたのだろう。今のように無口だったのか，何が好きだったのか。聞いてこなかったなあ。岡さんのことを知ろうとしてなかった。デイケアに通って訪問看護を受けて，夕食会に出ている岡さんしかイメージができない。今回の入院は，これまで見逃していたことにあらためて光を当てて見直すチャンスだ。今度こそ見逃さないようにしたい。

32 岡さんにとって母親の存在は大きかったのだろう。それまで入院しなくてすんでいたのも，母親のサポートがあったからではないだろうか。母親が急にいなくなって，岡さんはきっと，ものすごく不安だっただろうな。
33 ずっと支えてくれた母と突然別れることになって，アパートもなくなり，物理的にも心理的にも，一遍に拠り所を失ってしまったんだな。

その後，入院生活は2年半 34 におよんだ。岡さんはその間に，洗濯や身の回りの最低限のことが自分でできるようになり，作業療法にも参加するようになった。服薬も一人でできるようになった 35 。そして，相談員に紹介されてこのグループホームに入居した。

記録に目を通し終えて，キャビネットにしまった。
その後，ホームの共有部分の掃除をすませ，入居者を訪ねた。在室している入居者と世間話をして，連休中元気だったかどうか確認し，早めの昼食をとった。

▶**12:30**
岡さんの居室へ。

午後，就労継続支援B型事業所の男性職員が到着した。交流室で保管している入居者の合鍵の保管庫を一緒に開けて岡さんの合鍵を取り出し 36 ，岡さんの居室に向かった。賃貸アパートタイプのグループホームは，各居室が独立している。

岡さんの居室に入り，靴を脱いで上がった。部屋の中には，ベッドと小さいテーブル，冷蔵庫，テレビ，ハンガーラックがあった。洗濯物がハンガーに掛かっていて，コンビニで買った弁当の類の空き箱がごみ袋に入れてあった。物が少なく，それほどちらかっていなかった 37 。お薬カレンダーには，今日以降の薬がセットされている 38 。

目的の洗面用具や下着，タオル，着替えなどは目につくところにあり，すべてにマジックで名前が書いてあった 39 。男性職員と共に20分程度でそれらをバッグに入れ終えると，居室を施錠して交流室に戻った。合鍵の保管庫に鍵を戻し，保管庫の施錠まで一緒に確認した。そして，その男性職員に午後の世話人業務の引き継ぎをした。

▶**13:15**
B病院へ。

業務の引き継ぎを行った後，岡さんの荷物を持ってB病院に向かった 40 。

34 2年半か。長いなあ。岡さんに限ったことではないけれど。

35 でも，この期間があったおかげで，岡さんは人のなかにいることに慣れ，一人で暮らしていくことにも折り合い，社会に出て行く準備もできたのかなあ。岡さんにとってB病院は拠り所なのかもしれない。だから，切羽詰まったときにはB病院に助けを求めるのかな。そういえば，主治医と相談員はその頃から担当だった。二人とも岡さんとは長い付き合いなんだな。

36 合鍵の保管庫を開けるときは，必ず同じ法人の職員と複数の立ち会いで行うことになっている。緊急事態でそれが難しいときに限っては，電話で報告して開ける。マニュアルは守らなくては。

37 時々訪問するので知っていたけど，趣味の物やこだわりの物などもなくて，殺風景な部屋だ。岡さん宅に友だちが来ているのを見たことはない。ファミリーレストランのドリンクバーも行かなくなっていたみたいだし，最近は何をしていたのだろう。前回退院してきた後，声かけはしてきたけれど，そういうことは聴いてなかった。干渉し過ぎるのもどうかと思ったし。だけど，もう少し聴くべきだった。

38 昨日までの飲み忘れはないようだ。訪問看護師が訪問時に事業所に寄って報告してくれるなかでも，精神状態が不安定という話はなかった。最近の様子をデイケアの担当スタッフにも聴いてみようかな。

39 名前が書いてない物は……一つもない。病院に入院すると，他の入院者のものと区別するために書くからだ。3か月前に入院しているし，1年前までは2年半も入院していたからなあ。何だか切ない。

40 前回の入院では，翌月に生活保護の保護費が入ったら元気になり，1か月ほどで退院してきた。退院前カンファレンスでは，お金の管理に関する支援が検討された。生活保護のケースワーカーから保護費を分割支給にする提案があったけど，岡さんは自分で1週間分ずつ下ろすと言い，当面はそれを尊重することになった。そして，「困ったときにはまず世話人に相談する」が，岡さんが取り組む課題として共有された。グループホームでも個別支援計画を見直し，岡さんが気軽に話せるように声をかけ，様子を見守っていくことにしていた。それでも，相談できるような関係にはなっていなかったんだな。

観察と逐語

▶ **14:15**
病棟の面会室
岡さんと会う。

病院に着くと面会カードに記入し，岡さんが入院している閉鎖病棟に入る 41 と，面会室に通された。
しばらくすると，岡さんが無言で入ってきた。見覚えのあるポロシャツにジャージ姿で，ひげが少し伸びている。目をパチパチして，緊張している様子 42 だった。

私が荷物の入ったバッグを持ち上げて，「持ってきましたよ」と声をかけると，岡さんは「ありがとう」と小さな声で恥ずかしそうに答えた 43 。
そこへ看護師が入ってきて，持ち物を一緒に確認した。

続いて看護師は，「お小遣いを事務所の窓口で預けてきてください」と私に言った 44 。
そこで岡さんに，「預けなくても自分で管理できるでしょう？」と尋ねると，岡さんは無言で目を逸らした 45 。

代わりに看護師が，「岡さん小銭しか持ってないんですよ 46 」と応じ，「これじゃ，おやつも我慢しないといけないもんねえ 47 」と，岡さんに笑いかけた。

岡さんは，困惑したような曖昧な表情 48 で黙っている。
「お金は下ろせばありますか？」と尋ねる 49 と，岡さんは，「いや……」と小さい声で応じた 50 。
そこで看護師に，お金を預けることをどうするか岡さんと話し合ってみたいと伝え，面会室を使わせてもらえないかと依頼したところ，了承された。

看護師が退室し，面会室で岡さんと二人になった 51 。
岡さんに，「お金，現金も預金もあんまりなさそうですね」と尋ねると，岡さんは「うん」とうなずいた。
「使っちゃいました？」と尋ねると，「うん」とまたうなずいた。「なるほどね」と軽く応じた 52 。岡さんはややうつむいたままだった。

「ところで，今いくら持っていますか？」と尋ねると，ジャージのポケットからくたびれた財布を取り出し，テーブルの上に広げて数え始めた 53 。
一緒に数えると，1,752 円あった 54 。

「ちょっとはおやつ買えますね」と返すと，岡さんは下を向いたまま，ふっと息だけで笑った 55 。
続いて，「銀行に預けてある分は，どのくらい残ってますか？」と尋ねると，財布からレシートや ATM の明細を何枚か出して見比べ，1 枚を見せてくれた 56 。

第 4 章　経過をふまえた支援における思考過程

41 閉鎖病棟か。死にたい気持ちがあったから閉鎖病棟になったのかな。今はどうだろう。注意しながら話をしよう。

42 少しやつれた？ いや，気のせいかもしれない。でも，いつもの表情の乏しい岡さんともちょっと違う。ちょっと落ち着きがない印象だ。

43 岡さん，こんな表情もするんだ。こちらも少し照れくさい感じだけど，岡さんと通じ合った気がする。

44 なぜ私に言うんだろう。岡さんのお金をグループホームの世話人が管理しているわけではないんだけど。それに自己管理してはいけないのかな。

45 あら？ 返事がないのはなぜ？ 管理できないということはさすがにないでしょうに。もしやお金を持ってないってこと？ また財布を失くした？ まさか。

46 えっ？ まだ月の前半なのに？ またお金がない？ 何かおかしいぞ。

47 岡さんたら。言葉がうまく話せない幼い子どものように扱われて……。

48 でも岡さんのほうは不快そうではない。これじゃ本当に子どもみたいだ。なんだか嫌だな。看護師さんの守りのなかに逃げ込まれたような感じがする。

49 岡さんが答えるように質問しよう。小銭があるなら今回は財布を持ってるんだな。じゃあ預金口座はどうだろう。お金が残っているのかな。

50 預金はないのか。どうしたのかな。聞きたいけど，この感じだと，岡さんから答えがなかなか返ってこなくて，看護師さんが「通訳」を務めることになりそうだ。直接二人で話せる場をつくりたい。

51 さて，まだ月の前半なのにお金がないらしい。何かありそうだけど，これまでの岡さんを考えると自分からはなかなか言えないだろう。ここはニュートラルな雰囲気で単刀直入に尋ねたほうがよさそうだ。「死にたい気持ち」のほうはどうだろう。統合失調症による思考や認知の障害で，こちらが思いも寄らないことで不安や恐怖を抱く場合があるので，反応を見ながら進めよう。

52 図星か……。あっさり認めたなあ。もう少し聴いてもよさそうだ。

53 隠す気はないみたいだ。なぜお金がないのかと聞くと問い詰めているようになってしまうから，具体的なところから入るほうが，きっと建設的だ。

54 小銭ばかりとはいえ，意外とあるじゃない。

55 よかった。ユーモアが伝わった。同じ土俵で話ができている気がする。

56 これも抵抗なさそうだ。病院という環境のせいだろうか。こちらが純粋に教えてほしいと思って尋ねているからだろうか。今までの岡さんのイメージとは違う。距離が縮まっている感じがする。

観察と逐語

明細を見ながら岡さんに,「5日前に2万円下ろして,残りが9,233円ですか。ちょっときついけど,工夫すれば来月初めまで暮らせなくもないですね 57 」と言った。

すると,岡さんはこちらを見て,「へ？」と言ってきょとんとした表情 58 になった。
「もう暮らせないと思って思い詰めたんですか？」と聞くと,岡さんは「暮らせないと思った」と,やや拍子抜けした表情でつぶやいた 59 。

「それで,大変なことになったと気が気じゃなくなった」と確認すると,岡さんはうなずいた。
「それで,死にたくなった」と畳みかけるように聞くと,「ああ」とうなずいた。少し無表情になった 60 。
「そういうことだったんですね」と返した。岡さんは黙った。

私が「じゃあ,もう大丈夫だとわかったし,退院しますか？ 61 」と聞くと,岡さんは「え？ いやあ……」と笑った 62 。

「そう……。それじゃあ,しばらくいますか？ お金もかからないし」と返すと,岡さんは苦笑いした。
「それにしても,ゆうべはよほど動転しちゃってたんですね。一体どうしたんですか？ 63 」と軽い調子で尋ねたところ,岡さんの体が突然ピクッとした 64 。

「岡さん」と呼びかけて,少し間をおいてから続けた。「何かあったみたいなので,私にも力になれたらいいなと思います。何か困っていることが起きていて,一人だけで抱えていませんか？ 65 」とゆっくりと尋ねた。
岡さんは,目が合わないように壁のほうを見て,しばらく黙っていたが,ふいにこちらに視線を向けて,「あ,あのパ,パチンコで,な,なくなっちゃった」と上ずった声で言った 66 。

「そういうことでしたか。なくなって,それから？」と聞くと,岡さんはいつもより高い声で,「どうしようって怖くなって」と答えた。「怖いって？」と聞くと,「ぜ,全部,な,なくなっちゃうかもしれないって」と言う。
「そうか…。このままだと全部下ろしてやっちゃいそうだと思って,B病院に電話したんですね」と確認すると,岡さんは,「あ……そう」とうなずいた 67 。
「しかし岡さん,パチンコやるなんて言ってましたっけ？」

第4章 経過をふまえた支援における思考過程

57 月の前半に景気よく下ろしているなあ。残高がこれだけということは、その前にも下ろしている。下ろし過ぎだ。でも、残ってないわけじゃない。現金も合わせると1万円ちょっと。これで死にたくなるのは早いんじゃないかな。生活保護の保護費が出るまであと約3週間。1日……約500円か。食べるだけなら工夫のしようはある。相談してくれれば、どうにかなったのに。

58 残高でどう乗り切るかという発想はなかったのか。もうだめだと思っちゃったのかな。岡さんが「うっかり者」というのは本当のようだな。

59 思い込みってやつか。昨夜はよほど動転していたんだなあ。何とかなったかもしれないと今さら気づいたのか。そんなことにも気づかないなんてどうしたんだろう。気になるけど、その前に最後まで確認しよう。

60 あ、さっきまでと違う。若干膜が張ったような、距離をとられた感じ。本気で死にたいと思ったわけではないということか。本当に死にたくなったのかどうか、触れられるのは抵抗がありそうだ。それにしても、前回も今回も、B病院は心理的にも物理的にも駆け込み寺なんだな。三食出るし、ほとんどお金を使わずに次に生活保護の保護費が入るまでの時間が稼げる。状況は飲み込めた。

61 抵抗が和らぐよう、話題を変えよう。

62 退院して倹約生活するより入院していたいのか。まあいいや。笑顔が見られたし、話題転換は成功だ。

63 さっき気になったことに戻ろう。腑に落ちなかったことは潰しておかないと、アセスメントを誤る恐れがある。できるだけさりげなく聴いてみよう。

64 ん？ この反応は変だ。何かある。生活破綻や病状悪化につながることであれば、世話人として把握して共有しなくてはならない。だけど話してもらえるかな。追い詰めるような聞き方はしないようにしよう。

65 計画性なくお金を使ってしまうとすると何だろう。酒かギャンブルか買い物か何かにはまっているか、デイケアとかで誰かにゆすり取られたか……。いずれにせよ、誰にも言えずに困っていたのだとすると、気づいてあげられなかったのが申し訳ないような気持ちになってきた。

66 パチンコかあ。なんだそうか。だったら説明がつく。最後に下ろした2万円も瞬く間になくなってしまって、冷静さを失って病院に逃げ込んだのかな。そのあたりの気持ちを確認していこう。言ってもらえたのはうれしい。

67 思ったとおりだ。でもB病院にはパチンコだとは言わずに入院したんだな。相談員もそんなことは言ってなかったし。それよりここに至る経過を知りたい。「非審判的態度」でいこう。私が「何バカなことやってるんだろう？」という気持ちになってしまうと、岡さんは話してくれなくなるかもしれない。なぜこういうことになったのか、素朴に探索するつもりで当たろう。

と話の方向性を変えると,「暇があると,な,なんとなく 68 」と答えた。

「暇があると,前はドリンクバーに行ってましたよね」と返すと,「な,長居するから,嫌がられて 69 」と言う。「何か言われました？」と聞くと,「直接は言われないけど」と岡さん。
「それでなぜパチンコへ？」と問うと,「店の前にあったから……何となく 70 」と言う。「いつ頃からですか？」と尋ねると,「半年くらい前かな」と言う。

▶面接の後半

「おもしろかった？」と尋ねると,「最初びっくりするくらい儲かって。それでしばらく行かなかった。そのあと行ったときは全然（だめ）だった」と言う。「それで？」と促すと,「今度行ったらまた出た」と言う。「それで？」と促すと,「またやりたくなった」と答えた 71 。

「どのくらいの頻度で行ってたんですか？」と聞くと,「休みの日 72 」と岡さん。「この連休中も？」と聞くと,無言でうなずいた。
「念のため聞くけど,借金はしていませんか？」と尋ねると,「そこまでしてない」と答えた。「なら,よかった」と言って,私は口をつぐんだ 73 。

岡さんは居心地悪そうに身体を小刻みに揺すっていた。
「だんだん歯止めが効かなくなっていったんですね。一人で何とかしなければと思ってつらかったでしょう。話してくれてありがとう 74 。よく話してくれましたね」と伝えた。
すると,岡さんは安堵したようにふーっと大きな息を吐いた 75 。

「パチンコの問題を解決するのは簡単ではないかもしれないけど,何かしらお手伝いをしたいと思っています。岡さんが一人で悩まないですむように」と伝えた。
岡さんは「はい」と神妙な表情でうなずいた 76 。
「ところでさっき看護師さんが言っていた"お小遣い"はどうしますか？」と尋ねると,岡さんは少し考えて,「お金ないし,預けられないって言う 77 」と答えた。「そう,それでいいですね」と支持した。

「他に,何か気になっていることとか相談しておきたいことはありますか？ 78 」と尋ねたところ,岡さんは下を向いて両手で財布をいじくり回しながら少し考えて,「こ

思考過程

68 あ，そうだ。ファミリーレストランのドリンクバーに行かなくなったあたり。パチンコに乗り換えたのかな。

69 いつも何時間もドリンクバーだけで粘るから，他の客に対するのとは接客態度が違っていたかもしれないな。岡さんはそれを敏感に感じ取ったのかな。

70 ふうん。岡さんは自覚してないけど，パチンコ屋もファミリーレストランと同じで，ざわざわして周りに人がいるから，居室に一人でいるよりも寂しくなかったのかな。それにしても，いつごろからだろう。

71 岡さんの心の隙間を埋めるようにパチンコの高揚感が入ってきて，止まらなくなっていったのだろうか。パチンコに依存している人の脳内では，パチンコで勝つと快感物質が分泌されると聞いたことがある。岡さんの場合もそんなふうになりかけているのかな。しかし，短期間のうちにはまっていったんだな。ここに来る前はやったことなかったのかな？ ま，今聞かなくてもいい。

72 休みの日に行ってたのか。平日はデイケアと訪問看護と夕食会で予定があるけど，休みの日はやることがないんだな。趣味も友だちもなさそうだったし。これまで週明けの岡さんの表情はどうだっただろうか。印象に残るほどではないなあ。今のところ，休日だけか。そうだ，借金はしていないだろうか。

73 3か月前の入院も，パチンコが原因の可能性が高い。何だろう。嘘をついていた岡さんを責めたい気持ちが出てきたぞ。黄色信号だ。岡さんが私に話してくれたのが大きな収穫だ。そこに立ち戻ろう。

74 困ったときに相談するというのは，困ったときに相談してもらえる関係をつくるということだ。岡さんの課題は私の課題だった。

75 気持ちが伝わったみたい。さて，岡さんの抱えている生活破綻をきたす要素がパチンコ問題であることが共有できた。岡さん一人では対処できなかったということは，何らかの支援が必要だ。でも，担当の支援者だからって，自動的にクライエントが支援者として認めてくれるとは限らない。スタートラインを共有しておこう。

76 パチンコ問題を一緒に考えるのを受け入れてくれた。これが「契約」というやつだ。ここからスタートだ。私もほっとした。今日のところはここまでにしよう。……そうだ，忘れるところだった。発端はお小遣いを預ける話だった。

77 岡さんはちゃんと考えて答えが出せる。こんな調子で岡さんの出した答えを支持していけるといいな。

78 岡さんとの間の，私自身の今日の目標は達成したけれど，岡さんのほうはどうだろう。心残りなことはないだろうか。

79 そうきたか。知られたくないのはわかるけど，困るなあ。主治医や相談員は岡

観察と逐語

のこと，先生たちに言わないで 79 」とつぶやくように言った。

「知られたくないですか？ 80 」と尋ねると，岡さんは「そりゃ……」とつぶやいた。
「私が言わなかったら，岡さんは言わないでいられるんですか？ 81 」と少しとぼけた調子で尋ねると，岡さんは「え？」と少し意外そうに顔を上げた 82 。

「急に入院になって，どうしたの？ 何かあったのって聞かれたら，どうします？」と問うと岡さんは，「何もないけど，急に死にたくなったって言う 83 」と答えた。
「何もないのに？」と聞くと，「そう。急に死にたくなったって……」という。「看護師さんからお金がないって聞いたけど，関係あるんじゃないって聞かれたら？」と尋ねると，岡さんは返答に詰まった 84 。

「今回はお財布落としてませんよね。どうします？」と聞くと，岡さんの口元がだんだん尖ってきた 85 。
「黙ってたら，何かあったなって，気づかれちゃいますよ」と少しちゃかして言う 86 と，「じゃあ，どうすればいい？ 87 」と不満げに聞いてきた。

「そう言われても，私の立場も考えてもらえるとありがたいんですけど 88 」と返すと，岡さんは「まいったな」と言って，「言ったほうがいいの？」と尋ねてきた。
私は「さあ？」と返した 89 。
岡さんは，「言ったら怒られるよな 90 」とつぶやいた。
「そしたら？ 91 」と尋ねると，「いやだ」と岡さん。
岡さんはため息をついて，「言うしかないかな」とポツンとつぶやいたが，また「怒られるかな」と言って黙りこんだ 92 。

しばらくして岡さんは，「仕方ないね」と言って，ずっといじっていた財布をテーブルの上に置いた 93 。
「本当に？」と聞くと，「本当に」と岡さんは答えた 94 。

私は岡さんの顔を覗き込みながら，「よくぞ，決断しました。応援してますよ 95 」と伝えた。
岡さんは，はにかんだような笑顔になった。

▶15:15
面接終了。

「ほかに何か気になることはありませんか」と岡さんに尋ねると，「いや，ない 96 」という返事だった。
岡さんに，「来週また来ます。何かあれば電話ください」と伝え，事業所の電話番号をメモに書いて渡した 97 。

第4章 経過をふまえた支援における思考過程

さんを支援するチームだ。内緒にはしにくい。だけど守秘義務がある。他の支援者に筒抜けだと思ったら，岡さんは話してくれただろうか。困った。

80 私が言うか言わないかに焦点が当たると，岡さんと対立関係になってしまう。そういう頼みごとをしてきた岡さんの気持ちに焦点を当てよう。
81 知られないためには岡さんだって黙っていられないといけない。黙っていられないんじゃない？ というニュアンスも込めよう。
82 私がすぐ断ると思ってたのかな。まあいいや。このまま進めてみよう。

83 聞かれたときのことを，岡さんはすでに考えていたのかもしれないな。
84 あら，もうおしまい？ 案外嘘はつけないんだな。相手がずっと世話になってきた主治医と相談員だとなおさらかもしれない。この様子だと，私が黙っていたとしても，岡さんのほうから「白状」するかもしれないな。だったらそのほうがいい。

85 あれあれ？ まるで子どもみたいだな。でも，岡さんの感情が伝わってくるのはいいことだ。もう少し押すと何が出てくるだろう。
86 逃げ道がないような聞き方にならないようにしよう。追い詰めるのが目的ではない。言い逃れられないと思えば，正直に言えばよいのだ。
87 え？ 私に聞く？ こんなに依存的な態度を見せることがあるんだ。驚いた。

88 「言ったほうがいい」と言いたいのは山々だけど，それでは誘導したことになる。かといって，まったくニュートラルに岡さんが決定を見出すのに寄り添えているわけでもない。正直にそれを伝えておこう。
89 つい「そうですね」と応じたくなるけど，我慢だ。
90 言ったらどうなりそうか，イメージしている。気持ちが動き出した。
91 「そんなことないよ」などと期待をもたせるようなことは言わない。実際，主治医や相談員がどう反応するか，私にもわからない。
92 自問自答しているんだろうな。がんばれ。答えを出せるのは岡さんしかいない。待とう。

93 結論が出たようだ。観念したんだ。
94 よし。岡さん，すごい。やった。

95 恥ずかしいことを大事な人に話すというのは，勇気のいることだ。今は純粋に岡さんを応援したい気持ちだ。

96 現時点でやり残したことはなさそうだな。
97 こちらからもまた出向くつもりだけど，今度こそ，何かあったら岡さんから連絡してもらえるとうれしいな。

❖ 解説 ❖

　長い経過があっても，インシデントがきっかけとなり，支援経過やかかわり方を見直し支援課題を再認識することができます。

◆トラブル発生時にかかわりを振り返る

　鷹野PSWは，岡さんの緊急入院の知らせに驚きながらも，瞬間的に直近の様子や過去の入院経過，SOSの出し方の約束などを想起しています。各利用者のプロフィールについて，いつでも取り出せるように把握しておくことで有事にも落ち着いて対応できています。グループホームの世話人としてPSWがいる意味を考えると，日常生活の相談に応じることのほか，突発的な出来事に速やかに対応できる面もあります。トラブル発生時こそPSWのかかわり時ともいえます。鷹野PSWは，世話人の緊急電話を鳴らさずに急な入院をした岡さんの行動を，過去のエピソードも重ねて考察し，アセスメントや関係づくりの不十分さを認め，ここが関係をつくり直す機会であるととらえ直しています。

　生活にはトラブルがつきものですから，生活支援の場では生活者の知恵を使って工夫することも有用です。所持金の乏しい岡さんに，鷹野PSWは深刻すぎず現実的な対応を提案しており，これにより岡さんも安心して所持金額を再認識したり，できることを自分で考え，答えを出す冷静さを取り戻しています。

◆生活者としての個人を尊重する

　急な入院という事態であっても，鷹野PSWは岡さんの部屋から衣類等を持ち出すことについて岡さん自身の意向を尋ねています。世話人が無用の疑いをもたれないためというリスク管理もありますが，それ以上に岡さんを地域で生活する一人の人として尊重する姿勢の表れといえます。

　この発想からすると，病院の看護師の対応には違和感を覚え，鷹野PSWは岡さんと二人で対話することを求めます。さらに，パチンコで浪費した事実を主治医や病院PSWには言わないでほしいという岡さんの要望に，困惑しながらも心情に寄り添い理解して受け止めようとします。岡さんを信頼し，岡さん自身が考えて結論を出す道筋を，邪魔せず伴走する姿勢が貫かれています。

◆信頼関係の再構築

　これまで，鷹野PSWは岡さんのプライベートな生活を尊重して干渉し過ぎない距離を保つことを重視していましたが，それだけでなく世話人として，岡さんが困ったときに「助けて」と言えるだけの信頼を得る必要があると考え直しました。そこでまず支援関係の構造をつくることを意識した対話を丁寧に行い，岡さんの言葉や態度に着目し，助言や支援の提案にあたっても表現方法をよく吟味しています。岡さんの困り感を自身の支援課題としてとらえ，共に考えるプロセスを歩んだ結果，難しい決断に到達できた岡さんを鷹野PSWは「すごいと思います」と労い称賛します。これは岡さんと共に親身になって考えた者であればこそ言える言葉であり，利用者とPSWが二人で到達した結論ともいえます。このようにプロセスを共有することで支援関係は深まります。パチンコの問題を一緒に考えると合意したこともあり，最後の記述には鷹野PSWが岡さんとの関係性を深められた感触を得つつあることが表れています。

◆経過からのアセスメント

　今回の出来事において，鷹野PSWは，岡さんの経過をふまえた的確なアセスメントに基づいて不安や困惑を軽減し，難しい決断へのサポートを行うことができています。それは，岡さんに対してこれまで少し距離を保ちながらも，要所要所で必要な支援を怠りなくしていたからこそできることです。

　例えば，前回の入院の経緯を思い返し，金銭管理に問題があったことや，そのために支援計画を見直したことを振り返り，病院の面会室で看護師から所持金に関する話が出た際の岡さんの表情や態度から，何か困りごとを抱えている可能性に気づきます。そして，このことをどう切り出すのが岡さんにとって話しやすいかをこれまでのかかわりから検討しており，岡さんはPSWのペースで問われるままに答えていきます。お金の使い道に話がおよぶと再び岡さんの様子に違和感を覚えますが，普段の様子や岡さんの室内の状態なども加味したうえで推察し，支援する意思を明確に伝えています。パチンコにはまっていった岡さんの心情についても，ファミリーレストランのドリンクバーによく行っていたという情報や，休日にやることがないことと併せて洞察しています。

第3節 映画スターになりたいと口癖のように言う長期入院者
あきらめてきた歴史に寄り添い，未来を共に切り拓く

第4章　経過をふまえた支援における思考過程

事例の概要

柴さん（仮名，44歳男性）は，精神科病院に20年間入院している。統合失調症の慢性症状として思考障害があり，現実検討能力も低下している。家族とは疎遠な関係で孤独である。退院については，「このままでいい」と現状維持の意向を示している。

観察と逐語

▶閉鎖病棟のホール

柴さんを担当していたPSWの退職に伴い，新たに柴さんを担当することとなった〔1〕。
担当PSWの変更を伝えるために病棟を訪れると，ホールの椅子に座り新聞を読んでいる柴さんを発見した〔2〕。近くに駆け寄り，「柴さんですよね？はじめまして。海堂と申します」と声をかけた。

柴さんは「えー，そのー，なんていうか，そうですよ，柴です。あぁ，西田さんから聴いていましたよ。あなたは，こ，後任の人ですね。あなたが担当の，ソーシャルワーカーさんになる人ですね？〔3〕」と返答してくれた。

「そうです。西田から聴いていたと思いますが，西田は先月末に病院を退職しました。西田に変わって私が柴さんを担当します。どうぞよろしくお願いいたします」と挨拶をした。
柴さんはニコッと微笑み〔4〕ながら軽く会釈をしてくれた。そして，「あー，その，僕の父は会社の社長をしてい

登場人物	●柴さん…44歳男性，統合失調症 ●滝さん…同じ病棟の患者 ●神山医師，村椿看護師…病院スタッフ ●西田PSW…前任のソーシャルワーカー ●海堂PSW…精神科病院の担当ソーシャルワーカー
場面	前任者の退職に伴い，新たに担当PSWとなったばかり。前任者は退院の意思を確認しても，いつも決まって「このままでいい」と話す柴さんに対して，その言葉を本人の意思ととらえ積極的な退院支援を進めてこなかった。

思考過程

① 柴さんを担当するにあたり担当医や看護師から話を聴いたところ，柴さんは病棟内の生活は落ち着いているように見えるが，妄想や思考障害は残存しており，金銭や服薬管理など生活能力全般が低下し，怠薬による病状再燃のリスクもあるとのこと。退院については，意欲が乏しく，退院を勧める家族もいないために具体的な動きはとっていない。性格はネガティブで，妄想は固定化して現実的ではないことばかりを話す。前任のPSWからは，「俳優になりたい」という妄想や，「このまま入院している」と退院に対して消極的な意見ばかりを話す柴さんとどう向き合っていけばいいのかわからずに悩み，思うように退院支援を進められなかったと聴いている。柴さんはどんな人なのだろうか。

② 新聞を読んでいる。政治やニュースに興味があるのか，それともスポーツが好きなのか。いろいろと聴いてみたい。柴さんの行動や言葉の隅々まで注視しよう。

③ 前任が話したことを覚えている。後任として新たに担当することも理解している。喋り方が独特だけど，緊張しているのだろうか。もともと吃音症があるのかもしれないし，薬の副作用で口渇があって話しにくいのかもしれない。初めて会ううえに突然の訪問だから緊張しているとしても自然なことか。

④ 笑った。ちゃんと会釈もするなんて，礼節が保たれている。これは柴さんの強みではないだろうか。素直に嬉しい。最初のかかわりは順調な滑り出しだ。

⑤ 家族とは疎遠な関係で，本人と父はここ数年くらい連絡を取っていなかったはず。でも，父親に対しては何らかの思い入れがあるのかもしれない。会社の社長というのは本当の話だろうか。芸能人になりたいという話は前任や看護師からも聞いており，誰もが妄想だと話していた。これは固定化した妄想での会話

るんです。でも僕は落ちこぼれで，ダメ人間だけど，でも，僕はこれから，げ，げ，芸能人になる ⑤ から大丈夫です」と話し始めた。

「そうでしたか。お父さんはどちらでお仕事されているのですか ⑥ ？」
「と，東京だと思いますよ」
「思います，ということは，最近はお会いになられていないのですね？」
「えーと，父も母も，み，みんな忙しいんだと思います」
柴さんの表情が暗くなり，声のトーンが下がった ⑦ 。

「そうでしたか。今度またお父さんのことを聴かせてくださいね。ところで柴さん？ これからお時間はありますか？ お部屋か面談室でちょっとお話しませんか？」と伝えると，「いや，こ，ここで大丈夫ですよ。そこに座ってください ⑧ 」と言って，柴さんは前の椅子を指差した。

「そうですか，わかりました。ありがとうございます」と言い，柴さんの前の椅子に腰をかけた ⑨ 。
時間は午前10時過ぎ。この時間に病棟ホールにいる人は少なく，数名の入院患者の話し声やテレビの音が聞こえる程度 ⑩ であった。

▶ホールの一角
二人向き合って椅子に座る。

「突然すみません。新聞を読んでいたんですね？ お邪魔しちゃいましたね。柴さんのことは少しだけ西田から聴いていますが，まだ知らないことが多いのでこれから教えてくださいね。いろいろと今後のことをお手伝いさせていただきたいと思っておりますので」と伝えた。
「僕は，滝さんと村椿看護師さんが苦手です。神山先生は，こ，怖くて，いつも厳しいことばかり言われてしまいます ⑪ 。でも，僕がダメな人間だから仕方ないんです」

「そうですか。例えばどんなことを言われてしまうのですか？ ⑫ 」

「柴さんは少し我慢を覚えなさいとか，ひ，人に言われたことをすぐに気にするからダメだとか言われます」
「そうですか。先生や看護師は柴さんのためを思って言っているのかもしれませんが，否定された気持ちになることもありますよね」
「柴さん，このままここでお話し続けていても大丈夫ですか？ 周りの声がうるさくて聞こえにくくないですか？ それに，話の内容が誰かに聞こえてしまうかもしれませんよ」

なのか。でも，芸能人になりたいというのは純粋な本人の夢かもしれない。

⑥ 妄想であれ何であれ，父親の話が唐突に出てきたのは何か理由があるはず。少し探ってみよう。

⑦ 表情が硬くなってしまった。心なしか声のトーンも落ちたような気がする。家族の話はあまりしないほうがいいだろうか。家族の話題はとても繊細だし，もう少し柴さんの事情を理解し，関係ができてから触れていこう。

⑧ 柴さんの個人情報が他の人に聞かれてしまうおそれもあるから個室で話したかった。でも，柴さんがここでいいというのなら仕方がない。今日はできるだけ個人情報を掘り下げる会話は避けて，次回につながるような面接にしよう。それにしても「そこに座ってください」と言えるなんて，気の遣える人だ。よいところをたくさん発見できそうな気がする。でも，吃音は取れていないようだからまだ緊張はしているかな。

⑨ 目の前に座ったはいいけど，ここだとやはり落ち着いてゆっくり会話はできない。できれば手早く場所を変えたいところだ。

⑩ この時間はやけに人が少ない。こんなに人の少ない病棟だっただろうか。午前10時過ぎの病棟ホール。そうか，この時間帯は作業療法室に出かけている人が多いのだろう。だとしたら，ちょうどいいか。ここで面接を続けてみよう。

⑪ 会話がずれているようだ。投げかけとは違う答えが返ってきた。病状は穏やかそうに見えるけど，やはり思考障害は根強く残っているのか。苦手な人が多いという訴えは前任からも聞いていた。人間関係に苦労して，すぐに病状悪化や再燃を繰り返してしまう恐れがあるとのことだった。同じ病棟の滝さんとはうまくいっていないのか。あとで滝さんの担当看護師や担当PSWに話を聴いてみよう。村椿看護師は厳しい一面があるから何となくわかる。神山医師も怖いのか。前任からは神山医師のことは信頼していて，関係はうまくいっているって聞いていたのだが。

⑫ 柴さんにとって本当に怖いだけの存在なのか，神山医師のことをどう思っているのか，掘り下げて聴いてみよう。

⑬ 聞こえにくいと言ったからか，柴さんの声が大きくなってしまった。それとも少し怒らせてしまったかな。プライバシーに配慮したつもりだけど，柴さんはあまりこだわっていないみたいだ。むしろ，この席に執着している様子がうかがえる。柴さんにとってここが一番落ち着く場所なのかもしれない。私が病棟に来たときから柴さんはずっとここに座っていた。この席は柴さんの特等席なのだろう。初めて会う私からいろいろ聞かれて緊張しているのだとすれば，柴さんが落ち着くこの場所で話を続けることは悪くない。プライバシーだけは守られるよう気を配っておこう。

観察と逐語

「え, いやー, なんていうか, こ, このままで大丈夫です」
柴さんの声が少しだけ大きくなった 13 。

「わかりました。それではここでお話しさせていただきますね。柴さんはいつからここに入院されているのですか?」
「何十年も前からです。に, に, 20年くらいだと思いますよ」
「20年ですか? そうですか…… 14 。それはいろいろなご苦労があったことと思います」
「はい。いろいろ, つ, つらいことも多かったです。でも, 今はここでの生活は楽ですし, 私は, こ, このままでいいんです。もうずっとここにいますよ。ど, どうせ僕なんかは, しゃ, 社会の役には立ちませんから」

「どうしてそう思われるのですか 15 ?」
「だ, だって, ここはいいですよ。落ち着くし, ご飯もおいしいし, 静かですし。お, 落ち着きますし。僕はいずれ芸能人にはなりますが, 社会の役には立たないんです 16 」と, 柴さんは穏やかな様子で淡々と自己否定をしている。
「どうして社会の役に立たないと思うのですか?」
「だって, みんなから, そ, そう言われてきましたし, お, お金も稼げませんしね。だから芸能人になりますよ」
腕時計をチラッと見ると, 時計の針は10時30分を指していた 17 。

▶初回面接終了
次回の約束をする。

「自分でお金を稼いで自立したいと思い, その手段として芸能人になろうと考えているのですね。柴さんのことをもっと知りたくなりました。特に芸能人になりたいという話はゆっくりお聴きしたいです。今日はそろそろ戻りますね。また時間をつくっていただけますか?」
「は, はい。その, いつでもいいですよ」
「ありがとうございます。それでは, 明後日の今日と同じ時間, 午前10時頃はいかがでしょうか 18 ? そのときはそこの面談室を押さえておきます 19 」と言って, 遠くに見える面談室を指差した。

「わかりました。せ, せ, 先生には怒られないでしょうか?」
「大丈夫ですよ。先生には私からお話ししておきましょうか? 他の人とも同様のやり取りをしていて, 先生は怒っ

第4章 経過をふまえた支援における思考過程

14 20年も入院している……。人生の半分を病院で過ごしていることになる。退院に向けた取組みを誰もしてこなかったのだろうか。どうして退院できないのだろう。病状で退院できなかったのか，病状以外の何らかの原因……社会的入院だろうか。やはり柴さんの退院を本気で考える人が不在だったのだろうか。でも，今の柴さんを見ていると単純に病状だけが原因であるとは考えにくい。この数分話しただけの印象だが，地域で支えていく体制さえあれば退院は可能である気がする。柴さんの退院への気持ちはどうなのだろう。

15 聞いていた通りだ。今の入院生活は本当に柴さんにとって楽なのだろうか。部屋の掃除や食事，身の回りの世話は看護師やケアワーカーがしてくれるけど，だから病院生活が楽しいとは思えない。苦手な患者，怖い看護師や主治医など，入院生活には不満もたくさんありそうだ。20年という時間を柴さんはどのように生きてきたのだろう。この20年にはどんな意味があったのだろう。柴さんの人生をもっと知りたい。柴さんが考えていることの背景には一体何があるのだろうか。

16 実に穏やかに自己否定されている。この手の思いはあちこちで語っているのかもしれない。PSWだけではなく，看護師や作業療法士の実習生で柴さんを症例担当に決める学生も多かったと聞いている。スタッフだけではなく実習生にもいつも同じことを話しているのか。自分を否定する意味は何なのか。本当は自分を認めてほしいという思いが表現されているということはないだろうか。もっと深く探ろう。

17 30分が経過してしまった。インテークは一回で完結するものでもない。時間をかけて何回かに分けて情報を集めよう。情報収集を重ねながら適切なアセスメントにつなげていこう。核心部分は次回面接で明らかにしよう。幸いにも柴さんとよい関係性を築いていけそうだし。

18 時間は今日と同じにしたほうが本人も忘れないだろうから，明後日の同じ時間で設定しよう。

19 次回はきちんと面談室を確保しよう。ホールではプライバシーの配慮を考えるとあまり深い話ができない。

20 神山医師はよくも悪くも大きなウエイトを占める存在だ。私と話をしても主治医との関係に影響しないということを伝えなくてはいけない。そうしないと柴さんは遠慮して私に本音をぶつけてくれないかもしれない。柴さんに安心して

観察と逐語

たことないから大丈夫ですよ[20]。安心してくださいね。それでは，明後日また伺いますね」

私は柴さんと別れると，ナースステーションへ行き，柴さんの担当看護師に今回の面接の内容を報告し[21]，明後日の面接のために面談室の予約を申し出た。

相談室に戻り，前任のPSWが残した柴さんのケース記録やカルテにあらためて目を通し[22]，内線で主治医に面接の経過と今後のPSWの支援方針を報告した。

▶**2日後，病棟の面談室**
2回目の面接を行う。

1回目の面接を終えてから2日後，再び病棟を訪れると柴さんは前回と同じ場所で新聞を読んでいた[23]。

「柴さん，おはようございます」
「お，お，おはようございます」
「今から時間大丈夫ですか？」
「は，はい」
「面談室を押さえてありますので，そちらでお話を伺ってもよろしいですか？」
「は，はい[24]」
柴さんに了承をいただき，面談室に入室した。

面談室の椅子に向かい合わせで座り，「調子はいかがですか？」と話し始めた。
「いやー，ちょ，ちょっと嫌なことがあって……」
「どうなされたのですか？」
「昨日，先生に，ま，また怒られちゃいました[25]。そのー，なんていうか，なんか，その，滝さんから言われたことが気になって眠れないと言ったら，そんなの気にするからいけないって。もっと気持ちを強くもちなさいって，言われてしまいました。ぼ，僕が全部悪いから仕方ないんですけど」

「先生に怒られたのはつらかったですね。まずは滝さんには何と言われたのですか[26]？」
「なんか，なんだか，理由はわからないですけど，突然，お，お前はダメな人間だって。もう生きている価値ないって。それが気になって，ね，眠れなくなってしまったんです」
「それは嫌な思いをされましたね。滝さんにそういうことは言わないでほしいって頼んだことはありますか？」
「いいえ，なんていうか，そのー，あの，自分が悪いんだし，滝さんにはよいところもあるんです[27]」
「そうですか。滝さんとの関係に悩んで苦労しながらも，

もらって，信頼関係を築いていこう。

[21] 初回の面接でもあるので，内容は担当看護師に丁寧に伝えておいたほうがいいだろう。チームでの情報共有は大切だ。主治医にも後で報告しておく必要がある。

[22] 柴さんと面識をもったことだし，じっくりケース記録やカルテを参照しながら柴さんへの理解を深めよう。今後の希望や思いはこれから聴いていくとして，記録から入院前の生活や病気の経過を把握しよう。そして，PSWの支援方針を主治医に報告していこう。

[23] また同じ場所で新聞を読んでいる。あの場所はやはり柴さんの特等席だ。でも，今日は面談室を確保してあるので，また「ここで話そう」とは言わないだろう。

[24] 今日も吃音だ。緊張はもちろんあるのだろうけど，こういう話し方の特徴をもっている方なのかもしれない。この部分はあまり気にしないでかかわろう。今日は面談室で面接をすることができる。核心をつく質問を展開していこう。

[25] 経過を報告したときには，ニコニコと私の報告を聞いてくれていたのに，神山医師に怒られてしまったのか。何をしたのだろう。あの先生は普段はそんなに怒るような人ではない。柴さんにだけ厳しいなんてあり得るだろうか。主治医のアドバイスもすべて「怒られた」と被害的に受け取る傾向があるのかもしれない。怖い怖いと言いながらも，柴さんの言動からは主治医を頼りにしていることも考えられる。投げかけられた言葉もそんなにキツイ言葉とは考えにくい。言葉のみに惑わされることなく，広い視点で全体をとらえてみよう。

[26] 滝さんとの間に一体何があったのだろう。滝さんとは本当に仲が悪いのだろうか。柴さんのストレス耐性が低いことは容易に予想がつくけど，滝さんには自分の意見を伝えることはできているのだろうか。

[27] 滝さんのことを認めている。いや，それとも庇っているのか。滝さんとはどういう関係なのだろう。知り合ってから長い付き合いなのかな。病院で知り合ったのだろうか。どちらにしても，今後の支援では何らかの形で滝さんにも登場してもらうことになるかもしれない。滝さんも資源の一つとしてとらえていく視点が重要だ。

観察と逐語

滝さんのよいところを認めているんですね。なかなかできることではない。素敵です。先生から言われたことについてはどう思っているのですか？」
「せ，先生はちょっと，厳しいです。診察の前はいつも，その，ドキドキしてしまって，なんていうか，ス，ストレスになっているんです。あ，でもこのことは先生には言わないでください。悪いのは自分なので……」
「先生と話すと緊張してしまうのですね。気持ちわかりますよ。これらのことは先生には伝えないようにします。先生と話すときに緊張しない方法があればいいですね。何かよい方法がないか，一緒に考えましょう 28」

■面接の中盤

「は，はい。ありがとうございます。で，でも，先生はよくしてくれます。だから，ぼ，僕は一生この病院にいますよ。だって，僕なんかは何をやってもダメだし，ここにいたら，ら，楽に生活ができます。それに，そのー，なんていうか，僕が退院して幸せになんてなってはいけないと思いますしね 29」

「どうして柴さんは幸せになってはいけないのですか？」
「んー。わ，わかりませんが，でも，げ，芸能人にはなりたいです。近いうち，オ，オーディションを受けに行きます」
「何のオーディションですか？」
「え，映画のオーディションです。映画スターになります 30」
「そうですかぁ。芸能人というのは俳優さんのことだったんですね。そして柴さんは映画スターを目指しているのですね。私も小さい頃に憧れていた時期もありましたよ。とても素敵な夢だと思いますよ 31」

「え？ ダ，ダメって，言わないんですか？ オ，オーディションを受けに行ってもいいのですか？」
「ん？ ダメ？ どうしてダメと言う必要があるのですか？」
「や，やめなさい，とか，無理だとか，馬鹿なこと言うんじゃないとか。そんなこと，言われるのかと，お，思っていました」
「……そうでしたか。今まではそのように言われることが多かったのですね 32。簡単ではないですが，私は決して無理だと思いませんよ。本当に素敵な夢だと心から思っていますよ 33」
「ほ，本当ですか？ こ，このまま話を続けてもいいのですか？」
柴さんの表情に笑顔が見られた 34。

第4章 経過をふまえた支援における思考過程

206

28) 主治医との関係性については慎重に考えなければいけない。厳しいと思っていること，主治医の前では緊張して萎縮してしまうこと，しかしどこかで信頼している気もする。今の主治医だけでなく，前の主治医との関係性にも着目してみよう。これまでの歩みや今後の希望などを丁寧に聴いてみよう。どのような話が聴けるのか楽しみだ。柴さんに聴きたいことがいろいろあって気がはやり，呼吸が早くなった気がする。

29) どうして幸せになってはいけないと考えてしまうのだろう。長期入院の中でいろいろなことに失敗して，あきらめさせられてきた結果から生まれた思考だろうか。だとしたら，とても悲しい。少しでも自分に自信をもってもらえるようなアプローチをしたい。認知行動療法などは有効だろうか。柴さんのことをふだんから褒めていくかかわりは必要だろう。

30) そうだったのか。芸能人とは俳優のことだったのか。映画が好きなのかな？好きな俳優さんや映画スターとかいるのかな？とても興味深い。柴さんにとっては大切な憧れであり，生きるためのモチベーションになっているのかもしれない。

31) 柴さんの大事な希望を「非現実的」とか「妄想」ととらえる視点はもちたくない。柴さんの人生の目標として，そして実現可能な夢として応援することからPSWとクライエントのかかわりはスタートする。この話を詳しく聴いていく過程で，生活上のニーズを見つけていくことができることもある。柴さんの思いを受け止めていく作業を通してラポールが形成できる。そのなかで退院の可能性を探っていこう。

32) 今まではスタッフや友人に俳優になりたい夢を語ったときに否定されてきたのだろう。妄想ととらえて柴さんの思いを受け止めることができていなかったし，柴さんのネガティブな思考の背景には，思いを否定され続けたことが原因としてあるのかもしれない。

33) PSWはどんなことであれ思い描く夢や理想を応援し，それに向かって一緒に歩んでいく職種であるということを理解してほしい。その過程で柴さんの言葉の奥に隠れているニーズを拾っていこう。

34) 表情が一気に明るくなった。笑っている。人は自分の夢や理想を語るときに一番いい表情になる。このような機会が極端に少なかったであろう柴さんであればなおさらだ。なんだかこちらまで嬉しくなる。

「もちろんです。もっと聴かせてください。何か好きな映画や映画スターはいらっしゃるのですか？」
「は，はい。外国の映画が好きでした。な，名前は忘れてしまいましたけど，そ，そのえ，映画に出ていた俳優に憧れて……，こ，こんな話はしてはいけないと，思っていました。話していけないと，言われてきました。海堂さんに話すのが初めてです。本当に，こ，このまま話してもいいのですか？」
「もちろんです。もっと続けてください。最近でも映画を観ることはあるのですか？」
「たまに，さ，作業療法で観ますよ」
「そうでしたか。俳優になるために柴さんが何をしていかなければいけないのか，私は一緒に考えていきたいです。その希望を応援させてもらってもいいですか 35 ？」
「え？ う，うれしいです。そんなこと言われたの，初めてです」
「もちろん，すぐになれるというものではないと思いますが 36 ，柴さんが俳優を目指すことは全力で応援していきたいと思っています 37 」

「でも，ぼ，僕なんかが映画スターになっていいのかどうか，その，先生に怒られてしまわないか心配です 38 」
「今度一緒に先生にこのことを話してみませんか？ 39 」

「ほ，本当ですか？ でも，何だか，最近ではそんなこと考えたこともなかったので，その，なんていうか，どうしたらいいのかわからなくなってしまいました」
「はい。もちろん，これは今すぐにとは思っていませんよ。これから時間をかけて考えていきませんか？ 40 先生や看護師に何をどう伝えていくのか，滝さんにはどのように伝えていくのかなど，今日すぐに結論はでませんが，これから一緒に考えさせてください」
「わ，わかりました」
「柴さん，今日はありがとうございました。また面談させてもらってもよろしいですか？ その時にまたたくさんお話を聴かせてくださいね」
「は，はい。いろいろと考えておこうと思います」
私は柴さんにお礼を言い，次の面談日は設定せずに面接を終えた 41 。その後，いつものように関係職種に今回の面接の概要を報告して病棟を後にした。

▶3日後，医療相談室

2回目の面接から3日後，医療相談室のドアを柴さんがノックした。
後輩PSWが「はい，どちら様ですか？ どのようなご用件

- ［35］ 新人の頃は妄想と思われる言動があれば，それを肯定したり助長したりする発言は病状を悪化させ，混乱させてしまうのではないかと思っていた。クライエントが妄想や非現実的な思考を話す場合，それらが妄想かどうかを吟味せず，寄り添えなかった経験を幾度もしてきた。しかし，どんな夢であれ希望であれ，その思いに寄り添うスタンスを貫くこと，本人の感情や主観的な思いを受け止めることからソーシャルワークが始まると今は思っている。
- ［36］ 正直，映画スターになりたいという夢の実現は実際には難しいだろう。でも，これまでの20年間はきっと多くのことをあきらめさせられてきたのだと思う。この願い続けてきた柴さんの夢だけは本気で応援したい。
- ［37］ これまで柴さんにかかわってきた職種と同じかかわりしかできないのであれば，PSWが病院にいる意味がなくなってしまう。他職種にも働きかけ，これまでとは別の視点で柴さんとかかわっていく方向性を模索したい。

- ［38］ 柴さんにとって主治医の影響力は本当に大きい。神山医師は柴さんの主治医になってそんなに長くはないはず。前任やその前の主治医との間で何かあったのだろうか。
- ［39］ 主治医の診察に立ち会って，柴さんの思いや主張を私も後押ししよう。

- ［40］ 20年という歳月の入院生活を鑑みれば，何かを急激に変化させるとか，非日常や非現実を唐突に突きつけることはマイナスに作用しかねない。病状はもちろん，柴さんの考えや行動の些細な変化や周囲との関係性にも着目しながら，丁寧なかかわりが重要だ。ゆっくり焦らず，変化を評価しながら一歩ずつ進んでいきたい。
- ［41］ 柴さんの特性からは，次の面接日を決めてしまうとそれまでに焦っていろいろなことを悶々と考え，頭の中が混乱することが予測される。あえて次の約束は入れないでおいたほうがいいだろう。柴さんを見守りつつ，看護師などから情報を得ながら頃合いを見て話しかけることにしよう。

観察と逐語

でしょうか？」と尋ねると，「え，柴といいます。か，海堂さんいますか？」と，緊張した面持ちで私を指名した 42 。

柴さんのところへ行き，「柴さん，こんにちは。柴さんのほうからお訪ねいただきありがとうございます。何か御用ですか？ 43 」と声かけした。

ニコッと笑顔を見せつつも，心なしか申し訳なさそうに「お，お話ししたいです」と，笑顔の裏に神妙そうな表情が浮かんだ 44 。

「わかりました。すぐに準備しますので，そちらの椅子に座ってお待ちいただけますか？」と，外来の待合室に柴さんを案内した。

▶ **医療相談室の面談室**
3回目の面接を行う。

5分後，医療相談室の奥にある面談室へお連れした 45 。
「柴さん，どうぞお座りください」
柴さんは椅子に座るなり「か，海堂さん，僕はやっぱり映画スターにはなれないです。僕なんかが，し，幸せになってはダメです！ 46 」と声を荒げて訴えてきた。
驚いたものの，「柴さん，どうかしましたか？ 落ち着いて話を聴かせてくださいね」と，瞬間的に穏やかにゆっくりと声を返した 47 。
「え，映画スターなんかになるのは無理だ。不可能だ，馬鹿じゃないかって言われました。その，なんていうか，せ，先生にも怒られてしまいますし。じ，自分なんかが幸せになってはいけないと思いますし」

「先生に何か言われてしまったのですか？ 48 」
「い，いえ，先生には何も話していません。先生に話したら，お，怒られてしまうような気がします 49 。あれから，滝さんに映画スターになることを話したら，お，思いっきり笑われて馬鹿にされてしまって 50 。それから，ね，眠れなくなってしまいました」
「そうでしたか。柴さんにとって滝さんは大きな存在ですね 51 。これについて柴さんはどのように感じていらっしゃいますか？」

「ほ，本当は何を言われても受け流せたらいいと思います。でも，その，なんていうか，どうしても気になってしまって 52 」

第4章　経過をふまえた支援における思考過程

[42] おや，柴さんだ。病院内の単独外出は自由だけれど，自ら私を訪ねてくるなんて。前回の面接以降，担当看護師とは連絡を取り合っていた。柴さんは特に変化なく普段通りの生活をしていると聞いていたが，柴さんから私を訪ねてくるなんて何かあったのだろうか。

[43] 何の用事だろう。この自発性を大切にしたい。私の名前をきちんと覚えていてくれたなんてうれしい。

[44] ずいぶんと複雑な表情をしている。担当看護師からは柴さんに変わった様子は見られないとの報告を受けていたが，これはきっと何かあったのだろう。あの苦手な患者さんの滝さんに何か言われてしまったのだろうか。

[45] 自ら相談室を訪ねてくるのは訳があるはず。雑談目的ではないだろう。本人なりに必死に考えての行動だ。柴さんの強さをまた一つ発見した気がする。

[46] いきなりどうしたのだろう。すごく焦っている。映画スターにはなれない？滝さんか医師か看護師に何か言われてしまったのか。

[47] まずは落ち着いていただこう。こういうときにはこっちが冷静にならないといけない。自分が落ち着いてゆっくり話しかけよう。

[48] 主治医に嫌なことでも言われてしまった可能性もあるが，それは受け取り方の齟齬が生じているだけだろう。私が医師に話したときには，きちんと理解を示してくれた。何らかのアドバイスを悪いようにとらえてしまっているのかもしれない。

[49] 主治医に話したら怒られると思っている。今度，その誤解を解くためにも，主治医，看護師を入れて4人で面接する機会をもつ必要があるだろう。

[50] 滝さんの存在もまた柴さんにとって大きい。看護師は病状には変化ないと話していたけど，不眠になっていたようだ。柴さんは主治医や看護師にはこのことを話していないのかもしれない。

[51] 柴さんのストレス耐性はかなり低く，滝さんだけではなく誰からにでも否定的な言葉を言われたら調子を崩してしまうのだろう。これは入院が長期化している一要因かもしれない。この辺りは具体的に退院を考えていく段階になった際には課題となる。逆にこれを乗り越えることができれば柴さんの自己実現は近づいてくるに違いない。

[52] 柴さん自身も，自分の課題を理解している。でも，実際にそれを克服していくのは難しいのだろう。これについては，主治医や看護師だけではなく，作業療法士や臨床心理士ら他職種も巻き込んで対策を考えてみよう。

▶ **面接の終盤**

「ご自分でも受け流せたら楽であるということをわかっていらっしゃるのですね。でも，わかっていても実際に馬鹿にされたらつらいですよね。柴さんはどうしてそのことを私に話してくれたのですか？」

「なんていうか，か，<u>海堂さんならわかってくれると思いまして</u> 53 」

「ありがとうございます。私は柴さんの悔しい気持ち，つらい気持ちを理解したいです。柴さんはご自分の課題もしっかりわかっていて，それでも否定された憤りを1人で抱えていたのですね。柴さんは変わろうとしていると感じました。柴さんが目指している夢や希望を人に話すと今後もいろいろと言われることはあるかもしれませんが，私はいつでも応援していきますから。<u>また誰かに何か言われてつらくなったら教えてくださいね</u> 54 」

「は，はい。ありがとうございます。あれから，ほ，本気で映画スターを目指してもいいのかどうかわかりませんでしたが，でも，何だか，以前に憧れていた俳優さんの名前を思い出したくて，ダメと言われても，や，やっぱり映画スターを目指したくて，<u>週末に本屋さんに行きたいと看護師さんに相談したんです</u> 55 」

「え？ 本屋さんですか？ 本当ですか？」
「神山先生に聞いてみるから，って言われました」
「<u>憧れの俳優の名前を思い出してみてくださいね</u> 56 」
自分の声が1オクターブ上がったことがわかった。

「はい。本屋さんに行くのは何年ぶりかわかりません」
「それでは，次は来週お会いしましょう。本屋さんの感想をぜひ聴かせてくださいね」
面接を終えると，柴さんは病棟へ戻っていった。私はすぐに病棟の看護師へ連絡し，面接の内容を伝えた。<u>柴さんが自ら外出希望を示したのは，現在のスタッフは誰も記憶にもないくらい昔のこととのことだった</u> 57 。

53 私なら理解してくれると思ってくれた。PSW をしていてクライエントからのこんなにうれしい言葉はない。この期待に応えられるようにしなければいけない。柴さんの思いに真正面から向き合っていこう。

54 何かあればきっとまた相談してくれるだろう。困った際に連絡してくれる関係性をつくることは難しい。幸いにも柴さんは相談室を訪ねてきてくれた。また何かあったら柴さんの相談に応じられるような準備をしておこう。

55 え？ 本屋さんに？ 柴さんが自ら進んで？ こんなこと最近あったのだろうか？ 柴さんが単独で病院の外に出かけたなんて話は聞いたことがなかったし、柴さんの最近の外出といえば病棟のレクリエーションの一環としての集団外出くらいしか知らない。それが自分で目的をもって本屋という場所を選んだなんて……。

56 本気で映画スターを目指したくて、俳優の名前を思い出したいという気持ちが出たのか。これは柴さんにとっては大きな前進だ。今までの生活と違う何かを求めているという事実は PSW がかかわった意義だろう。まだ序章だが本当によかった。柴さんの希望を応援しながら、さらなるニーズを把握していきたい。

57 柴さんは大きな一歩を踏み出した。これからも柴さんが変化していく可能性を信じ続けていこう。それが結果として退院へつながれば本望だ。それがすぐに叶わなくても、入院生活に何らかの変化やメリハリをつけることができるだけでも大きな収穫だろう。よし、これから柴さんの映画スターになるという夢を本気で応援していこう。

❖ 解説 ❖

職場や個人の都合で担当 PSW を交代するときは，丁寧な挨拶や引き継ぎを行い，新任者はインテークに臨むつもりでクライエントとの出会いを大切にします。

◆クライエントをよく知ろうとすること

海堂 PSW は，初対面から柴さんに大きな関心を寄せ，よく知ろうとしています。挨拶や情報収集を目的に会話する際も，柴さんが新聞を読んでいれば，どのような記事に関心があるのだろうと考え，挨拶に笑顔で応えてくれると，礼節の保たれた人というとらえ方をしています。些細な情報も逃さず，柴さんのストレングスを見出そうとしているのです。このような発想をもって接することで，一見「妄想」ととらえがちな発言も，「柴さんの大切な希望」と認識することができ，柴さんが明るい表情で語っていることにも着目して対話を展開し，語りを引き出しています。

長期入院者の中には，支援計画が不明瞭なまま長年見直されることなく経過している方もいるかもしれません。海堂 PSW は，前任者から引き継ぎを受けていましたが，担当 PSW の交代にあたり，先入観をもたず新しい目で柴さんをよく知ろうとし，インテーク，アセスメントし直したことで，柴さんの能動的な行動へと変化がもたらされました。

◆精神症状や障害に関するアセスメント

柴さんには精神症状や障害があり，海堂 PSW は，精神医学等の知識も活用してそれらをアセスメントしながら，適切なかかわり方を模索しています。例えば，初対面のときは柴さんの吃音について薬の副作用や緊張を疑ったり，芸能人になりたいという発言や父親に関する発言について妄想かもしれないと推測しつつ，一方で柴さんの夢や思いが表現されている可能性を考慮して丁寧に応答しています。こうした姿勢は随所に見られ，退院の可能性を考えるにあたって必要な支援を検討したり，話しやすいように病状や障害に配慮して安心感を提供することによって柴さんの語りを引き出すことができています。

◆チームアプローチにおける PSW の行動

　海堂 PSW は，主治医や看護師から柴さんに関する情報を得ることもありますし，自らが柴さんから得た情報を他職種に伝え，共通認識のもとに多方面からの支援を展開しようとしています。各患者についてケア会議の時間を緊密にもつことは難しいと考えられますが，診療記録（カルテ）への記載を通じた情報共有や，こまめに伝達し合うことで補うことができます。柴さんは，他職種には語らない心情を海堂 PSW には語っており，多様な職種がかかわる意味深さがわかります。特に，海堂 PSW が，これまでは柴さんの「妄想」とされてきた話を肯定的に聴き続ける姿勢は，PSW の価値をよく表しています。この姿を他職種は見ていますし，頻繁に連絡を取り合うことを通じて PSW の考え方を他職種に伝えることにもなります。医療現場では，医療職と異なる価値をもつソーシャルワーカーのことが他職種からは理解されにくい場合もありますが，こうすることで職種間の信頼関係は強まると同時に，PSW に対する理解も深まり，仕事のしやすさにもつながっていきます。こうした体制を構築するためには，日常的に他職種とコミュニケーションをとる事が欠かせません。

◆「妄想」をかかわりのきっかけにする

　「芸能人になる」「映画スターになります」という柴さんの発言をどう受け止めるかによって，PSW のかかわりの方向性は大きく変わると考えられます。「妄想」という精神症状としかとらえなければ，治療対象とするだけでかかわりは広がらないかもしれません。しかし，海堂 PSW は，柴さんの夢を聴き，実現に向けて共に考える姿勢を貫くことで柴さんとのラポールを形成しました。柴さんは自己否定感情を繰り返し語りますが，この背景には周囲から「夢」を否定され続けてきた体験があるかもしれません。それが，幸せになってはいけないという感覚にまで発展し，一方で治療者からは，ネガティブな性格で退院意欲が乏しいという評価になってしまったのかもしれません。このようにして社会的入院がつくり出されてきた歴史を PSW は認識する必要があります。

　柴さんの夢，これまで妄想とされてきたことを海堂 PSW が否定せずに真剣に耳を傾けたことで，柴さんは勇気づけられ，単独での外出希望を口にするに至ります。長期入院者の退院を，支援者側が先にあきらめてはいけないのです。

第4節 子の暴力に怯え，入院させてほしいと一点張りの母親
相談に踏み切った勇気を，共に打開する力に変える

第4章 経過をふまえた支援における思考過程

事例の概要

谷さん（仮名，50代女性）には，家にひきこもっている息子（27歳男性）がいる。ある日，保健所に，「息子を精神科病院に入院させたいので，連れていく方法を相談したい」という電話が谷さんから入った。対応した保健師が聴き取ったところによると，「家で暴力をふるう」とのことで，また，「外から監視されている」などと言うようになってきたという。

観察と逐語

▶**保健所の事務所**
保健師から相談を引き継ぐ。

初めに電話対応をした担当外の保健師から，精神科病院への入院相談を引き継いだ〔1〕。保健師は，母親が語った内容を要約して伝えてくれた。
「ひきこもっている27歳の息子が，怒るとキレて手がつけられない〔2〕。最近，家の外から監視されているなどと言うことがある〔3〕。放ってはおけないので，精神科に入院させようと考えた〔4〕。精神科にかかったことはこれまでにない。精神科病院に相談したら，連れて来るよう言われた。連れてなど行けないと答えたら，保健所で相談するとよいと言われた〔5〕」とのことだった。

保健師は，母親の希望する日で相談日を6日後に仮設定した〔6〕。この後，母親から私に電話が入ることになったという。これも母親の希望で，「息子にわかるといけないので，自宅には電話をしないでほしい〔7〕」と言っていたという。
保健師に，「連れていくためのよい方法を必ずしもお伝えできるわけではない〔8〕ということは，説明しましたか」と尋ねたところ，「気になったけど，水を差すような感じがして言えなかった〔9〕」とのことだった。

登場人物
- 谷さん…自宅にひきこもっている秀さんの母親，50代
- 秀さん…27歳男性，ひきこもり，家庭で暴力をふるう
- 優さん…秀さんの妹
- 父親…谷さんの夫
- 鷹野PSW…保健所に勤務

場面
初めての電話に対応した保健師から相談内容を引き継ぎ，母親との面接を設定するところからかかわりを開始することとなった。

思考過程

1. 家族からの入院相談は，本人が受診を拒否していることがしばしばある。そういうとき，すっきり解決できる妙案はないから，難しい。今回はどうだろう。
2. 27歳か。ひきこもりと家庭内暴力。もう長いのだろうか。
3. 統合失調症の被害妄想という可能性もあるのだろうか？　もちろん，医師の診断を受けなければ何ともいえない。
4. 確かに病気だとすれば，早期発見，早期治療が望ましい。暴力の度合いも心配だ。いきなり入院か。ということは，息子には受診する気持ちはなさそうかな……。
5. なさそうだ。それにしても，病院は簡単にそう言うけど，簡単なわけがない。家族が相談に過剰な期待をもっていなければよいが。
6. 6日後でよいということは，今日明日を争う危機的事態ではないということかな。一応確認したい。息子が27歳なら母親は50代くらいだろうか。危険な目に遭っていなければよいが。
7. 息子に内緒で相談しているのか。細心の注意を払っているようだ。
8. すぐ連れていけるような公的な制度はない。本人を説得して移送する民間事業者は増えているけれど。でも，強引な事業者もいると聞くし，そもそも事業者を紹介するのが相談ではない。
9. 困るなあ。家族の期待と実際の相談とのギャップが大きいと有益な相談になりにくい。まず，相談でできることを共有するところから始めなくては。

観察と逐語

▶**翌日，電話対応**
母親から電話がかかってくる。

「精神保健福祉士の鷹野です」と名乗って電話に出ると，「昨日電話した谷ですが，○日でよろしいでしょうか？」と，やや高めの声で，申し訳なさそうに尋ねてきた ⑩ 。電話口からは車の音など往来の喧騒が聞こえた ⑪ 。「外からおかけですか」と確認すると，「ええ，それで日にちは……」と返ってきた。
「あ……，いいですよ。午後2時はいかがですか？ ⑫ 」とひと呼吸置いてゆっくり返すと，「午前中はだめでしょうか。ちょうど私の受診があるので。帰りが少し遅くなっても，病院が混んでいたと言えますから ⑬ 」と，あたふたしたような早口で返ってきた。

「私は午前中でも構いませんが，谷さん ⑭ は体調がすぐれないのですか」と尋ねると，「いえ，薬をもらいに行っているだけです ⑮ 。10時半にはそちらに行けると思います」という。
「では○日○曜日，午前10時半にしましょう。相談の時間は1時間くらい ⑯ を考えていますが，いかがですか」と尋ねると，「ああ，そのくらい取っていただけるんですね。お願いします。○日○曜日，10時半ですね」と，やはり早口で慌てたように ⑰ 復唱された。

▶**概況の確認**
身の安全について確認する。

谷さんはそのまま「どうぞよろしくお願いします」と電話を切ろうとしたが，切られないように「ところで谷さん，少しよろしいでしょうか」と呼びかけた ⑱ 。
谷さんは，「何でしょう？」と，少し強張った声で早口で応じた ⑲ 。
「保健師から聞いたのですが」と切り出し，「息子さんが暴力をふるうことがあると伺っています。ご家族の安全は確保されていますか？ ⑳ 」と尋ねた。

「あ，はい。たぶん，刺激しなければ大丈夫です ㉑ 」と返ってきた。電話口で，少しホッとした様子が感じられた ㉒ 。声のトーンが少し下がった。
「もし，危ないと感じたときは，逃げたり110番したりすることはできますか ㉓ 」と尋ねると，「大丈夫です。ちゃんと逃げられます。でも警察を呼ぶのはちょっと……㉔ 」と言葉を濁した。

「警察を呼ぶのは，誤って息子さんが加害者になったりしないためでもあります」と伝えると，谷さんは「そういうことですか……それなら，わかりました ㉕ 」と答えた。声の調子がさらに落ち着いた ㉖ 。

- ⑩ 来た。いきなり日程の話だ。ずいぶん低姿勢な話し方だ。少し緊張しているようだ。初めての出会いだし，遮らずにこのまま先に日程を決めよう。
- ⑪ 外からかけてきているようだ。やはり息子には内緒の相談だ。大変だな。
- ⑫ とにかく用件，という感じだ。それなら流れを止めずに進めよう。この日は朝一番に面接が入っているので，できれば午後がいい。4時からカンファレンスがあるから，相談の時間は1時間くらいと考えて，逆算すると2時くらいでどうだろう。
- ⑬ どこか悪いのかな。混んでたと言わなきゃいけない相手というのは，息子だろう。誰のことか言う必要がないくらい，谷さんにとっては当然なんだ。外出理由も逐一報告しなくちゃいけない関係なのか。大変だな。ここは谷さんに合わせよう。ここに来るのもやっとなのかもしれない。

- ⑭ 「谷さん」と呼ぶことにしよう。「お母さん」では，息子の母親という役割を固定してしまう。後々の展開にも影響をおよぼす気がする。
- ⑮ 定期的に受診しているのかな。特段の配慮は不要のようだ。
- ⑯ 日にちだけでは勘違いがあるといけないので，曜日も併せて確認しよう。相談に充てるおよその時間も伝えておこう。相談に来る側も話をする時間配分を考えることができたほうが，限られた時間を有効に使える。
- ⑰ こういう話し方の人なのかな。申し訳なさそうに遠慮している感じが伝わってくるけど，なんだか，こう，早々に切り上げようとしているようで，こちらも何となく落ち着かない。

- ⑱ おっと，切らないで。まだ話は終わってない。事情があって急いでいるのかもしれないけど，少し付き合ってほしい。
- ⑲ 日程の話だけのつもりだったのかな。ドキッとさせてしまったようだ。私としては，相談に過剰な期待をもたれないよう，すり合わせておきたい。その前に，気になっていることを尋ねよう。まずは話しやすいほうからだ。
- ⑳ 保健師から引き継いだときから気になっていた。暴力からは身を守れているだろうか。

- ㉑ 谷さんなりに息子が荒れないツボのようなものを心得ているということか。でも，入院相談をしてくるくらいだ。安全とはいいきれないだろう。
- ㉒ 一体何を言われるのかと身構えていたようだ。
- ㉓ 危険を感じたら逃げる，警察を呼ぶ，これは鉄則だ。息子の暴力で母親が被害者になることも，息子が加害者になることも，あるいはその逆の事態に至ることも防がないといけない。押さえておこう。
- ㉔ それはそうだ。家族のことで110番通報するのは誰でも躊躇するだろう。でも，犯罪者の通報ではない。保護してもらうためだ。わかってもらおう。

- ㉕ 理解してくれたようだ。そんな事態にならないのが一番いいが，いざというときには行動するということを覚えておいてほしい。
- ㉖ 「よそ行きの」声から本来の声に近づいた気がする。谷さんと話すのは初めてだけど。

▶相談内容の確認

続けて,「ご相談の内容は,息子さんを受診させる方法 [27] についてと伺っていますが,谷さんは息子さんが精神科の病気なのではないかと心配されているということですか [28] 」と,ゆっくり尋ねた。
「病気？……それはそうでしょうね。おかしなことも言いますし」と,谷さんは少し戸惑ったように言った [29]。

「どこかで医師の診断を受けたことはありますか？」と尋ねると,「ありません。息子は病院なんか行きません」と谷さんの口調が強くなった [30]。
「よほど切羽詰まったお気持ちなんでしょうね」と私が返すと,谷さんは,「だから,こうして相談してるんです。でなかったらしません [31] 」ときっぱりと言った。

私は,「谷さんが並大抵の覚悟で電話してこられたわけではないということは,伝わってきました」と返し,続けて説明を始めた [32]。
「医師が診察して,病気だとわかって,入院して治療したほうがよいということになったら,精神科の入院には法律上の決まりがあって,ご本人の同意に基づく入院が原則なんですけれども」と続けていると,谷さんが,「息子は入院に同意なんかしません」と話を遮った [33]。

「お恥ずかしい話ですが,もう,入院させるしかないんです [34]。手に負えません。でもどうやって連れていったらいいか,見当がつかないんです」と一気に言った。

「これまでの経過で,もうそこまで追い詰められているということなんですね [35]。ご家族としてできることはもう残っていない,お手上げ,そんなお気持ちでしょうか？」と返すと,「その通りです。もう限界です」という。
「これまでにどこかに相談されたことはありますか [36] 」と尋ねると,「初めてです [37] 」という。

「そうでしたか。ずっと抱えてこられたんですね。でももう限界になって,それで,思い切って電話をくださったんですね [38] 」と返すと,谷さんは,「そうです。どうしたら病院に連れていけるか,保健所に相談しなさいと言われました [39] 」と,はっきりとした口調で言った。

27 さて、ここからが大事だ。慎重に進もう。入院はあくまでも診察の結果だ。入院という言葉はあえて用いないでおこう。

28 まず、前提として、谷さんが息子の精神疾患を疑っていることを確認しておこう。

29 あらためて何を聴くんだろう？ という様子だ。谷さんにしてみれば、おかしなことを言って暴れる息子は病気に決まっているのかもしれない。

30 あれ、きつい感じになった。受診の有無を尋ねただけなのに、息子は行きませんって。とても余裕がない感じだ。

31 相談したくてしてくるわけじゃない、か。せざるを得ないから、しているということだ。

32 谷さんに限らず一般の方はよく知らないと思うけど、精神科に入院させて一人の人間の行動の自由を拘束するには法に則った適正な手続きがある。それをわかっていただかないと、このあと相談でできることとできないことの説明がしにくい。わかっていただけるよう、かみ砕いてお話ししよう。

33 渦中にある谷さんにはまどろっこしい話だったか。診察や診断が先だということは、おそらく頭に入っていないだろう。反応したのは入院同意のところか。難しいな。説明をこのまま続けることが谷さんに寄り添っていることにならないのは、はっきりわかった。

34 恥ずかしいって、「恥を忍んで」相談に踏み切ったということか……。そして解決策は入院だ。何とかしてもらいたいと望んでいるのが伝わってくる。制度上でもこちらができることにも限界があることを理解してもらって相談関係を結ぶのは容易じゃなさそうだ。

35 谷さんの気持ちはこちらにも伝わっているということを返そう。

36 相談は初めてなのだろうか。過去に相談行動をとってきたかどうかは、谷さんや谷さんの家庭をアセスメントするうえで必要な情報だ。

37 やっぱりそうか。恥だと思っていたんだもの。これまで相談せずにいた分、溜めに溜めてきたということだろう。

38 何とかしてほしいと谷さんは思っているのだろうが、谷さんが問題解決に向けて行動する力ももっていることを、暗に伝えたい。相談関係を結ぶには、相談者がもっている力が必要となる。

39 あー、通じなかったか……。「何とかしてくれるのが専門機関でしょう」と迫られている気分だ。しかし、アウトリーチ支援事業も精神保健福祉法第34条の移送制度も、相談支援の可能性を探り、制度に沿って綿密な協議をすることが前提だ。あとは、自傷他害の恐れがあるときに警察に保護を求めるしかない。そうでないと人権侵害だ。でもそんな説明をすれば、谷さんは拒絶されたと感じるかもしれない。

私は,「では, ○日は息子さんがどうしたら受診してくれるか, 一緒に考えましょう 40」と, ゆっくりと返した。
谷さんは,「え？ 何ですか？ 無理です。息子は受診なんかしてくれません」ときっぱりと言った 41。
私は一呼吸おいて,「そうすると, 息子さんが納得しないまま, 誰かが強制的に連れて行くしかないとお考えでしょうか 42」とゆっくり尋ねた。谷さんはそれには直接答えずに,「ですから息子を入院させてほしいんです」と早口になった。「できるならもうとっくにやってます。もう無理なんです。他に方法はないんです。わかってもらえませんか 43」と怒りを含んだ押し殺した声で言った。外からかけているので, 周囲に気を遣いながら話しているのが伝わってくる。

さらに谷さんが話し続けようとする気配がないのを確認したうえで,「相談することそのものが谷さんにとって苦痛を伴うものなんだということが, 本当に伝わってきます。ここへ至るにはきっといろいろなことがあって, 谷さんはずっとそれを抱えてこられて……大変でしたね 44」と静かに返した。
突如, 電話口で, 小さく「うっ」と詰まったような声が聞こえた。そのあと, 鼻をすする音が聞こえてきた 45。

しばらくそのまま待っていると,「すみません, ちょっと……」と聞こえてきたが, 語尾までは言葉にならなかった。私はもう少し時間をおいた 46。
そして,「谷さんが, もうどうにもならないと思ってこうして電話をくださったということはよくわかっています。実際のところ, 強制的に入院させる以外に方法はないのかもしれません 47。ただ, 息子さんにとっては不当な自由の拘束になってしまいます。それから, その後のご家族や関係した人々との信頼関係にも, 大きく影響をおよぼすことになります 48。できることなら, そうでない方法を探っていきたいと思うのは, 谷さんも同じではないでしょうか 49」と語りかけた。すると,「それは……そうです。でも, 息子を説得するのは無理です 50」と返ってきた。

私が「わかりました。ではどんな方法があるか, 一緒に考えましょう」と返すと,「強制的に連れて行ってはいただけないんですか？ 51」と谷さんが尋ねてきた。
私は,「ご家族のお話のみを根拠にそういうことをしてしまうと, 人権侵害になってしまいます」と答えた。
「だったらどうすればいいんですか…… 52」と, 谷さ

- ⌊40⌋ 説明的にならずに，こちらができること，したいことを提案してみよう。
- ⌊41⌋ 速い。考える余地などない，という感じだ。気持ちが折れそうになるけど，単刀直入に尋ねてみよう。いずれこの話は避けては通れない。
- ⌊42⌋ 谷さんには酷かもしれないけど，谷さんの相談が何を意味するかについて，暗黙のうちに察して進めていくのは好ましくない。これまで谷さんが誰にも相談できなかったのは，おそらく家庭内で起きていることを直視できなかったからだ。相談によって言葉にしていくということは，何が起きているのかを「見える化」して，「見えないお化け」のようなものではなく，取り扱えるものにしていく過程でもある。
- ⌊43⌋ 悲痛な思いが伝わってくる。なんでわかってくれないんだ，そう思っているに違いない。相談なんかしたくてしているわけではない。しないですむならしたくないのに，もうお手上げだからしてみたら，全然わかってもらえない。初めて話す相手からこんなことを突きつけられて，谷さんは猛烈に傷ついているのではないだろうか。心が痛む。

- ⌊44⌋ 相談するということ自体が，谷さんには痛みを伴うものなんだ。谷さんは，自力で何とかするために，これまで必死で努力と忍耐を積み重ねてきたに違いない。
- ⌊45⌋ 張りつめていた気持ちが緩んだんだ。ずっと溜めてきたのだろう。本当に数え切れないほど大変なことがあったのだろう。外に向かっては，ずっと見えない鎧で武装してきたんだろう。谷さんの気持ちが少し落ち着くまで待とう。

- ⌊46⌋ 谷さんが感情を落ち着かせようとしているので，もう少し待とう。そして，谷さんが切羽詰まって相談してきているのはわかっているということを，あらためて伝えよう。そのうえで，私が伝えたいことを話してみよう。
- ⌊47⌋ 息子の状態によっては，谷さんの言う通り，強制入院が必要となる場合が絶対にないとはいえない。そこは私も押さえておかなくてはならない。
- ⌊48⌋ 谷さんは，今，まさに困っていることの打開策として入院しか頭にないだろうが，入院させて終わりではない。そのことは想像できているだろうか。強制入院となれば，家族はもとより医療機関や保健所との関係だって否定的なところから始めなくてはならない可能性が高い。もちろん，そうなってしまったら仕方ないんだけど。
- ⌊49⌋ 根底には，息子の心情や息子との関係を案じる気持ちがあるはずだ。それは共有できるだろう。
- ⌊50⌋ 返事をくれた。否定的な言葉だけど，さっきのような厳しい言い方ではない。説得は無理，ということは，説得することを想定してくれたのかもしれない。

- ⌊51⌋ 「強制的に」という言葉を谷さんが使った。使えるようになった。そして，それが容易に適うことではないということを理解し始めている。今なら説明しても聴いてもらえそうだ。できるだけわかってもらえるような説明をしよう。
- ⌊52⌋ 頭では理解してくれたようだ。気持ちのうえでは納得はいかないとしても。しかし，このままでは谷さんは八方ふさがりのままだ。相談する動機づけもなくなってしまう。できるのは一緒に考えることだ。そこに何かしら希望を感じて

観察と逐語

んは憤りを込めた声でつぶやいた。
私は「どんな方法があるか，一緒に考えましょう」ともう一度繰り返した。「いい方法はあるんですか？」と谷さんが挑むように尋ねてきた。「それを一緒に探っていきましょう」と返すと，谷さんは黙ってしまった。53

しばらく間があいて，「わかりました 54 」と一言，谷さんから返ってきた。私は，「谷さん，ありがとうございます 55 。……では，○日の10時半にお待ちしています。よろしくお願いします」と伝えた。谷さんからも，「よろしくお願いします 56 」と返ってきた。

▶電話の5日後，初回面接
母親が来所した。

当日は雨が降っていた。設定した時間に，谷さんが受付で記載した相談票が回ってきた。廊下に出ると谷さんが見えた 57 。廊下の長椅子に座っていた。髪の毛を後ろで束ね，モスグリーンのセーターにカーキ色の長めのスカート。やせている。

「谷さん，おはようございます。先日お電話でお話しした精神保健福祉士の鷹野です。雨の中よくいらっしゃいました」と挨拶すると，谷さんは顔を上げて「おはようございます」と立ち上がった 58 。
谷さんを面接室に招き入れて椅子を勧め，谷さんが腰かけたのを見ながら私も椅子に座った。
「病院のほうは混んでいませんでしたか 59 」と尋ねると，「あ……，大丈夫でした。実は更年期障害があって。薬でずいぶん楽になりました 60 」と教えてくれた。

「今日はここに来ましたけど，まっすぐ家に帰りたくないときは，喫茶店でひとしきりぼーっとしてから帰るんですよ 61 」と，谷さんのほうから話された。
「それは大事な時間ですね。気分転換になりますか」と返すと，「そうですね，それなりには。でも，やはり息子のことが頭から離れません」と困ったように笑った後，ふっと真顔になった 62 。
「そうですか……。ところで谷さん。ここで話されたことは，谷さんの了解なく外に伝わることはありません 63 ので，ご安心ください」と伝えると，谷さんはうなずいた。
「さて，息子さんは秀さん 64 ，27歳でしたね。おうちでの様子はいかがですか？」と尋ねると，「今のところ小康状態です。刺激しないように気を張ってますし 65 」とのことだった。「その前はひどかったと？」と問うと，「はい。先々週の土曜です。本当に怖くて 66 」と谷さんは答えた。

53 くれるとよいのだが。
谷さんにとっては不本意だろう。息子を強制的に精神科病院に運んで入院させてほしかったわけだから。だったら結構です, と言いたいのではないだろうか。でも, その言葉はまだ発せられていない。谷さんの答えを待とう。

54 本当に? 谷さんが折れてくれたのだろうか? それでもいい。相談関係がつながった。
55 思わずお礼を言ってしまった。ちょっと変だな。でもうれしい。
56 返してもらえた。ここからだ。今日のことが谷さん自身が息子のことやこれまでの経過を違った目で振り返るきっかけになればいいんだけど。

57 あの方が谷さんか。来てくれたんだ。あれから大きなトラブルはなかっただろうか。そういえば病院に行ってきたんだったな。少し疲れているようにも見えるけど, 体調はどうなのだろう。さあ, 会うのは初めてだし, ちょっと緊張する。爽やかに挨拶しよう。

58 表情は穏やかだ。否定的な雰囲気はない。大丈夫そうだ。
59 さりげなく谷さんの体調のことが聞けるかな。もしも具合が悪かったら, 相談に集中できないかもしれないし。
60 意外だ。谷さんのほうから自分のことを話してくれるなんて。ちょっとうれしい。体調のほうも, 心配なさそうだ。

61 またた。親近感をもってくれているのか……。いや, それだけではない気がする。気持ちに余裕がある。それと, 息子の言いなりになっているだけではないんだ。距離をおく時間も確保できているのはとても大事だ。
62 それはそうだろう。気晴らしができたからって, 抱えている問題がなくなるわけではないもの。さて, 貴重な時間だ。そろそろ本題に入っていこう。
63 谷さんが相談したくなかった理由の一つは, 家の中のことがよそに知られてしまうのを心配したからだろう。少しでも話しやすいよう, 外には漏らさない約束を最初にしておくことが大切だ。
64 息子のことは秀さんと呼ぶことにしよう。谷さんが一人の生活者であるように, 秀さんも一人の生活者だ。息子というだけではない。
65 電話のときよりも谷さんに余裕が感じられたのは, このせいか。とはいえ, その前はそうでなかったということではないだろうか。
66 土曜といえば, 谷さんから保健所に最初の電話があった3日前だ。大きな出来事があったから, 相談に踏み切ったんだ。何があったんだろう。

観察と逐語

「一体何があったんですか？」と尋ねると，息を大きく吸って，「もう，鬼みたいでした」と，谷さんは話し出した。「『俺を精神病扱いする気かぁっ 67 』って，聞いたこともない恐ろしい声で。大暴れしてそこら中の物を投げて，リビングのドアも蹴って穴を開けて。危なかった。警察が来てしまうところでした。優と無我夢中で逃げて……。そう，あの子にはかわいそうなことをしました……」と谷さんは切れ目なく話し続けた 68 。

私は「ちょっと待ってください。家には，ユウさん？ 娘さんがいたんですか？」と口を挟んだ。
「あ，すみません。優は○○県で暮らしてる娘です。半年ぶりでした。秀がしきりに窓の外の電柱のあたりを気にして，カーテンを閉めて回るものだから，秀に向かって『お兄ちゃん，何か変だよ』って言ったんです。『友だちにうつになった人がいたけど，神経科で診てもらってよくなったから，お兄ちゃんも行ってみたら』って 69 。最初は黙って聴いてましたけど，突然大声で怒鳴り出して。本当に…。もう殺されるかと…… 70 」
「けがはされませんでしたか？」と尋ねると，「必死で逃げましたので 71 」という。「警察が来るところだったと？」と聞くと，「優が携帯で110番通報しようとしたんです。とっさに取り上げました 72 」と答えた。

「その後はどうされたのですか」と聞くと，「娘には謝って，そのまま○○県に帰ってもらいました 73 」という。「私はしばらくしてそっと家に帰りました。そしたら，秀は部屋にこもっていて，出かけていた主人がリビングを片付けていました 74 」とのことだった。
「本当に，大変な一日だったんですね。これが，今回のご相談のきっかけですね」と確認すると，「はい，そうです」と谷さんは答えた。

▶面接の中盤

「ご主人とも話し合われたのですか？ 75 」と尋ねると，「もちろん，話し合いました 76 」と返ってきた。
「精神科病院への入院が話題になったのは，いつ頃からですか？」と尋ねると，「去年の暮れ頃からです 77 。変なことを言うようになって……」と話し出した。「『誰かが覗いている』とか『あの電柱の上が怪しい』とか言って，家中の窓やカーテンを閉めて，外に出なくなりました 78 」という。

「前は外に出ていたのですか？」と尋ねると，「近くのコンビニくらいには買い物に行ってました 79 。それが，私に命令して買って来させるようになって 80 。それから，

第4章　経過をふまえた支援における思考過程

- 67　秀さんのセリフだな。秀さんにも精神疾患に偏見があるようだ。この偏見が受診への大きな抵抗にもなる。誰かが秀さんに何か言ったのかな。誰だろう。谷さん？　まさか。
- 68　ちょっと待って，速い。え？　危ないなら警察が来たほうがいいんじゃないの？　ユウって誰？　娘？　かわいそうって，けがでもしたのだろうか。このままでは話が見えなくなってしまう。流れを切らないようにしながらも，必要な質問は加えていこう。

- 69　そういうことか。妹が半年前に見た秀さんとは様子が違っていたんだな。確かに秀さんの言動は気になる。それにしても，よく兄に向かって言ったなあ。仲はよかったのかな。谷さんみたいに，腫れ物に触るような対応を身につけていないんだな。実家を出てもう長いのかな。妹に精神疾患への偏見がなさそうなのは心強いけど，妹からストレートに言われた秀さんのプライドはかなり傷ついただろう。
- 70　そうか。大荒れのきっかけはこれか。誰かけがはしなかっただろうか？
- 71　けがはないようだ。よかった。ところでさっきの警察の話は何だろう。
- 72　妹は通報しようとしたんだ。常識的で健康な反応だ。谷さんが通報をやめさせたのか。殺されるかと思ったのに警察沙汰は嫌だったんだ。世間体か，秀さんへの配慮か……。両方かもしれないな。

- 73　え？　そうなの。妹は久しぶりに帰省したのに，兄の激昂を買ったうえに母親に110番通報を止められて帰らされたんだ。傷ついていないだろうか。今後の関係性が気になるところだ。頭に入れておこう。
- 74　父親も同居か。一緒に生活しているのは，両親と秀さんの3人かな。普段の会話はどうなのだろう。また後で確認しよう。さて，相談の契機となったエピソードがわかった。ものすごく怖い経験だったんだな。

- 75　谷さんは秀さんのことを，夫と相談し合えているだろうか。それとも谷さん一人で抱えてきたのだろうか。
- 76　よかった。夫婦間で話し合えているんだ。それは強みだ。精神科の話は，いつ頃からしていたのだろう。
- 77　今から3～4か月前か。今まで気になりながら過ごしていたんだな。
- 78　統合失調症の発症時の状況でよく聞く内容と重なる。もしかしたら，発症しているのかもしれない。そうだとすると，早期発見，早期治療が大事だ。頭に留めておこう。それと，外に出なくなったってことは，前は出ていたってこと？

- 79　完全にひきこもっていたわけじゃないんだ。お金はどうしていたのかな。気になるけど，今は全体像の把握を優先しよう。
- 80　誰かに見られているから外に出られないと思ったのだろうか。

観察と逐語

「私が外出するときには逐一何をしにどこへ行くのか報告させられるようになりました 81 」

「それで精神科に連れていったほうがいいと？」と尋ねると，「はい，でも連れていくのは無理なので，何もできませんでした 82 。でも，こないだのことがあって，いつか大変なことになってしまうかもしれないって 83 。そう話し合いました」という。
「そうだったんですね」と返し，私は次の言葉を探した 84 。谷さんも，次の言葉を待っているようだった。

「ところで，受診は無理ということでしたが，秀さんが暴力をふるうようになったのはいつ頃からですか？ 85 」と尋ねた。
「去年の春からです。主人が秀を強くしかったら，殴り返してきて。そこから，変わってしまいました 86 」と谷さんは言った。「元々はそういう息子さんではなかったということですね」と問うと，「違います。そんな子じゃありませんでした 87 」と，谷さんははっきり言った。
「そうですか。では，遡って，秀さんの生い立ちから伺ってもいいでしょうか 88 」と尋ねると，「はい」と谷さんは応じた。
「では，秀さんが生まれたのは？」
このあと，秀さんの生育歴を聴いていった。[中略]

「小さい頃から秀は内気でおとなしい子でした。1つ下の優とは対照的で。社会人になるのも優が先でした。秀は大学に入るのに二浪して，卒業するのに5年かかりました。就職も，すごく苦労してようやく見つけて。何ていうか，要領がよくないんです 89 」と谷さんは話した。
「秀さん自身は，そのことで何か言ってましたか？」と聞くと，「無口な子なので，何も…… 90 」という。

「ひきこもるようになったのは，いつからですか」と問うと，「せっかく入った会社を半年余りで辞めてからです 91 」と言った。「それは25歳くらい……一昨年の秋頃ですか？」と確認すると，「そうです。何か職場で嫌なことがあったのかもしれません。理由を尋ねても教えてくれませんでした 92 」という。
「心配だったでしょう」と返すと，「ええ。私も主人も心配しました。でも，頑固なところがあるし，プライドもあると思って，そっとしてました 93 」という。

「見守っていたんですね」と伝えると，谷さんはうなずいて，「でも，去年の春……今頃です。ついに主人が我慢できな

81	谷さんのことを疑い出したのかな。生活圏の極めて狭い秀さんにとっては谷さんが頼りだから，過敏になっているのだろうか。
82	無理だと決めていたんだな。試したことはあったのだろうか。それとも試すことなくそう思っていたのだろうか。
83	あの一件がなかったら，谷さん夫婦は外に相談しようとは思っていないかもしれない。引き金になった妹の行動には大きな意味があった。
84	さて，谷さん夫婦が秀さんの精神科受診を考えるのは，妥当な判断といえそうだ。連れていくのは無理と決めているけど，暴力をふるうような関係性は，どうしてできてしまったのだろう。
85	なぜこんな質問をするのか，谷さん自身が理解できるように質問をしていこう。そうすることで，谷さん自身がこれまでの経過をとらえ直すのに役立つといいのだが。
86	きっかけがあったんだ。何があったのか気になる。だけど，面接はまだ序盤だ。全体像の把握ができてからにしよう。以前は暴力をふるうような息子ではなかったのかな。
87	はっきり否定した。谷さんはきっと，以前の秀さんのことを思い浮かべたに違いない。そろそろ生い立ちから聴いていってもよさそうだ。
88	谷さんがこれまでの経過を整理して思い起こすことができるよう，一緒にたどっていこう。
89	秀さんにとって妹はどんな存在だったのだろう。「できのいい妹」と自分を比較したりしただろうか。それにしても，10代の終わりから大人になっていく過程で，秀さんはずいぶん苦労したんだな。社会人になったのが……25歳か。支え合う友人や，相談できる人はいたのだろうか。谷さんは秀さんのことをずっと気にかけていたんだろうな。秀さんは，うまく運ばないことでの悩みを谷さんに打ち明けたりしていたのだろうか。
90	そうか……。もっとも，男の子はどの家庭もそうかもしれない。
91	そんなにすぐに辞めたんだ。それで社会人として自信をなくしてしまったのかな。何があったのだろう。
92	秀さんに尋ねたんだ。まだ腫れ物に触るような対応はしていない。だけど，秀さんは親には言えなかったんだ。子どもにもプライドはあるからなあ。
93	秀さんの気質や心情に配慮して，踏み込まずに見守っていたようだ。わかるような気がする。でも，秀さんは自分から動き出すことはなかった。それで，時間ばかりが経ってしまった。皮肉だ。
94	父親としてごく当然の反応だ。だけど，秀さんだって，このままでよいとは思っていなかっただろうに，一番言われたくないことだったんじゃないかな。

くなって,『職探しもせず,一体どういうつもりなんだ』と秀を強くしかったんです 94 。そしたら突然殴りかかってきて,主人の顔面に大きなあざをつくってしまいました 95 」と言った。

「その後はどうされたのですか 96 」と尋ねると,「もう,どう接したらよいかわからなくなりました 97 」という。「秀のほうは,たががはずれたみたいに,『みんなお前らのせいだ』とか,罵倒するようになって。『金を出せ』と脅し,怒鳴ったり物を投げたり壊したりするようになりました 98 。直接暴力をふるわれたことはありませんけど,今にも向かって来そうで……」という。

「それで,秀さんの顔色をうかがって過ごすようになったわけですね」と問うと,「ええ。ご近所迷惑になりますし 99 。主人はあれ以来秀とはかかわろうとしませんし,秀も口をききません 100 」という。
「そうですか。かかわるのはもっぱら谷さんですか?」と尋ねると,「そうです。私だけです 101 」とのことだった。

私は「妹さんはどうだったのですか」と尋ねた。「あの子とは,一緒に住んでいた頃から秀はあまり話をしませんでした。一昨年帰省したときは,優には職探し中と言ってありましたから,ひきこもっていることに気づいてません。去年の秋に帰省したときには気づきましたけど。家の中がボロボロなので。でも,秀には何も言わないよう,優に頼みました 102 」という。

▶面接の終盤

「これまでのお話を伺うと,ずっと,波風を立てないように,秀さんの顔色をうかがって過ごして来られたんですね 103 」とゆっくりと問いかけた。
「それはもう,ちょっとした表情の変化とか,足音とか,神経を尖らせてきました」と谷さんはうなずいた。
「何か他に手立てを考えたりされましたか 104 」と尋ねると,「考えても浮かびませんでした。機嫌のいいときは笑ったりすることもありましたし。その日を平穏に過ごすことで精一杯でした」と,目頭を押さえた 105 。

「精一杯,やってこられたんですよね」と返すと,「わかりません。どこをどう間違ってしまったのか…… 106 」と谷さんは答えた。
「自問自答することがおありですか」と尋ねると,「しょっちゅうです。あのときこう言ってやれば,違う受け答えをしたんじゃないかとか 107 」と谷さん。

95	頭ごなしにしかられて,言葉では反論ができなかったんだなあ。ずっと一人で抱えてきて,秀さんにだって葛藤があっただろうに。でも,暴力では解決にならない。
96	この一件をどう取り扱ったのだろう。あるいは取り扱えなかったのか。
97	何もできなかった,そんな感じかな。わかる気もするが。
98	秀さんが「暴君」になっていったのは,見方によっては秀さんなりの「SOS」だったとも取れる。秀さんは暴力で威嚇して家族を支配するようになったけど,家族とも溝ができて,さらに孤独になってしまった。本当は,そんなことを続けたいわけではなかったんじゃないだろうか。
99	近所にも気を遣って暮らしてきたんだ。近所付き合いも避けるようになっているのではないだろうか。なおさら閉塞した状況になってしまう。
100	父親もきっとショックだっただろう。心に蓋をしてしまった感じがするなあ。谷さんも,間を取りもつことまではできなかったんだな。
101	秀さんは,谷さんに大きく依存している。でも,「だけ」って,秀さんに受診を勧めた妹はどうなんだろう。
102	妹は半年前まで秀さんの異変を知らなかったのか。谷さんが何も言わないでと頼んだってことは,何か言いそうだったということか。谷さんにはそれがわかっていた。谷さんは家族の均衡を保とうと尽くしてきたんだ。間違いなく谷さんが,事態を打開するカギを握るキーパーソンだ。
103	谷さんは,家庭内を少しでも穏やかにしたかったんだろう。それは大変な努力だっただろう。それを共有しておきたい。
104	その他に,してきたことはないだろうか。谷さんのストレングスといえるようなことは?
105	そうか,浮かばなかったんだ……。秀さんとの間で穏やかな時間を過ごすこともあったんだ。それは谷さんにとっては救いだっただろう。現実に直面するのを避けていたのは,秀さんだけではなかったのだな。でも,誰のせいでもない。皆,精一杯だったんだ。
106	谷さんは自分を責めている。私の話の進め方がまずかっただろうか。でも,そんなことありませんと否定したところで,一時の慰めにしかならないだろう。親はどうしても自分を責めてしまうものでもある。ここは,受け止めよう。
107	出口のない堂々巡りでつらいだろうな。つらい気持ちが伝わってくる。こんなふうに自問自答するということは,秀さんと通じ合えることを本当は望んでいたに違いない。

「秀さんと，もっと話がしたかったのではありませんか」と尋ねると，谷さんは，はっとしたような表情になった。私が，「谷さんはずっと長いこと，秀さんが傷つかないよう，秀さんの気持ちを気遣ってこられたんですね 108」と伝えると，谷さんは，一瞬意外そうな表情になったが，「ああ，そうでした。本当はとても傷つきやすい子だと思います。ずっとそう思ってきました」と言った。そして，「大暴れするのは，傷ついた心が刺激されるからなんだろうって，恐怖心のどこかで，何となく，感じてました 109」と谷さんは語った。

「それで，受診も勧められなかった」と私が言うと，「ええ，できませんでした」と谷さんは答えた。

「でも，相談に来ることはできました。相談に来るのは勇気が要ったのではありませんか 110」と尋ねた。すると，谷さんは少し考えて，「そうです。何を言われるだろうって構えていました 111」と言った。

「では，誰にも言えなかったことを人に相談するという，大きな壁を乗り越えられたんですね」と返すと，谷さんは，「ああ，そう思えばいいですね」と笑った 112。

「次回は，嘱託の精神科医との面接にいらっしゃいませんか 113。秀さんの状態について意見を聞いて，その先の対応についても相談しましょう」と提案した。

谷さんは，「お医者さんに相談ができるんですね。来れる日だといいのですが 114」と答えた。「嘱託医が来るのは，○月○日○曜日の午後です。2時はいかがですか？ 115」と尋ねると，「2時ですか。何ていえばいいか……」と考えていたが，「でも，何とかやってみます 116」と言った。「やってみましょう」と私も言った。

そして，「谷さんが今日いらしたことは，ご自分ではお気づきでないかもしれませんが，とても大きな一歩なんです 117」とあらためて伝えた。

谷さんは，「だといいです」と言った。私が，「何もしなければ何も変わらないけれど，何かすれば何かが変わっていきます 118」と続けると，「何もしなければ何も変わらない……」と，谷さんはつぶやいた 119。

「では，○月○日○曜日の午後2時にお待ちしています。間に何かあったときは，ご連絡ください。それと，必ず暴力からは逃げて，助けを求めること，110番をすること，お願いします 120」と伝えると，「わかりました。よろしくお願いします」と谷さんは言った。

- ⑧ 秀さんに，現実に直面させるようなことができなかったのは，このせいだ。要領の悪い秀さんを心配しながら見守り，ひきこもって就職活動をしない秀さんに介入できず，家で暴れるままにしてしまった。
- ⑨ そんなことまで感じてたんだ。怖い思いをしていたのに。受診を勧められなかったのは，単に秀さんが暴れるのが怖かったからだけではなかったのか。秀さんが傷つくのを避けたかったせいもあったのか。何て言ったらいいんだろう。衝撃だ。

- ⑩ 谷さんは決して，何もできない人ではない。相談に来ることそのものが大変だったはずだ。
- ⑪ 相談の電話をしたときの谷さん自身の気持ちを話してくれた。これもすごいことだ。谷さんのストレングスを発見したぞ。
- ⑫ やった。ヒットした。
- ⑬ 秀さんの様子が気になるので，精神科医につないだほうがいいだろう。秀さんの心情と，一方で適切な医療を受ける権利を考慮し，緊急性を見極めつつ，谷さんとともに方法を模索していくことになる。

- ⑭ 秀さんに怪しまれずに外出する口実が見つかれば，ということだな。秀さんにここに来ると言って出てくるのは，今はとても無理だろう。来てもらえればそれでいい。
- ⑮ 事前に経過報告をする時間も必要だから，この時間でどうだろう。
- ⑯ 谷さんから前向きな発言が出た。よし！ 私も応援したい。

- ⑰ 家族だけで向き合っていると視野が狭くなる。外に相談するということは，外の「風」を入れることだ。澱んでいた空気が，風通しをよくすることによって変わってくる。膠着状態を打開する大きなステップだ。
- ⑱ 時間はかかるかもしれないけれど，続けていくことに意味がある。何かしたことで谷さんの気持ちが変われば，秀さんとのコミュニケーションも変わってくる可能性がある。そうすると，谷さんの気持ちや行動もまた変化する。その過程を第三者が寄り添って見守っていければ。
- ⑲ 自分に言い聞かせるように言っている。何かのときに，このフレーズを思い出してくれるといいな。
- ⑳ 注意事項を最後に伝えておこう。これからに希望をもちたいけれど，リスクも想定して，必要な対応を認識しておいていただかないと。

❖ 解説 ❖

表現された要求だけに応答するのではなく，本当の意味でクライエントの相談に応じることがPSWの機能を果たすことになります。

◆相談に至る経過をふまえ，支援課題を明らかにする

　鷹野PSWは，谷さんからの電話を単なる日程調整の事務連絡に終わらせず，ここから相談援助関係を築くプロセスを始めています。面接日を確認することが谷さんの主訴だとしても人権擁護の視点をもち，ソーシャルワーカーとして相談者の困惑や不安等を共感的に受け止め，危機管理意識をもちながら現実にできる対応を共に考える姿勢を示し，相談を受けるための構造をつくっていこうとしています。

　相談の主旨を明確化しクライエントと共有することは，相談の構造化において重要な課題です。谷さんは，「息子を病院に連れて行ってほしい」と希望していますが，本人の意思に反して身柄を拘束して医療機関へ連行することはできません。PSWとしては，「Y問題」を想起すべきところです。しかし，「できません」と伝えるだけでは，相談者を門前払いするのと同じで何も解決しません。そこで鷹野PSWは，応答の末に「どうしたら受診してくれるか一緒に考えましょう」と返します。谷さんには，保健所に相談するに至る経過があることを真摯に受け止め，支援関係を結ぶための共通目標を設定することが谷さんの相談へのモチベーションを維持することになり，問題解決への第一歩となります。

◆「クライエント」のとらえ方

　鷹野PSWが意識的に「谷さんは」と呼びかけたことは，この電話相談のターニングポイントになっています。ここで「お母さん」と呼ぶと，谷さんは「問題を抱えた息子をもつ母親」となり，PSWはその息子をどうするか考える役割になります。しかし，現段階は，相談者の谷さんが抱える問題を共に検討する立場です。鷹野PSWが「クライエント」として認識したのは，後日来所して面接する谷さんであることが，谷さん本人へのメッセージとして伝えられているのです。同様に，息子を意識的に「秀さん」と呼称しているのは，一人の人間として秀さ

んの人格を認め，いずれ受診に促すことがあるかもしれない，その時に秀さんの意思を尊重する決意を表しているとみることができます。

◆家族の歴史を理解し，家族関係を読み解く

　谷さんが，病気かもしれない秀さんを恐れ，腫物に触るようにしか対応できない状況は一朝一夕につくられるものではなく，これまでどこにも相談してこなかったというエピソードも含め，この家庭には長い歴史があることが垣間見られます。そこで鷹野 PSW は，谷さんの発言の端々に着目し，秀さんを取り巻く家族の様子に質問を差し挟みながら家族関係の歴史をひも解き，丁寧にアセスメントしています。谷さんが，無口で要領の悪い息子を傷つけないように遠巻きに見守り続けていたこと，すなわち問題の直面化を避けてきたことが，息子に内緒で相談するという行動に至ったと理解します。それだけ谷さんが相談してきた事実には重みがあると鷹野 PSW は受け止め，まだその意味に気づいていない谷さん自身に，問題解決の力があることを伝えて勇気づけています。

◆最善の支援策を追求する

　谷さんの希望を文字通り受け取り，早速入院先を探したり合法的に強引な搬送方法を検討することも不可能ではないかもしれません。しかし，秀さんの精神科受診に対する拒否感情の大きさや，谷さんも秀さんを傷つけるような受診のさせ方をしたくないと思っていることを，鷹野 PSW は感じ取っています。つまり，この段階での精神科受診の強行は，親子関係の断裂や双方の傷つきを深める可能性も危惧されるため，そうすることの意味を熟考しているのです。

　一方，秀さんには何らかの精神疾患も疑われ，放置することは望ましくないとも考えて，結果的に受診の強要になるとしても，谷さんが後悔しないために，また病気でない人を強制受診させるという人権侵害を起こさないためにも，精神科医の所見を得ることが最初の方策と考え，谷さんに精神科嘱託医への相談を提案します。当初の谷さんの希望からするとずいぶん遠回りであり，最初の電話の時点では谷さんはこの提案を受け入れなかったかもしれません。しかし，鷹野 PSW が随所で表している谷さんの苦労の歴史への共感的な理解や，思いやりのある言葉かけと，真摯に秀さんのことを考える谷さんに伴走する姿を示した後での提案だからこそ，谷さんも受け入れることができたのです。

第5章

電話相談による支援展開における思考過程

　電話相談の最も大きな特徴は,「電話をかける」というクライエントからの能動的な支援ニーズの表現が端緒であることです。そこで,PSWがどこまで受け止め,応じることができるかがクライエントのニーズの充足に直結します。また,聴覚情報しか得られないこと,PSWの業務都合に関係なくもちかけられること,匿名相談も可能であり関係性を築く手がかりが乏しいこと等も特徴です。そのため,話の聴き方や尋ね方に工夫が要ります。特に言葉の選択や,クライエントが語る言葉への着目には神経を研ぎ澄ます必要があります。
　PSWの所属機関の特性によっては,電話相談を主体とする場合もあれば,来所や訪問等による面接を前提としつつ,最初のアポイントやインテークを目的とする場合など,電話相談の用途も異なります。特に,保健所や市役所,保健センター等の行政機関では不特定多数の市民からの多種多様な問い合わせや依頼等もあると考えられます。地域活動支援センターや相談支援事業所等には,利用者からの生活上の相談が繰り返し寄せられることも多いと考えられますし,医療機関では受診や入院に関する相談が多いかもしれません。
　いずれも主訴の的確な掌握や緊急性の判断,対応の迅速な検討と適切な言葉選び等を瞬時に行うことが必要で,そのための会話の技術や記録の取り方,対話をリードする手際よさが求められます。自身の業務マネジメントを行い,電話相談に応じる体制整備も必要です。これらをふまえ,PSWの応対と思考を見ていきます。

第1節 電話をかけてきて突然"死にたい"と訴える女性

切迫した状況の中から信頼関係を築き，生きる目的を共に見出す

第5章 電話相談による支援展開における思考過程

事例の概要

玉川PSWは精神保健福祉に関する担当者として「こころの健康」に関する相談に応じ，その対象は児童から高齢者まで幅広く，また相談内容も人間関係からひきこもり，精神科受診に関することまで多岐にわたる。B市では自殺対策の主管課として保健センターが窓口になっている。

観察と逐語

▶16:50
事務所の中。電話に出る。

玉川PSWは，B市保健センターで市民に対する精神保健相談を業務としている。まもなく終業時間となる夕刻に電話が鳴った〔1〕。

電話に出ると名前を名乗る間もなく，間髪入れずに「死にたいです」と若い女性の声が聞こえた〔2〕。
女性は続けて「もう，生きているのがつらい」と，聴き取りにくいほどの小さな声〔3〕で話した。

「あの……」と，女性は途中で言葉に詰まりながらも話し終えると，5秒ほどの沈黙の後，電話の向こうですすり泣きをしているようだった。周囲は静かなようで，室内で電話をしているようだ〔4〕。
一呼吸を空けてから，「B市保健センターの玉川と申します。私は精神保健福祉士として市民の皆様のこころの相談を受けています。もしよろしければお話を聴かせていただけませんか？」と，ゆっくりと語りかけた〔5〕。

登場人物
- 星さん…20代女性
- 玉川PSW…保健センターの精神保健福祉担当者

場面
B市保健センターに若い女性から「死にたい」と訴える電話がかかってきた。

思考過程

1. 業務終了間際の夕方の電話は,「今日中に解決したい,相談したい」と相手が焦っていることや緊急性が高いことが時々ある。相談を受ける側も集中力が切れやすい時間だから,気を引き締めて,話を聴く態勢を整えよう。

2. いきなりどうしたのだろうか。こちらも緊張感が走る。どう対応しようか。

3. 声から察するに若い女性だ。年齢は20代から30代。これまで相談歴がある方だろうか。どこでこの電話番号を知り,何を求めてかけてきたのだろう。インターネット？ パンフレット？ どこからか紹介されたのかもしれない。まずは落ち着いてもらい,話が聴ける状況にしなくては。声のトーンから,気分の落ち込みがありそうだ。自殺企図のリスクが高いおそれがあり,早急にリスクアセスメントが必要だ。そのためにも,電話が切れないようにしなくては。

4. 「あの……」と何度も途中で沈黙しているように,躊躇しながらも絶望感を言語化している。本当に生きることへの活力を失いかけているのかもしれない。それくらいつらい何かがあったのだろう。周りは静かだし,室内で話しているのかな。たとえ誰かと同居していても,部屋の中で一人きりで電話していたら気がつかないだろう。心配だな。この状況を回避しようという意識が働いて焦ってしまうところだが,こちら側（聞き手）が冷静でなくてはいけない。

5. まずは相手に安心感を与え,落ち着いた相談環境を整えるため,ゆったりとした落ち着いた口調で話をしよう。まず,自己紹介をして自分の立場を理解してもらおう。精神保健福祉の専門家であることを伝えれば少しは安心してもらえるかもしれないし,何か事情や気持ちを話してくれるかもしれない。電話だから表情が見えないけど,面接だと思ってこちら側もできる限り笑顔で接しよう。

観察と逐語

しかし，「私のことなんて，誰も理解してくれないし，いなくなったって誰も悲しまないんだから……もうどうなってもいいんです。生きていても仕方ない」と，女性は語気を強めながら，吐き捨てるように投げやりな口調で返答を繰り返し，言葉も途切れ途切れになっており，話すうちに興奮したのか，混乱している様子 6 である。

そこで「私はあなたの困りごとをお聴きしたいと思っています。一緒に考えさせてくれませんか？」と粘り強く繰り返し続けた 7 。

女性は言葉が途切れた後，「こんなことを話してすみません。もう終わりです。最後に話ができてよかったです。迷惑をかけるので，もう電話を切ります」と，自殺をほのめかす言動を何度か取った 8 。

「それくらいつらいことがあったのですね。私はあなたに死んでほしくはありません。お話を聴かせていただけませんか 9 」と話し続けた。

▶受話から数分後

やり取りを何度も繰り返していると，女性は相変わらず「私なんてどうなってもいい」と話しているが，次第にその声の抑揚が小さくなり安定し，会話にテンポが生まれ，言葉のやり取りがスムーズになってきた 10 。
そこで，「今はお一人なのですか？ 11 」と声をかけた。
「いつも一人ぼっちです。私のことなんて誰も気にしていないんですよ 12 」と，少し投げやりな口調で女性は返答した。

「少なくとも私は今，あなたの話を聴きたいと思っていますし，何か力になりたいと思っていますよ 13 」と再び声をかけると，女性は，
「えっ……。みんな最初はそう言うんですよ。でも都合が悪くなったら，最後はみんな離れていってしまいますから」

笑顔で話せば声のトーンも柔らかくなるはず。緊急性といえども，まずは相談関係の構築が必要。話を聴く前に，本人と相談関係の契約をしよう。

6 何やら興奮してきたようだ。対応が長期戦になりそうだ。本人に対して無理に言葉を遮ると，話を聴いてもらえないという印象を与えかねないし，その結果電話が切られてしまうかもしれない。今は気持ちの揺れは大きく，丁寧な対応が必要だろう。時間は気にせず，腰をすえてじっくり話を聴く覚悟を決めよう。「どうなってもいい」と思う人がわざわざ電話してくることなんてないわけだから，何らかの葛藤を抱えて，何かを求めて電話をしてきたのだろう。

7 興奮されている状況では内容が聴き出せない。まずは共感と受容の姿勢でかかわろう。そして信頼関係を構築すること，話を傾聴して気持ちを受け止めることを心がけよう。安易に正論を述べたり，批判したりしないように気をつけよう。今はまだ信用して話をしてよい相手なのかを疑っている段階だろう。受け入れてもらえなくてもあきらめず，「I（アイ）メッセージ」を使って，繰り返し寄り添う姿勢を伝えていこう。

8 衝動性は一時的に高まるが，長時間持続しないことが多い。時間を稼ぐことで自殺への衝動性を軽減させることにつながり，自殺リスクを減らすことができる。このまま話を続けられるように心がけよう。本当に生命が危険な状態になったら，警察に電話をしなくてはならない。（自分の）周囲に誰か居てもらうようにしよう。今受けている相談の内容について，メモを使って伝えよう。

9 繰り返し「Iメッセージ」を使って，気持ちに共感しながら，何か力になりたいというこちらの意向を伝えよう。何かよほどつらいことがあったのだろう。何があったのだろうか。家族のことか，仕事のことか，それとも男女関係のもつれだろうか。まだ本人からニーズは語られていないが，「相談ニーズがあるから電話をしているのである。表出されていないニーズが隠れている」ことを意識しよう。だからこそ落ち着いてもらうことが大切。

10 声が落ち着いてきて，本人の語りが安定してきている。言葉のキャッチボールができるようになり，コミュニケーションが少しずつ取れるようになってきた。ここが介入のチャンス。そっと様子を見ながら，少しずつこちらから話しかけてみよう。

11 自殺のリスクをアセスメントするためにも，周辺状況や計画性や具体性の評価をすることが大切。今の状況を少しずつ聴いてみよう。

12 一人なのだな。この状況を誰かが気付く可能性は低く，自殺のリスクは変わらず高い。気にしてもらいたい，寂しいという本人の気持ちが見える。人間関係などのトラブルを抱えているのかもしれない。

13 相手に信用してもらうためには受容，共感が重要。こちら側が話を聴き，そして課題があれば共に考えていくつもりであることを伝えよう。

14 落ち着いてきた口調が再び強くなった。こちらの言葉を否定したものの，語りかけに耳を傾けてくれている。電話をかけてきたのも，きっと誰かに話を聴いてもらいたいと願っての行動だろう。信用していいのか，話していいのか迷っ

と言った。その口調は明らかに気持ちが動揺している様子であり，こちらに対して強い口調に変化した。すすり泣きのような音もすでに聞こえなくなった [14]。

「そうですよね。自分のことを人にお話しするのは，簡単ではないですよね [15]。何か人を信じられないくらいつらい思いをされたのではないでしょうか。私はあなたに少しでも気持ちが楽になってもらいたいと思っています。私にお手伝いさせてもらえませんか」と語りかけた。

続けて，「今，どちらにいらっしゃるのですか？」とゆっくり語りかけた [16]。
女性は返答を考えているのか，少し間をあけた後，
「家です。こんな自分，恥ずかしくて誰にも見せたくありませんよ [17]」と返答した。

その後，まもなく「私だけ，どうしてこんなにつらい思いをしなければならないのでしょうか。それなのに誰も助けてくれない……やっぱりもう終わりです，放っておいてください」と，か細い声でつぶやくように話した [18]。

「私は今，あなたの話を聴いていますよ。助けたいと思っています。私はあなたに生きてほしくて話を聴いていますから，放っておけませんよ [19]」と，今までよりも声を大きめに抑揚をつけながら伝えた。

女性は急に静かに黙り込んだ [20]。
5秒ほどの沈黙の後，再び女性に対し，「先ほどから『死ぬ』とおっしゃっていて，私はあなたのことをとても心配しています。すでに何か準備をされているのですか？ [21]」と尋ねると，
「まだ考えていませんでしたよ。でも首を吊ってもいいし，練炭でもいいしね」との返答。
「今，身の回りに紐とか練炭はあるのですか？」と再び尋ねると，
「どこでも売っていますからね」と女性は早口で話した。

ている段階なのではないか。引き続き，傾聴しながらも，本人の思いに受容的な姿勢で接しよう。

⑮ いくら助けてほしいと思って電話をかけてきたのだとしても，自分のことをいざ話そうとすると簡単なことではないだろう。その際に話をしていいのかという気持ちが存在するのも当然の感情である。ましてや，本人は何らかの対人トラブルを抱えている可能性が高い。本人の気持ちの揺れを保障しつつ，共感的な姿勢を示そう。

⑯ 本人が動揺している様子から察するに，少しずつ核心に近づいてきている。こちらの姿勢が受け入れられているから，ここでは慌てず，ゆっくりと話を続けよう。でも油断は禁物。さっきは「一人ぼっち」と言っていたが，自宅から電話しているのだろうか。だとすれば一人暮らしか。一軒家かアパートか。若そうだし，持ち家に一人暮らししている可能性は少ないかな。周辺の方との付き合いはどうだったのだろうか。夕方だし，家族は仕事に行っている可能性もあるだろう。ところで，この人は何をしている人なのだろうか。この時間に電話できるとなると仕事はしていないのかもしれない。学生？ 主婦？ それともたまたま今日は休みだっただけかもしれない。でもこんなに精神状態が不安定だったら働くパワーもなさそうだ。今は働いていないのかもしれない。

⑰ 「死にたい」と言っているが，周りからどう見られているのか気にしていることから，この方はやっぱり「生きたい」人なのだろう。素直に寂しいと言えれば楽なのに……。素直に言えないことが生きづらさなのだろう。

⑱ また気持ちが落ち込んでしまったようだ。何か気に障ることを聴いてしまったかな。一人で解決したいなら電話しなければいいのだから。何か人寂しい思いを抱えているはずだ。だとすれば，今回の引き金になった原因は人間関係のもつれだろうか。

⑲ 寂しい気持ちを「死ぬ」という言葉に置き換えて表出している。その気持ちを受け止めてくれる人がいるという安心感をもってもらうためにも，こちら側の「一人ではないですよ」「気持ちを受け止めたい」という意思を明確に伝えておいたほうがいいだろう。そして，言葉も淡々と伝えるよりも抑揚をつけて話したほうが言葉に力がこもり，こちらの気持ちが相手に伝わるだろう。

⑳ 言葉が止まった。こちらの思いが伝わったのだろうか。おそらく大変なこと，つらいことがあったのだろうが，一人ではないことをわかってほしい。

㉑ 女性がこちら側に感情を出しながらも，だいぶこちらの言葉が伝わっているように思う。言葉のやり取りも可能な状態ではないか。今後はこちらが心配していることを伝えたうえで，自殺のリスクを評価していこう。そのためには相手に直接聞くことが有効。一般的に自殺のことを直接的に持ち出すことは自殺を実行することに影響はせず，むしろ率直に話ができたことで安心し，リスクを下げる効果がある。また，一般的には計画性，準備性が高いほうが緊急性やリスクが高い。道具を準備しているのか，具体的な方法のイメージはできているのかを聴き出すことによって，アセスメントを行う必要がある。

観察と逐語

このような語りかけを行い，女性の具体的な自殺方法や準備の有無，周辺状況を確認しながら話を続けた。すると，道具を用意したり，遺書を書いたりといった具体的な準備はしていないことがうかがわれた 22 。

▶約15分が経過

電話が始まって15分が経過した頃，女性は黙り込み，長い10秒ほどの沈黙が続いた 23 。
やがて，フゥーという呼吸の長い息遣いが聞こえてきた 24 。

そこで再び，「少し落ち着かれましたか？ 大変な思いをされてきたのだと思いますが，私にお話を聴かせていただけませんか？ 私は玉川と申します。もし，よろしければお名前を伺ってもよろしいでしょうか？ 25 」と，ゆっくりと語りかけた。

すると女性は，「星といいます」と憔悴しきった小さな声で返答した 26 。
すかさず，「星さんですね。ありがとうございます」とお礼の言葉を返した 27 。

（※この会話の最中，以下を並行して行う。）
この時点で，電話をしながら手元のパソコンを操作し，相談歴を検索した 28 。
そして，星さんの名前をメモに記し，同僚に聞き覚えがないか，他の職員が担当している制度など，何か使っている資源はないか調べてもらえるよう依頼した 29 。

続けて，「もし差し支えなければご住所とご連絡先を伺ってもいいですか？ 30 」と聞くと，
「はい……大丈夫です。○○市○○-○-206です。電話番号は◇◇◇-△△-××××です 31 」と，すぐに返答してくれた。

第5章 電話相談による支援展開における思考過程

22. 具体的なイメージももっておらず，準備もしていないようだ。遺書もないところからして，計画性は低い。実行のリスクは現時点では低いだろう。今回は突発的に「死にたい」と思ったのだろう。そのように思うに至ったプロセスが聴きたい。その言葉の向こう側にはどのようなニーズが隠れているのだろうか。

23. さっきまであんなに落ち着かなかったのに，急に黙り込んでどうしたのだろう。電話は切れてないよな。何か怒らせてしまったかな。話したい気持ちと，素直になりたい気持ちと，心配な気持ちの間で心が揺れているのだろう。こちらも無理に話しかけずに少し様子をうかがうほうがいいかもしれない。慌てずに少し黙って相手の出方を待ってみよう。

24. 深呼吸しているのかな。息遣いも落ち着いてきたし，少しだけ気持ちの整理がついたのだろうか。電話は切れていないし，突発的に話しかけてこない様子からして，これまでの流れとは明らかに違う。何か心で結論が出たのかもしれない。危機状態を脱し，精神的には落ち着いてきたのかもしれない。そろそろこちら側の存在を受け入れてくれるかもしれない。あらためてこちらから話しかけてみよう。もう一度，話を聴きたいというメッセージを率直に伝えてみよう。

25. まずは女性の名前を聴こう。こちら側が話しかける際に名前で呼んだほうが関係性づくりのうえで有効であるし，相談歴の有無など，この方の情報が集められるかもしれない。名前，教えてくれるかな……。

26. 声が弱々しくて元気がなくなってしまったな。疲れさせてしまったのかもしれない。大丈夫だろうか。「星さん」か。これまでに相談してきたことがあるかもしれない。相談歴を調べてみよう。少しでも情報がつかめれば，周りの人にも助けてもらえるかもしれないし，危機を回避できるかもしれない。

27. 教えてくれてよかった。やっとスムーズにこちらの質問に答えてくれた。こちらの問いかけに答えてくれたことに対し，ちゃんとお礼を言っておこう。

28. 相談歴はなし。何か使っている制度はないだろうか。他の同僚は聞き覚えがないだろうか。他機関に相談歴があるのかもしれないし，こういうエピソードは今まであったのだろうか。どこかに通院しているのだろうか？ これまでの病歴は浅いのかもしれない。

29. こちらも情報なしか。しかし，こちら側の話を聴いてくれているようで，質問に対して適切な返答があったことから，相談関係の前提をつくることができたと考えてもいいのかもしれない。でも，状況を把握するためにはもっと情報が必要。今からじっくりとこれまでの経過や生活状況の情報収集をしていこう。

30. 緊急時には警察に通報して保護要請をする場合や直接訪問が必要になるため，本人の所在地を把握することは大切なことだ。

31. 住所と電話番号がわかったから，危機状態になったときに警察に通報して保護してもらうことができるようになった。この地区の担当保健師は誰だろうか。把握しているのかな。民生委員が普段の地域の情報をもっていることもあるし，

▶相談の内容

引き続いて,「今日はどうしたのですか？ 何か困ったことや心配なことがあったのですか？」と尋ねると,
「私,うつ病になっちゃって,今までみたいに仕事もできないし,お金も無くなっちゃうし,どうしたらいいかわからなくて……。そしたら今日,交際していた彼とケンカしちゃって……32。誰にも認めてもらえないし,急に寂しくなって,もう私なんてどうせ一人なんだから,どうなってもいいやと思って,死にたくなっちゃって」と小さな声でゆっくりと話した。

「そうだったのですか。それはつらかったですよね。話してくださってありがとうございます。私は星さんの力になりたいと思っています33。もしよろしければ,これまでの経過をもう少し聴かせていただきたいのですが,いかがでしょうか？ 34」と提案した。
すると,星さんは少し時間をおいた後,「はい,よろしくお願いします」と同意してくれた35。

「もしも,話したくないことがあったら,遠慮なくおっしゃってくださいね36」と伝えると,星さんは「わかりました」と落ち着いた口調で答えた。

「星さんはどなたと一緒に住んでいるのですか？」
「今は一人暮らしです37」

「ご家族はどちらにいらっしゃるのですか？」
「父と母は今も○県の実家にいます。2つ離れた兄は仕事の関係で△県にいます。今は家族に会えるのもお正月とお盆くらいで,電話やメールでのやり取りが中心です。私が病気でこんなに苦しんでいるのに,みんな忙しいのか私の話をろくに聴いてもくれません38。私も最近は心配をかけたくなかったので,疎遠になっていました」

聞いてみるのも有効かもしれない。住所はやはりアパートかマンション。206ということはおそらく2階。万が一飛び降りても生命にかかわる可能性は低いだろう。

32　原因は経済的な不安と交際相手とのケンカか。でも背景にあるのはうつ病の症状による気分の落ち込みと孤独感だよな。今回は余裕がなくなって追い詰められた結果，ケンカになってしまったのかな。交際相手はどのような人だろうか。

33　まずは共感の姿勢が必要。星さんは今後について不安と寂しさに襲われ，追い詰められている状態。それを一人で受け止めきれずに誰かに助けを求め，電話をしてきた。そのつらさに素直に共感し，気持ちを受け止めよう。そして，自分のことを見知らぬ人間に話すことは勇気のいること。ようやく信用して話してくれたことに感謝をしよう。

34　今，仕事はしていない様子だが，どうやって生活しているのだろうか。生活保護や障害年金は受けているのだろうか。家族や親戚はいないのかな。困ったときに相談できる体制が必要だ。星さんがなぜ「死にたい」気持ちになったのか，心理的要因，環境要因の両面でアセスメントする必要がある。この際に生活歴や現病歴なども確認し，相談者の生活の困りごとを明らかにしていこう。

35　よし，これでもっと詳しく話を聴くことができる。相談関係がつくれてきたから，ここからはいつも通り，生活歴，現病歴などの経過を聴いていこう。

36　星さんの困りごとが明らかではない状況では，星さんにとって言いたくないことが出てくるかもしれない。その際に星さん自身が質問を回避することができること，話さない権利が保障されていることを伝えておこう。

37　一人暮らしの生活は成り立っているのだろうか。食事，清掃，洗濯など，家事，お金の管理はできているのだろうか。自分一人でやっているのかな。それとも手伝ってくれる人がいるのかもしれない。一人暮らしだと，見守りしてくれる人もいないし，希死念慮や自殺企図などの突発的な行動も介入が遅くなってしまうおそれがある。クライシス時の自殺リスクは高い状況だ。

38　家族は○県と△県では遠いな……。でも家族が話を聴かない原因は本当に忙しいからなのだろうか。関係はよくはなさそうだが，本人のかかわり方にも課題があるのかもしれない。星さんはどのような話を家族に聴いてほしかったのだろうか。家族以外の人にも話を聴いてもらいたいと思っているのだろうか。

観察と逐語

「そうなのですか。星さんはご家族に心配をかけないように気遣いができる方なのですね〔39〕。でも，一方では一人でいろいろなことを考えるのは寂しいですよね〔40〕」

続けて，「普段はどのように生活されているのですか？何かお仕事とかされているのですか？」と質問すると，
「私は元々，広告に興味があって，大学でも遊ぶことなく必死に勉強していました。その結果，第1希望の大手広告代理店に就職することができました〔41〕。大変でしたけど，本当にうれしかったです。就職してからは，主に営業の仕事を任されて，厳しいながらも充実した生活を送っていました」と今日一番の元気なトーンで話された〔42〕。

そこで，「そうですか。星さんにとって，素敵な時間を過ごせていたのですね。でも，先ほど『仕事ができなくて……』とお話しされていましたが，今はそのお仕事は続けていないのでしょうか？」と質問すると，
「そうなんです。今から2年前に職場の組織改編があって，仕事が忙しくなってしまいました。ある日，急に体が動かなくなって，気持ちも切れてしまって，会社に行けなくなってしまったのです。体の調子がおかしいのかと思って近所の内科で検査したのですが異常もなかったので，その後も仕事に行っていました」
一回言葉を切って星さんは続けた。「でも，気分の落ち込みも治らず，だんだん眠れなくなって，休みがちになってしまったのです。そこで会社の上司の勧めがあって，会社の近くのメンタルクリニックに行ったら，うつ病と診断されて，1年半前から休職することになったんです〔43〕。治療を続けていたのですが，体調は不安定で職場には復帰できず，昨日，会社との話し合いの結果，退職することになりまして……。せっかく就職できたのですが」

▶電話相談の中盤

「そうでしたか。大変な経験をされましたね。星さんはうつ病と言われたときはどう思われましたか？〔44〕」
「まさか自分がうつ病になるなんて嘘でしょと，自分のこととは思えませんでした。でもこれだけ自分の限界まで働いたのだからもう無理だなあとも思いましたけれど〔45〕。でも，これからどうなってしまうのだろうと怖くもなりました」
「それまで一生懸命頑張ってこられたんですもんね。そう思われるのも当然だと思います〔46〕」

第5章 電話相談による支援展開における思考過程

- ㊴ 星さんは自信を失っている。ストレングスに焦点化し,星さんの語りをリフレーミングして,いい意味に言い換えていこう。星さんは誰に相談しているのだろうか。今日の話に出てきた交際相手だろうか。話を聴いてくれない周りの人に対して不満を述べる一方で,周囲に心配をかけたくないという気遣いができる人なのかもしれない。これは星さんのストレングスになるだろう。
- ㊵ 一方で,だからこそ無理をして一人で抱え込んでしまう傾向があるのかもしれない。星さんの寂しさに焦点化し,共感しよう。

- ㊶ 大手広告代理店に就職していたなんて,頭もよくて優秀な人なのだろう。そこに至るまでの努力は並大抵のものではないのであろう。星さんは真面目で計画性のある努力家なのだろうな。
- ㊷ 星さんの声に力がこもっている。先ほどの声とは大違いだ。きっと,星さんにとって,この時期が一番充実していて楽しかった時期なのだろうな。

- ㊸ メランコリー親和型うつ病であれば,一般的にはエネルギーが枯渇している状態であり,全体的な意欲や活動性が低下し,何もできずに生活上の機能低下をもたらすことが多い。また,自分から状況を発信できず,うつ病であることを隠そうとするため,今回の星さんのように語ることは少ない。そして覇気がなく自責の念を抱いていることが多い。少なくとも星さんのように,突然電話をしてきて,一方的に感情的に話をすることや,寂しいからといって他人のせいにすることは少ない。今までかかわってきたメランコリー親和型のうつ病の方と状態像に違和感がある。そうだとすれば,回復している部分や,保たれている健康的な部分が星さんにはあるのではないだろうか。

- ㊹ うつ病と言われたとき,どのように受け止めたのだろうか。自分の目標を叶えて,今まで順調に働いていたのに,急に役割や所属がなくなったら絶望的になるよな。重大な喪失体験を経験したのだな。今は将来的な展望を見出せない状況であり,星さんの抱く不安感は当然の反応だ。それに寄り添い,共感する姿勢が大切だろう。
- ㊺ 限界まで働いたという言葉が気になるな。星さんの職場環境の実際はどうだったのだろうか。もしかしたら回避的な思考の人なのかもしれない。
- ㊻ 初めて病状を伝えられたら,動揺し,見えない将来に不安を感じることは当然のことだろう。本人の気持ちに寄り添うほど,「わかります」とは安易に言え

「でも，そう言われてホッとした部分が少しだけあったのも覚えています。原因もわからず体が動かない日々が続いて，どうしちゃったんだろうって怖かったですから。焦りもあったし。これで休んでいいんだってね。でも，会社が私をこんなふうにしたのです。それなのに会社を辞めなければならないなんて，本当は納得できません 47 」

「そうですか。これまでできていたことができなくなるのは不安ですし，怖いことですよね。こころの病は自分では気づきにくいですから 48 。今はどのような症状で困っているのですか？ 49 」
すると星さんは，「不安感が強くて，些細なことで心配になって，眠れなくなります。それで生活リズムを崩してしまって，朝もなかなか起きられません。ですから，仕事にも朝出勤できなくて……。イライラしてしまうこともあります」と不安そうな声で話した。

それに対し，「星さんが悪いわけではありません。病状がそうさせているのですから，今は焦らずゆっくり休んで，治療を受けられることが大切です 50 。そのためにも，安心して休めるようになったらいいですよね」と，ゆっくり話した。

「もしもこの状態が病状のせいだとしたら，とにかく早く病状を改善したいです。ですが，今はそのイメージもできません。早く働いて前の生活を取り戻したいですけれど，この状態じゃ無理ですよ 51 。そうなると，お金もないし，どうやって生活していけばいいんでしょうか」
「そうですよね，今はまだイメージができないかもしれませんね。今は無理でも，いつか星さんらしい生活を取り戻せたらいいですよね 52 。それでは，今までは経済的にはどのような生活をされていたのですか？ 53 」

すると，「これまでは傷病手当金と貯金を切り崩して生活していましたが，まもなく期限を迎えることから，収入も途絶えてしまいます。このことが不安で，今日，交際して

ない。今は話を聴くことしかできないのかもしれない。

47　また星さんの他罰的な感情が表出されている。職場の組織改編も，それに伴って仕事が忙しくなることも世間一般では決して珍しいことではない。星さんはそれを会社の責任とし，自分のこととして見ずに回避しているように聞こえる。従来型のうつ病の方であれば，自分の能力不足など，自分を責めてしまうことが多いだろう。やはり従来型のうつ病の方とは状態像にズレがあるように感じる。

48　受け入れられない現実もある一方で，星さん自身も自らの体調の異変には気づいていたのだろう。その異変を受け入れきれず，また今も会社のせいにすることによって，自分のこととして考えることから目を背けているようにも思える。やはり回避的な思考傾向があるのだろう。でもドクターストップがかかるまで仕事を続けて頑張ってこられたのは星さんの強さであり，うまく相談できない，弱さを見せられないという課題でもあるのかもしれない。

49　昨日の話し合いの結果ということだとすれば，今もうつ病の精神症状は不安定ということだろうか。どのような症状で困っているのだろうか。通院で大丈夫なのだろうか。自立支援医療は使っているのかな。場合によっては入院が必要なこともあるよな。その場合，入院費は払えるだろうか。もしも医療保護入院が必要であったら同意者は誰だろうか。順当に考えれば父母のどちらかだろう。相談を進めるにあたり，いつかは実家の父母の連絡先を聴いておく必要も出てくるだろうな。

50　休職中はどのような生活をしていたのだろうか。焦ってしまい，かえって体調を悪化させていたのではないだろうか。星さんが安心して療養できるような環境調整が必要ではないか。思うように体が動かないことは，星さんの努力の問題なのではなく，うつ病の症状から一時的に影響しているものであるということ，そしてその回復のためには治療と休養が大切であるということを伝えよう。病状および治療方針に関することは，医療機関と連携し，情報共有も必要であろう。今後，星さんに了解をもらって連絡させてもらおう。

51　星さんは退職という挫折感から回復できていない状態だろう。自信をなくしているのだろうが，まだ自分の今後には向き合い切れていない。これからのかかわりのなかで徐々に直面化し，星さんに考えてもらう必要があるな。

52　星さんが絶望していることに共感し，一方で星さんにも将来的な希望も見てもらえるような声かけをしよう。

53　星さんはお金のことを心配している。一人暮らしの人が職を失う際に考えることとしては当然だ。安心して療養できるようにするために，まずは経済的な支援の調整が必要ではないか。これまではどのようにやりくりをしてきたのか確認しよう。星さんはこれからのことは何か考えているだろうか。貯金はどれくらいあるのだろうか。家族から何か援助は可能なのだろうか。

いた彼に話して相談しようとしたのですが，私に愛想を尽かしたのか 54 聴いてくれなくて，結局口論になっちゃって。とうとう一人ぼっちになっちゃったと思って。もう何もかもが嫌になって，投げ出して死にたいと思って」と気持ちを吐露した。

そして，「でも自分の気持ちを誰かに伝えたくて……。先日，住民票を取りに行ったときに市役所でもらった保健センターのパンフレットが目に入り 55 ，知らない人だったら何を話しても迷惑もかからないと思って，電話したんです」と，今回の電話の経緯を語った。

「そうですか。お気持ちを話してくださり，ありがとうございました。こうしてお話をしていますから，決して一人ぼっちではないですよ 56 」とゆっくり語りかけた。

▶電話相談の終盤
星さんの生きる目標を共に考える。

そこで，星さんの現在の相談体制を確認するべく，「彼以外にどなたか信頼して相談できる方はいらっしゃいますか？」と尋ねた。

すると，「家族も友達も，私の話を聴いても『大丈夫でしょ』と言うだけで誰も相手にしてくれません 57 。交際相手である彼だけはそんな私を見捨てず，献身的に支えてくれていました。そんな彼まで今日は話を聴いてくれなくて，つらかったというか，絶望的になりました 58 」と答えた。

そこで，「星さんにとって，彼はとても大切な方のように感じます。どのような方なのですか？ 59 」と質問した。
「彼は大学の同級生で，付き合いも長いし，よく知っている仲ですから，つい甘えてしまうんです。彼に迷惑をかける自分に嫌気がさしてきて，自分がいなくなればいいんだと思うときもあります」と星さんは静かに答えた。

「そうですか。やはり星さんにとって，大切な方のようですね。そんな彼を大事に思う気持ちがあるのであれば，そこに星さんの生きる目的があるのではないでしょうか 60 。仕事をしていなくても，病気があっても，お金がなくても，人は誰でも価値のある尊い存在なのだと思います。さらに，生きているだけで相手に与えられるものがあると私は思います 61 」と星さんに伝えた。

その後，星さんから，「なんとか生活を立て直して，安定した生活を送って，自分の仕事のことも彼との将来のことも考えられるようになりたい 62 」と発言があった。

[54] 自分で「愛想を尽かされる」という認識があるほど，交際相手を信頼して頼っているのだろう。

[55] 住民票を取りに来たように，星さんは市役所でちゃんと自分に必要な手続きは自ら行うことができているのであろう。また，その際に，自分にとっていつか必要になるかもしれないと予測し，保健センターのパンフレットを手に取って持ち帰った。とすれば，星さんの先のことを見通す力や自分のことを何とかしようとする気持ちは維持されており，健康的な部分も大きく存在している。

[56] 星さんは孤独に敏感であり，これが不安感などの抑うつ症状のきっかけとなることが多いように感じる。星さんは一人ではないことをあらためて強調し伝えておこう。

[57] 星さんが症状や困りごとを伝えているにも関わらず，家族や友人が「大丈夫」と言うのは何か原因があるのだろう。先程のように他罰的な態度を表出しているのだろうか。それくらい，星さんの社会生活は第三者から見ても成立しているように感じるのだろう。

[58] 今後も不安や困難な状況は発生するだろう。どうやら家族にも友人にも星さんからは話すことを希望しておらず，星さんが相談しようとした交際相手については，相談を受け止める余裕がないのかもしれない。交際相手も何とかしたいという気持ちがあってもどうにも解決できないことも多いだろうし，受け止めきれなくても仕方がない。星さんの相談相手としては，どういう人がいいだろうか。男性？ 女性？ 相談支援事業所？ 市役所？ 選択肢は多数あるが，当面は星さんと関係性をつくり，かかわりながら提案していこう。

[59] 星さんにとって彼とはどういう人なのだろうか。星さんにとってどのような存在なのだろうか。星さんを支えてくれるような人なのだろうか。

[60] 星さんにとって彼との関係性が生きる活力となっているようだ。彼との関係のなかで自分の存在意義を認めることができれば，仕事や病気のことで困難が生じても，自分の生きることに向き合えるのかもしれない。

[61] 人の生き方の多様性を認めつつ，命の大切さ，生きることの尊さを大切にし，それを伝えていくことは，人生の伴走者として対等な関係で寄り添う精神保健福祉士だからこそできることである。この部分は星さんにもっとも伝えたいことであり，「Iメッセージ」を使って，これまで以上に力を入れて伝えよう。

[62] 星さんの描く将来はどのようなものなのだろうか。彼との生活も大切にしつつ，仕事も続けていきたいという希望が見える。星さんの希望を大切にしてかかわっていく必要があるだろう。自立したいという希望をもっているのであれば，

▶約40分が経過

「一人で考えることは大変ですよね。必要があれば生活の困りごとを支援する制度もありますから，もしよろしければ，もう一度，生きていくための支援について一緒に考えさせてもらえませんか？ 63 」と尋ねると，「お願いします」と，星さんは安心したような声で返答した 64 。

その返事を受けて提案した。
「今後も星さんの希望に沿って，経済的なことや生活のこと，不安な悩みなどの相談を一緒に考えていきますので，もしよろしければ近日中に一度お会いしませんか？ 65 」
「ぜひ，よろしくお願いします」と星さんは快諾し，3日後に面接を行う約束をした。

星さんは最後に「ありがとうございました」と話し，その声はすっかり落ち着いていた 66 。
時計の針は，電話が始まってから45分が経過していた。

体調が安定すれば，星さんは頭もよく，そもそも就労実績もあることから就労できる可能性は大きいのではないか。

63 星さんとのやり取りは，今のところ電話だけのコミュニケーションであり，まだ不透明な部分も多い。この電話相談だけではアセスメントは不十分だ。今後も継続的にかかわっていく必要がある。まずは継続的な相談関係を結ぶことが大切であり，その確認をしよう。

64 了解がもらえてよかった。うれしい。頑張ろう。

65 これまでの経過からは，一人で問題を抱え込む傾向があることから，困ったときに相談できる相手が必要であり，当面は制度の利用支援から心理的サポートまでの生活支援全般を行っていこう。さらに詳細な情報収集を行うことが必要だろう。関係性の構築のためにも定期的な面接の必要性を感じる。今回，死にたくなるほどに追い詰められてしまったこと，また急な状況変化も予想されることから，早いほうがよいだろう。3日後に設定しよう。
次回は，星さんの「うつ病」の症状をもう少し深めて聴いてみよう。症状はどういうときに出現しやすいのか，またどのくらい継続するのか。治療の内容とその効果はどうだろうか（服薬状況を含めて）。メランコリー親和型のうつ病の方は全体的な生活能力の低下があり，また日内変動があっても，特定の事象に反応することは少ないが，最近話題に挙がっている新型うつ病であれば，嫌なことがあったときに症状が悪化するなど，自分の興味関心や気分によって症状の出方が変わることが多い。また，星さん自身の元々の人間性や思考傾向などを理解したい。星さんは些細なことで不安感やイライラ感を感じやすくそれを自分で受け止めきれず，他人のせいにしてしまう思考傾向がある。これはいわゆる新型うつ病の方に多い傾向である。星さんの思考傾向が病状にどのように影響を与えているのか検討してみる必要があるだろう。いずれにしろ，星さんの話を聴き，状態像のアセスメントが必要である。経済的な支援に関しては，星さんの状況や想いをもっと明らかにしてから検討するべきであり，具体的な提案は避けておこう。ただし，初診日から1年半経過しているなら障害年金の申請ができる。星さんの経歴であれば初診日時点では会社に所属していたわけであり，厚生年金の受給要件は問題ないはず。あとは病状の部分を主治医に確認する必要性がある。次に生活保護が検討できる。単身生活であれば，収入が途絶えていれば受給の可能性は高いのではないか。

66 声も落ち着いてきたし，今日は大丈夫かな。でも状況がまだ不安定だからどうなるのかわからない。時間をかけて継続的にかかわっていこう。今後，どのようなかかわりが広がっていくのか楽しみだ。これからも星さんの気持ちに寄り添いながら支援をしていこう。

❖ 解説 ❖

　細心の注意を払って対話をつなぎながら，頭では自殺の危機回避のための方策を講じ，最悪の事態を避けるために最大限の努力をします。

◆自殺企図者への電話対応の基本

1．話しやすい雰囲気で相手の話を引き出す

　玉川 PSW は，冷静さと，相手に安心感を与えるための温かい口調を心がけており，相手があきらめて電話を切ってしまうことのないよう，ゆっくり話を聴く構えを見せています。いきなり名前を尋ねては警戒して電話を切られてしまうことも想定しつつ，こちらの礼儀正しい姿勢として自己紹介を行っています。発言の否定や正論での説得も控えて話を引き出すことに集中し，I メッセージを用いて「私はあなたの話を聴きたい」「私はあなたの役に立ちたい」と，相手への関心を，「私」を主語にした言葉で伝えます。何度も出てくる I メッセージは，玉川 PSW の人間観がこもった力強い語りかけとなっています。

2．緊急性のリスクアセスメントと最悪の事態の回避策

　玉川 PSW は，自殺の計画性や緊急性を速やかに把握しようと，星さんの語る文脈に沿った自然な質問で警戒心を解きほぐし，心情の吐露を導こうとしています。単身かどうかを尋ねるのは，すぐに発見できる家族等の有無を把握するためであり，自殺手段や遺書について尋ねることは，緊急性の高さを判断するのに役立ちます。個人が特定できれば相談歴の検索や警察通報，居住地を管轄する支援関係者との連携も可能となるため，相手の語りを引き出すよう相槌を打ちながらも質問を次々に投げかけることになります。また，同僚にメモを渡して応援を要請することも不測の事態の備えになります。

◆耳から得られる情報を最大限活用する

　電話相談は，対面での相談に比べて情報量や媒体が限られます。それでも質問に答えてもらったり，聴き取ることのできる情報を駆使することで把握できることがあります。電話をかけてきた時刻の意味，声のトーンや大きさ，背後の気配

や音，口調・話し方，発言の内容など，玉川PSWは，耳に神経を集中し，さまざまな情報を聴き取っています。相手が自殺企図者に限らず，電話相談における留意事項であり，他にも息遣いや呼吸音，沈黙，電話機のディスプレイ表示（番号表示，非通知設定，公衆電話）なども情報となります。

◆相談関係を構築する

　星さんは「どうなってもいい」「もう終わり」と繰り返しますが，電話をかけてきた事実に玉川PSWは着目し，相談ニーズがあるに違いないと考えています。「死にたい」という言葉は，星さんの「助けてほしいというSOS」であるととらえているのです。そこで，相談を受けるための構造をつくろうとします。

　Ｉメッセージによる関心の表明や共感的な相槌に勇気づけられた星さんが，徐々に感情のこもった様子でつらさを語り始めたのを見計らい，玉川PSWは氏名と住所を尋ねます。星さんがこれに応えたことは，自分が誰で，どこにいるのか知られてもいいという意思の表れであり，つながりを構築する意思があると受け取ることができます。そこで「今日はどうしたのですか」と，主訴を尋ねる問いかけをしますが，これはすでに星さんがPSWのペースに乗った相談の構図へと変化したことを表しています。よって，ここからは星さんが死にたいほどつらいと感じる事情の相談に乗る展開に移ります。

◆精神症状や障害に関する知識の活用

　星さんの語る内容や様子から玉川PSWは，うつ病の典型的な状態と比べて違和感を覚えています。電話では視覚的には判断できませんが，話し方や内容に傾注するうちに，星さんが自分に起こっている問題を受け止められずに目を背けてしまう傾向をかぎ取り，そうであれば仕事を退職したばかりという事実やそのために起こり得る今後の見通しに向き合うことも難しいのではないかとアセスメントしています。そのため，勇気づける者の存在が必要と判断し，経済的なことなど実生活に直結する課題と，仕事や恋人との生活について一緒に考えるつもりで対面での相談の提案に至ります。電話の冒頭でこの提案が受け入れられるとは考えにくいですが，星さんがこの提案を受け入れたことからは，玉川PSWとのやり取りを経て，相談へのモチベーションが形成されたことがわかります。

第2節 怒り交じりの用件をいきなり訴える母親

回数を分け，心の鎮静と状況把握に時間を使う

事例の概要

通院中のクライエントの母親から1本の電話が医療相談室に入る。医療相談室には8名のPSWが在籍しており，外来の相談業務については午前と午後に2名ずつのPSWを交代で配置し，電話相談および来所相談に対応している。その日の午前の外来相談担当の1人は海堂PSWだった。

観察と逐語

▶**午前，相談室**
医事課から内線が入る。

「はい，医療相談室の海堂です」と電話を取ると，「医事課です。外来患者の堤さんからお電話が入っています。何かちょっと怒っているみたいです」とのこと。
「堤さん？ 覚えがないのですが，私宛てですか？ ①」
「いいえ，誰でもいい ② ので相談員を出してほしいとのことです。堤望さんのお母様のようです ③」

「わかりました。カルテを準備しますので」と話しながらデスクのパソコンで電子カルテを立ち上げた ④ 。
「どうぞ，つないでください」
望さんの情報をカルテで確認しながら，そう伝えた。

▶**電話対応開始**
外線電話を引き継ぐ。

「お電話代わりました。私，精神保健福祉士の海堂と申しま……」と言うのを遮って，「もしもし！ 娘の障害年金の件でお願いがあります！ ⑤ 」とまくし立てるような声が飛び込んできた。
「娘さんの障害年金の件ですね。どうなされたのですか？」
できるだけ冷静に落ち着いた調子で尋ねた ⑥ 。

「どうもこうもないですよ。障害年金がもらえなくなってしまうんです。娘の収入がなくなってしまう ⑦ なんて，この先一体どうすればいいんですか!?」と，母親は焦りと怒りが入り混じった声で早口で言った。

登場人物
- 堤さん…推定60代，望さんの母親，夫は健在
- 望さん…32歳女性，統合失調症
- 桂川医師…望さんの新しい主治医
- 海堂PSW…精神科病院勤務

場面

病院の医療相談室に望さんの家族（母親）から障害年金に関する相談の電話が入った。望さんの担当PSWは特に決まっていなかったが，受付からの内線電話を取った海堂PSWがそのまま対応する流れになった。

思考過程

1. 誰だろう，顔が出てこない。主治医は？ 担当PSWは？ それに怒っているのか……。どんな内容だろう。通院中なら，カルテを準備して対応しようか。

2. 誰でもいい，となると担当PSWは決まっていないのか。当院の入院歴はないのかな。おそらく込み入った相談を受けたことはない方なのだろう。

3. お母さんからか。怒っているというのは本人ではなく母親だろうか。確認してみないとわからないな。

4. 面識のないうちにカルテを見るのは好ましくない。病名や治療経過を知ると，少なからず先入観をもってしまう。でも，今は適切に対応するには事前情報があったほうがいい。先入観をもってしまうリスクを自覚しておけば，大きな問題を避けられるはず。的確に電話対応するために必要な手段と考えよう。

5. いきなりものすごい剣幕だ。顔は見えないけど明らかに腹を立て，慌てている様子だ。緊急事態なのか。障害年金のことのようだけど，怒っているということは新規相談ではないな。申請書類に不備があって不都合でも生じたのかな。

6. 相手が怒っているときはこちらが慌ててはいけない。ゆっくり丁寧に話をすることを意識しよう。相手のペースにはまらないようにしないと。

7. そうか。障害年金の更新をしたけれど，等級が下がったか，支給停止のハガキが届いたのかもしれない。母親のどうしようもない怒りの表出と慌てふためく様子からそんな状況が予想される。最初のひと言より語気も強くなっている。でも，だとしたらちょっと難しい相談内容になるかもしれない。

「お母さん？ 落ち着いてくださいね。娘さんの障害年金のことですね？ それはとても重要なことだと思います⑧ので，ゆっくり話を聴かせていただけませんか？⑨」と，話すスピードを少し落とし，母親の急き立てる調子に働きかけるように言った。

「桂川先生に変わった途端にこれですよ！ いい先生だと思っていたのに！⑩先生にもう一度診断書を書くよう頼んでくれませんか？ もしくは他の先生でも構いませんので，誰かもう一度診断書を書いてください‼⑪」
母親の口調は激しさを増している。

「すみません，お母さん。状況をよく理解できていませんので，最初から一つずつお話しいただけませんか？」
少し間があいた後，「わかりました」と母親は答え，いくぶん声のトーンを落として続けた。
「桂川先生に年金の診断書を書いてもらったんです。今まではずっと2級をもらっていたんですよ⑫」
そして悲痛な声で言った。
「それが突然，支給停止の通知が来たんです……⑬」

「年金の診断書とおっしゃるのは，初めての申請ではないとすると，現況診断書，正確には障害状態確認届のことですね？」
「書類の名前はわかりませんが，これまで何度も書いてもらっていたものです。新しく替わった桂川先生に書いてもらった診断書を提出したら，支給停止の通知が届いたんです。とにかく，年金をもらえなかったら困るんですよ。あの子は普通に働くことはできませんし，今の事業所では給料はほとんどもらえません⑭から」

母親は続けた。「私たちも高齢になってきている⑮し，年金がなかったら経済的に厳しくなってしまうのです。あの子の将来が心配なんですよ⑯」

「お母さん，まずはカルテを見てみますので，望さんのこれまでの状況を確認させてください⑰」

8 この話しぶりだと，障害年金がもらえなくなることはきっと望さんや家族にとって死活問題なのだろう。重要な相談であると受け取ったことを言葉で返しておこう。

9 まずは落ち着いて話してもらわないといけない。こんなに焦っていては何も聴き出せないから，ゆっくり話してペースメーカーになろう。言葉も慎重に選ぼう。相手が感情的になっているからこそ，こちらが冷静にならなければ。

10 桂川先生？　そうか，主治医は桂川医師か。新しい担当医が書いた診断書を出したところ年金申請が通らなかったってことか。少し内容が見えてきたぞ。

11 もしも支給停止の通知が来ているのであれば，あとは不服申立てをするかどうかであって，同じ書式でもう1枚別の診断書を出せばいいという話ではない。それにしても，さらに激昂している。話しているうちに熱くなってしまうタイプだろうか。こちらが会話の主導権をもって進めたほうがよい。こういうときこそ，冷静に対応していこう。

12 なるほど。さっきから診断書と言っていたのは「障害状態確認届」のことか。受けている年金は障害年金2級。障害基礎年金か障害厚生年金か，望さん家族の経済状況はまだわからないが，大きな金額なのだろう。2級だった人がいきなり支給停止に追い込まれたら誰だって焦ってしまう。母親の憤りはもっともだ。納得できる。

13 それはびっくりされたことだろう。その場で母親が青ざめてしまった様子が想像できる……。

14 「事業所」ということはどこか就労系の事業所に通所しているのか。どこだろうか。給料がほとんどもらえない……か。B型だろうか。福祉的就労の工賃は安いから気持ちはよくわかる。普通に働くことができないということは，望さんの病気や障害は重いのだろうか。

15 父親は定年退職しているのだろうか。経済的に余裕がないとすれば，本当に深刻な問題だ。

16 早口がおさまって声のトーンも少し落ちてきた。ようやく落ち着いてきてくれた。娘さんのために本当に必死な様子が伝わってくる。娘さん思いのよい母親なのだろう。ここまでの焦りや言動も，娘の将来を案じるがゆえの反応だ。

17 カルテで状況を確認しよう。これまでの経緯を把握して，きちんと対応しようとしているメッセージを伝え，不安な気持ちを軽くしてあげたい。望さんの年金申請に携わったPSWはいるだろうか。その時のケース記録はあるだろうか。

観察と逐語

「わかりました。桂川先生はもう一度診断書を書いてくれるかしら？ 18 」と，途端に明らかに気落ちした調子で洩らした 19 。

▶情報の検索
電話を受けながら，パソコンの画面を開く。

「それでは，少しだけこのままお待ちください」と伝えると，望さんの電子カルテに目を走らせ，これまでの経緯を把握することに意識を集中した 20 。

収集した主な情報は，望さんの診断は統合失調症で，18歳で発症している。当院には月1回の頻度で定期受診し，現在は自宅近くの就労継続支援B型事業所に通所しており 21 ，当院で障害状態確認届を作成し母親に渡した。書類を作成したのは桂川医師で，前医の退職を機に今年から主治医が変更となったこと 22 ，などである。

「カルテを拝見しました。次にいくつか質問させてくださいね。まず，診断書を提出したのはいつ頃ですか？」
「そちらからいただいてすぐに郵送したので，今からだと2か月半くらい前のはずです」
「それで，支給停止の通知はいつ届きましたか？」
「昨日です 23 」

「そうでしたか。年金事務所などに問い合わせはしてみましたか？」
「はい，昨日すぐに電話をしてみました」
「向こうは何と言っていましたか？」
「結果に納得できなければ，不服申立てをする権利もありますと言われ，それについての説明を少しだけ受けましたが，よく理解できませんでした 24 」

母親は一回言葉を切り，そして言った。「それでどうしていいか，わからなくなって……。何とかするには先生に診断書を書いてもらう必要もあるって聞いた 25 ので，こうして電話しているんです」

18　診断書の再提出にこだわっている。確かに年金の決定に不服があるときは決定があったことを知った日の翌日から起算して3か月以内に審査請求することができるが，このような不服申立ても視野に入れているのだろうか。しかし，審査請求（不服申立て）をして認められるケースは多くない。うまくいった経験がないわけではないが，厳しい闘いになるかもしれない。審査請求が通る確率は，数年前のデータで確か10％台だ。一方では，最近はこのような内容の相談が明らかに増えている。

19　声の調子が変わった。先程までの怒りはすっかり陰をひそめて，元気がなくなってしまった。何かよい方法を見つけたい。

20　できるだけ状況を把握しよう。母親から得られた情報と印象，カルテの情報を総合し，今起きていることを整理して理解するんだ。とりわけ電話相談では，「自分のことをわかったうえで話を聴いてくれている」と相手に思ってもらえることが肝心で，それがあるのとないのとでは今後の相談の展開に大きな差が出てくる。とにかく今は電話の向こうの母親に安心してほしい。

21　若い発症で，障害基礎年金の2級だな。それにあそこの事業所の工賃は確か時給100円程度だった。それで食べていけるはずはなく，母親がお金の心配をする気持ちはよくわかる。

22　主治医の退職により桂川医師に替わったのか。二人はまったくタイプが異なるし，診断書の書き方もだいぶ違う。前医は細かく丁寧だったけれど，桂川医師はあっさりと要点のみを書く傾向がある。今回の場合，二人が作成した診断書の内容（障害の程度）にまで違いがあったのだろうか。電子カルテの中に診断書は入っていないようなので，あとで確認してみる必要があるな。

23　昨日通知を受け取って，今日すぐの電話か。よっぽど焦って怒って電話してこられたのだろう。それほど母親にとって切迫した問題だったのだ。等級が下がるといった次元の問題ではなく，支給されるお金が80万円程度から一気にゼロになるわけだから，憤りは当然だし，診断書を作成した医師や病院に責任があると思われても仕方がない。望さんの人生のかかった重要な問題なのだから。

24　説明は受けたけれど理解できなくて，相談しようと思ったのも電話をくれた動機の一つか。年金制度は複雑だし，支給停止と聞いたショックもあるなかで，難しい話をされても理解はおよばないだろう。ここで，年金事務所や社会保険労務士に相談するよう勧めてしまうことはできない。母親は助けを求めて電話してくれたんだ。その期待に最大限の努力と誠意をもって応えなくては。不服申立て，つまり審査請求を通すことは難しいかもしれないが，チャレンジしてみる価値もある。今の話だけではまだ見えてこない望さんと母親のニーズを見極めていこう。

25　なるほど。母親は年金事務所の言葉に何とかすがろうとしているに違いない。そしていろいろ情報が母親のなかで錯綜しているのかもしれない。自分なりにインターネットなどで調べたりもされているのか。

26　まずは桂川医師が作成した診断書を確認したいし，このことを伝えて，直接話

観察と逐語

「新しい診断書の中身が今までと大幅に違っていたのでしょうか？ [26]」
「それがよくわからないんです。あの，不服申立てというものをして，診断書を再提出したらまた年金がもらえるようになりますか？ [27]」

▶初回の電話終了
整理のため，一回電話をおく。

「お母さん。聴きたいことは山ほどあるのでしょうけれど，少しだけお時間をいただけませんか？ 当院にも診断書の控えが過去のものも含めてすべて残っているはずなので，一度確認したいのですが [28]。午後にまたお電話をいただいてもよろしいですか？」
「いいですよ。今日は出かけたりしませんし。何時くらいにおかけしたらよろしいでしょうか？」
「ありがとうございます。15時頃でいかがですか？」
「わかりました。ではその頃にかけます。あ，あの……よろしくお願いします……」，懇願するかのような弱い声で母親は言う [29] と，電話を切った。

▶書類の確認作業
履歴となる書類群を調べる。

受話器を置くと，すぐに年金診断書の写しを保管している相談室のキャビネットの扉を開けた。望さんの診断書一式を取り出し，桂川医師が作成した一番新しい現況診断書，前医がこれまでに作成してきた現況診断書や申請時の診断書を見比べてみた [30]。

「現在の病状又は状態像」の自由記載欄については，桂川医師の記載はこれまでよりも若干少ないが，裏面の「日常生活能力の判定」や「日常生活能力の程度」の項目は，過去の数枚の現況診断書と比較しても，○の付いている箇所にほとんど違いはなかった [31]。

書類の確認を終えると，桂川医師に電話連絡し，望さんの母親から聴いた話を伝えた。
桂川医師は驚いた声で，「状態は変わらないので，これまでどおりに書いたはず」と強調 [32] され，また，「確かに落ち着いている面もあり，2級に該当するかしないかのギリギリの病状と思われる」ことも話された。
もし審査請求することになったら協力してほしい旨を伝えると，「できることならやる」と返答をいただいた。

医師への電話連絡後，書棚から障害年金に関するマニュアル本を取り出し，審査請求に関するページを開いた状態にし，これまでの診断書の控えを手元に置き，あらためて内

27 焦る気持ちはわかるが，ここは時間を取って進めよう。今は聴きたいことがたくさんあって，矢継ぎ早に質問したい心境だろうけれど，こういうときはあえて少し間をおいたほうが冷静にもなれる。一度電話を切って，午後にあらためてかけていただくことを提案しよう。その間にもう少し情報収集しよう。

28 診断書の控えは必ず保管してある。まずは前医が書いた書類を確認してみよう。そこからだ。年金の審査請求をして仮に請求が通ったとして，それで望さんや家族のニーズが満たされるかも考えなくてはならない。経過を確認するなかで本当のニーズが見えてくるかもしれない。障害年金の受給は望さんにとってどんな意味をもっているのだろう。母親の不安や心配の本質はどこにあるのだろう。望さん自身のおかれている状況や気持ちにはまだ触れていない。それらを丁寧にひも解いていく必要がある。

29 母親の口ぶりがまた変化した。今度は藁にもすがるかのような弱々しさだ。最初のインパクトと比べるとイメージがずいぶん違う。娘の幸せを一心に願うやさしいお母さんなのだろう。本当に心配で困っているんだ。その気持ちに寄り添っていきたい。

30 同程度の病状や障害でも，診断書の記述は医師により異なる場合がある。それだけ医師の主観に委ねられているのが現実だ。障害年金に限らず，精神障害者保健福祉手帳や自立支援医療などの書類にもいえる。その内容が審査の判定材料となり，クライエントの人生を左右することもある。障害年金に関しては，「現在の病状又は状態像」の自由記載に大きな差異が見られることも多い。審査会が何を基準に判定しているかは定かではないが，自由記載の違いには着目する必要がある。桂川医師と前医の記述内容を比べてみよう。ただし，今回の一件が診断書の記載の違いから起こっている問題と見てしまうのも早計だ。

31 思ったとおりだ。診断書の内容に大きな違いはない。桂川医師の自由記載欄には多少の記載の物足りなさを感じるが，それが今回の支給停止の原因とは考えにくい。要点はきちんと押さえてくれているし，これまでの経験からは2級には該当する内容と思われる。では，なぜ支給停止の判定になってしまったのか。新聞報道等で指摘されている年金の受給要件の厳格化が原因だろうか……。

32 この反応。医師にとっても寝耳に水ということか。驚いた様子から，結果への高い関心と望さんを何とかしてあげたいという気持ちも感じられる。でも，これまでと同じような記載とはいえ，状態が落ち着いていることも間違いないのだな。より深いアセスメントが必要だが，一連の問題に桂川医師にも参画してもらって対処したほうがいいだろう。

33 午後の母親からの再入電に備えよう。20歳前の発症，20歳で申請した後，複数回の現況診断書を提出しているが，どれも中身に大きな差異はない。今回も同様だ。それなのに非該当とは，納得できない結果だ。然るべき理由を説明し

容の確認に入った ㉝ 。

▶午後，2回目の電話対応

約束時間ちょうどに電話がかかってくる。

15時，再び望さんの母親から電話が入った ㉞ 。
「あの，それで診断書のコピーはありましたか？」
「はい。すべて控えを取っていました。過去のものも含めてあらためて確認してみたのですが，診断書の記載内容そのものに違いはありませんでした ㉟ 。桂川先生もこれまでと同じような内容で書いてくださったみたいです」

「じゃあ，どうして急に支給停止になったんですか!? ㊱ 」

「診断書の内容は変わらなくても，年金機構で担当する認定医や審査員の判断によって要否が変わるということが考えられるんです。ですが，私自身もそれには納得できません。お母さんの憤りはよく理解できます ㊲ 」

そう言って，続けて尋ねた。
「今のお気持ちとして，不服申立て，つまり審査請求をお考えでしょうか？」
「それがわからないのです。審査請求と言われても，そもそもそれが何かわからないんですから。いったいどうしたらよいのでしょうか？ とにかく困っているんですよ。私はあの子のために何をしたらいいのか…… ㊳ 」
「お母さん。今の時点で何をすることが一番正しいのか，私も確たる答えをもち合わせているわけではないので，この点についてはお母さんと一緒に考えさせてもらいたいと思っています」と伝え，話題を望さんに移した。

「ところで，望さんとはこのことについて何かお話はされましたか？ 望さん自身はこのことをどう考えていらっしゃるのでしょうか？ ㊴ 」
「いいえ，まだ何も話していません ㊵ 。きっとショックを受けるだろうと思って……」

てもらう必要があるし，望さん自身や母親が望むのであれば審査請求も全面的にバックアップしたい。しかしながら，障害が軽度に判定されることの結果として年金支給がストップして障害者の自立を阻んでしまうという，この矛盾した状況はPSWを何年続けてきてもジレンマだ。

[34] 時間ピッタリだ。この数時間，母親はどんな思いで待っていたのだろう。心配で落ち着かなかっただろうか。少し冷静に考えてくれていただろうか。このインターバルがこれからの話によい作用をもたらしてくれたらいいのだけど。

[35] 書き方に若干の違いは見られたものの，診断書の中身に変化はなかった。そう感じられたことを正直にお伝えしよう。

[36] 至極真っ当な質問だ。どう返答すればいいだろう。私自身も同様の感想や疑問を感じている。桂川医師の記載内容に違いはなかった。問題として考えられるのは年金機構であり，国であるといった論調で話を進めたくはない。でも，母親の思いに共感し，一緒に打開策を考える姿勢で今後の対応をしたい。それらを素直に伝えてみよう。一方では，審査基準の曖昧さや基準の厳格化への突然のシフトについては，国に意見や要望を挙げる必要がある。その意味でこのような事例の記録と集積は重要だ。県協会を通じて日本精神保健福祉士協会へ吸い上げてもらうことも必要だ。まずは地元での現状把握に努め，国レベルへのソーシャルアクションにつなげたい旨を県協会の理事会に進言してみよう。

[37] 母親の立場になって，その思いに共感していることを伝えよう。自分が同じ立場だったら母親と同じ気持ちを抱くだろうことも伝えよう。そして，母親からもう少し詳しいことを聴き取っていこう。

[38] まさに母親の本音だろう。何をしたらいいかわからなくて，本当に困ったから相談してきたのだと思う。望さんと家族にとって，どのような支援が望ましいのか考えなくてはならない。ところで，このことを望さん自身はどのようにとらえているのだろうか。

[39] 望さんはこの事実を知っているのだろうか。知っているとすれば，どのような反応を示しているのだろうか。望さん抜きで物事を進め過ぎるのはよくない。

[40] そうか，望さんにまだ話していないのか。いつ，どのように伝えるかを悶々と悩んでいたのかもしれない。そういえば，ここまでの一連の会話のなかに年金受給の当事者であるはずの望さんがほとんど登場してきていなかった。

「そうでしたか。お母さんは，望さんの将来を一心に思い，いたたまれなくなって望さんには内緒で連絡してくださったんですね 41 」
「今後，年金の収入がなくなったら，あの子は私たちがいなくなった後は一人では暮らしていけません。あの子の将来が不安で仕方ないんです 42 」

私は受話器のこちらで大きくうなずいて言った。
「お母さん。不安や心配な気持ちを話してくださってありがとうございました。お母さんの思いは十分に理解しました 43 。当院でもお手伝いできることは精一杯にさせていただきたいと思います」

そして続けて言った。
「お母さん。そこで提案なのですが，まずはこのことを望さんにきちんと伝えていただいて，そのうえであらためてお二人で当院にお越しいただけないでしょうか？ 44 」
と，二人と直接会って話をする 45 ことを提案した。

母親の反応に注意しながら，さらに続けた。
「前回の診断書作成にかかる手続きは東田という PSW が担っていたようですが，これまで望さんの担当 PSW は決まっていませんでした。今後は私が担当させていただきたく思います 46 。また，今回の件については，主治医の桂川医師にも報告し，医師と共に望さんとお母さんのお力になれればと考えています 47 」

▶**電話相談の終盤**
次回の相談につなげる。

「ありがとうございます。それでは，不服申立てについてなど，今後は海堂さんが相談に乗ってくれるということでしょうか？ 48 」
「詳しくはお会いしたときにご相談させていただきます。正直に申しますと厳しい結果になるかもしれませんが，私は不服申立て，審査請求はしてみたほうがいいと考えています 49 。次にお会いするときまでに，あちこちから情報を集めて調べておこうと思っています。それと，障害年

41) 会話のなかに意識的に望さんを織り交ぜていくことが大切だ。一方では，母親をクライエントとしてとらえる視点も重要だ。ここまでの話からすると，母親への全面的な支援が必要なケースであると思われる。そのなかで，望さんが障害年金を受給することのみが母親の望みなのかの確認は必要だ。

42) それはそうだ。高齢の両親からすれば，障害を抱えた娘を残して先に逝くことを考えれば，不安なのは当然だ。娘の幸福を願うからこそ，母親はこんなに必死なのだ。だとすれば，究極的な願いとは，望さんの障害年金の受給継続より，本当の意味での望さんの"自立"ではないか。もちろん，年金も生計を支える手段として大きいだろうが，数年に一度の診断書の提出で支給の可否が左右されるという意味では，母親の心配は今後も尽きない気がする。このあたりの考えや思いも丁寧に掘り下げて聴いていくことが必要だ。

43) 母親の思いは理解したつもりだ。そのことを率直に伝えよう。

44) 望さんのことはまだわからない。障害者雇用枠での一般就労へのチャレンジや就労継続支援A型事業所での就労，つまり現在のB型以外の選択肢を検討したことはあるだろうか。本当に普通の仕事は難しいのだろうか。医師の病状の見立てや年齢の若さを考慮すれば，非常に気になる。母親のデマンドに着目し，障害年金の審査請求のみを見据えていては本当のニーズを見落としてしまう。望さんに対する今後の支援はいろいろと考えられそうだ。とにかく一度，本人と会って話を聴いてみたい。次の面接につなげる意味もあわせての提案だ。

45) 直接会う際は，望さん本人と母親の双方から別々にも話を聴きたいし，二人そろったところで話す必要もあると思う。そのためには電話だけでは限界がある。

46) 望さんの担当は私が受けもとう。当院では，外来患者には担当PSWが付いていないことも珍しくはない。何か相談があり，最初にかかわりをもったPSWがそのまま担当することが多い。これは相談室の課題の一つかもしれない。

47) このことを母親に伝えて，一連のやり取りの経過はカルテやケース記録に残して桂川医師にも報告しよう。まずは審査請求への支援が必要になるだろうし，その際には桂川医師の協力が必要だ。カルテを見る限りでは望さんと桂川医師の関係も悪くないと読み取れるし，主治医が桂川医師ということ自体に，母親の不満はなさそうだ。主治医にも協力してもらって情報を集めてみよう。

48) 不服申立ての手続きは本人か家族がやるしかないが私もお手伝いしよう。具体的な手続きを一緒に進めてもいいし，手続きを見守る存在がいるだけでも母親を勇気づけられるだろう。そういう心理的支援も重要なソーシャルワークだ。

49) 審査請求のハードルは高い。再度の「裁定請求」という方法もあるが，ざっと見た限り診断書に大きな不備は見当たらない。ここは裁定請求ではなく審査請求して，ダメだったら「再審査請求」という選択が無難だろう。それでも状況が変わる保証はなく，費やす時間と労力は計り知れない。並行して，障害年金以外の所得補償の方策も検討しよう。世帯の経済状況の確認など，聴かなけれ

観察と逐語

金の受給をあきらめたりはしませんが，収入確保や所得補償の視点で他の選択肢も探ってみたいと思います。これらはお電話だけでは話し切れませんので，お顔をあわせながら望さんも交えてゆっくりお話ししませんか？ 50 」

「わかりました。まずは娘にこのことを伝えて，その反応を見てまた連絡します 51 」
「ありがとうございます。そうしていただけると助かります 52 。では，次にご連絡をいただいたときに，お会いする日程やお時間などを具体的に決めましょうか 53 」

「そうさせてください。これからよろしくお願いします」
私たちは次の約束を取り交わし，受話器を置いた 54 。

50 ばならないことはまだまだ多く，現時点のアセスメントは不十分だけれど，これまでの母親の話から最低でもこのくらいの見立てはしておいたほうがいい。望さんとは面識がないが，応援したいと思わせられる。望さんの安定した将来を願う母親の切実な希望に心から応えていきたい。とはいえ，この相談は茨の道かもしれない。それなりの覚悟は必要だし，母親に過剰な期待をもたせてしまってもいけない。それに望さんの意向を確かめることも重要だ。

51 事実を知ったときの望さんの反応がとても気になるところだけど，この母親ならきっとうまく伝えてフォローしてくれるはず。ひとまずは信じよう。

52 こちらの提案を受け入れてくださってありがとう。これを機に障害年金や審査請求について復習しておこう。また，その他の所得補償の方法や就労支援施設などで利用できるものはないか，一般就労に関する医師や他職種の見解の聴取など，望さんとご家族の希望や状況に合わせて提示できる選択肢を増やすために，さまざまな方面に動いておくことが重要だ。年金問題の知識と経験が豊富なPSWの小宮さんにも一度連絡してみようかな。しっかり準備しておこう。

53 今回のような相談内容については，次の約束をきちんと交わしてから終了することが重要だ。次の目標や，次は何をどこまで進めていくかを相互に確認しながら約束を交わせるといい。

54 今日の電話のやり取りを振り返ると，これから障害年金の審査がどんどん厳しくなることが最近の新聞報道にも取り上げられていたけれど，精神科ではその影響がすでに現れ始めている。望さんもその一人なのかもしれない。やれるだけのことはやってみよう。つらい心境の家族や本人の気持ちに寄り添い，年金がきちんと再支給されるよう最大限の支援をしていこう。その上で，真のニーズを見出せるよう，今回の電話相談をきっかけにしてさらに情報収集とアセスメントを展開していこう。

❖ 解説 ❖

　相談者の感情に共感的理解を示しながら内容の把握に努め，所属機関の持つ情報と制度の知識や経験知を駆使して，潜在する真のニーズに応答しています。

◆電話相談のための準備

　電話相談の多くは，こちらが予定していないタイミングで準備していない内容に応対することになります。一方，電話をかけてくる相手は事情を抱えて必要に迫られており，尋ねたり話したいことをその人のペースで語り始めます。そこで電話相談の冒頭では双方の波長合わせが必要になります。

　海堂PSWは，これまでかかわりのない方からの電話相談にあたり，まず電子カルテから情報を取り出しています。他者が作成した記録を利用するときは，先入観をもってしまうリスクを考慮すべきではありますが，一方で客観的な情報（病名や障害等級，入院・通院歴や家族状況等）を迅速に把握するためには積極的に活用し，相談を受ける準備を速やかに整えることが有効です。

◆「怒り」に同調せず，内容把握に努める

　電話の相手は，海堂PSWの挨拶を聞くゆとりもなく要件をまくし立て，声のトーンや語調から怒りの感情が受け取れるため，自分が責められているように感じてしまうかもしれません。しかし，海堂PSWは，相手の怒りに巻き込まれず，落ち着いてゆっくり話すことで相手のペースダウンをねらっています。怒りの理由を含めて相談の主訴を特定することが先決で，相手に順序立てて語ってもらう必要があることから，自分が会話を主導する形にして相手の断片的な語りから文脈を推し量り，怒りの中身を推理しています。この時，早計に内容を分かった気になったり「お怒りはごもっともです」などと返すことは避けるべきです。怒りの感情と発言内容のどちらに応答するかで返答は変わりますが，海堂PSWは，複雑な事情を察知して内容に着目し，より詳しく状況を把握することにしています。感情に直接応答しなくとも，相談者の話を重要視していることや詳しい情報が必要であると伝えることで，徐々に相手の感情も鎮められ，理性的な応答ができるようになってきていることがわかります。

◆制度の知識を活用する

　相談の主訴は、障害年金の裁定に関するもので、海堂PSWは、年金制度の知識とこれまでの支援経験および昨今の障害年金を取り巻く課題に関する情報も動員して相談内容を吟味しています。相談者は診断書の書き直しを求めていますが、制度の仕組みから考えて、書き直して出せばよいというわけではないことをふまえ、対応策を考えていきます。そして、診断書の記載内容や相談者の娘である望さんの状態および主治医の見解の確認が必要であると速やかに判断しています。一度電話を切って諸調査をしたうえで相談を再開する提案をしているのは、不正確な応答や曖昧な受け答えをしても相談者のニーズを満たすことにはならないためです。制度の知識が不十分であれば、電話を切って専門機関に問い合わせたり先輩に尋ねたりすることも合わせて行います。

◆「当事者」不在にしない

　海堂PSWは、相談者が娘の望さんにはまだ話していないと知ると、まずご本人に伝え、今後の相談にも同席してもらうよう提案します。実際に障害年金を受給している当事者は望さんであり、「障害状態が軽くなった」と公的に判断されることを喜ばれるかもしれません。親子とはいえ今後の対応を考えるにあたり、望さん自身の意向の確認は欠かせません。

◆潜在する真のニーズへの対応

　怒りや診断書の書き直しの要求から始まった電話相談は、経過を追ううちに審査請求をするかどうかの検討と合わせて、障害のある娘の将来の経済保障を心配する母親からの相談に変化しています。障害年金の相談と聞くと、社会保険労務士等を紹介して終えてしまう対応も増えているようですが、海堂PSWは制度活用と合わせて、その背後に望さんの母親が抱える不安を見出し、PSWとして他の生活支援策も並行して検討する必要性を見出しています。これは、海堂PSWが、相談者の声にしっかり耳を傾けると共に、当事者の望さんの生活をトータルに支援しようとする発想をもっていたことで成し得たものです。

第3節 対応し続けることで、社会とつながる架け橋となる

毎日のように電話をかけてくる契約外の女性

事例の概要

萬さん（仮名，40代女性，一人暮らし）。事業所とは契約を結んでいないが，ほぼ毎日のように電話をかけてきて「どうしたらいいでしょう」と，同じ問いを繰り返す。

観察と逐語

▶16:40
終業時刻前，電話が鳴った。

「はい，阪井です」
「もしもし，萬です ⬚1 」
「萬さん，こんにちは。この2～3日お電話がなかったので心配していたんですよ ⬚2 。今日はどんなご相談ですか？」
背筋を伸ばし，電話口の向こうの萬さんに快活な声で語りかけた。
「口がゆがんでるんです ⬚3 。どうしたらいいでしょう？ ⬚4 」と萬さんはいつものように話し始めた。
「口がゆがんでると感じていらっしゃるんですね ⬚5 」努めていつも通りに返した ⬚6 。
「そうなんです ⬚7 。口がゆがんでるので買い物にも行けないんですよ ⬚8 。どうしたらいいでしょう？」

「今日は，買い物の困りごとですね ⬚9 。口がゆがんでると感じてしまって，買い物に出かけられず困っていらっしゃるんですね」
「そうなんです。周りの人が口がゆがんでる私をじろじろ見てくる ⬚10 から，気になって仕方ないんです」

「買い物客からどのように見られているかが気になって ⬚11 困っていらっしゃるんですね」
「そうなんです。どうしたらいいでしょう？ ⬚12 」
「それは困りますよね」すぐには返事をせず，5秒くらい

登場人物
- 萬さん…40代女性
- 阪井PSW…相談支援事業所の所長
- 南田相談員…相談支援事業所の相談支援専門員

場面
金曜の夕方，場所は相談支援事業所のスタッフルーム。事業所の電話が鳴り，南田相談員が受話器を取った。にわかに表情がくもり，「萬さんからお電話です」と取り次がれた。記録を書いていた手を止め，萬さんからの電話に出た。

思考過程

1. 声の感じは抑揚のない，いつものトーンだ。
2. 珍しく3日も電話をしてこなかった。何かあったのだろうか。挨拶の感じでは，いつもと同じ印象を受ける。
3. いつもと同じ相談の始まりだ。たまたま3日間電話をかけてこなかっただけか。
4. 「どうしたらいいでしょう？」という質問に答えるのは難しい。質問に答えるだけで相談といえるのかいつも悩む。萬さん自身で答えを見つけてほしいという対応をしてしまいがちになる。
5. 萬さんは常に断定した表現をされるので，萬さんがそう感じるんですよねと言葉を置き換えて伝えるようにしている。客観的にはそう見られないですよ，安心してくださいということを伝えたい。
6. 時々，「感じてるんじゃなくて，本当にゆがんでるんです」と反発するときもあるから，今日の萬さんがどう反応するか気がかりだ。
7. 今日もいつも通りの受け答えだ。
8. 外出ができないと思い込んで買い物に行けないと訴える。今日の萬さんの困りごとは買い物のようだ。

9. 今日の相談ごとは買い物であることを確認しよう。
10. 人にじろじろ見られるということも萬さんの困りごとだ。買い物客からストレスを受けておられたのだろう。

11. 「買い物客から」と言い換えて萬さんの困りごとを理解していますよということを伝えよう。
12. もう少し話を聴かないとどんなことで困ったのかわからない。それに，今日は萬さんの声にいつもより力がこもっているように感じる。

観察と逐語

沈黙した 13 。
「隣町のスーパーに行ったら 14 ，周りの買い物客がじろじろ私を見てくるから，すぐに帰ってきてしまったんです 15 。買い物に行けなくて困っているんです 16 」

「隣町のスーパーでの困りごとですね。スーパーでお客さんがじろじろと見てくるから，気になってゆっくり買い物ができなかったんですか」
「そうなんです 17 。周りの買い物客と比べて 18 ，口がゆがんでるんです。スーパーの中で，私だけが 19 口がゆがんでるんです。どうしたらいいでしょう？」
「それはおつらいですね 20 。ところで，萬さん，今回はどうして隣町まで行かれたんですか？ 21 」
「そのスーパーで安売りをしていたから，晩御飯を買いに行ったんです 22 」
「へぇー，安売りですか。安売りは広告か何かを見て行かれたんですか？ 萬さんは買い物が上手なんですね」
「うまくなんかないですよ 23 」
「晩御飯には何を買ってこられたんですか？」
「アジのフライとわかめの酢の物を買って来たんです」
「それはいいですね。今日の晩御飯はアジのフライですか」

「3日前です 24 」と言って萬さんが黙る。
「え？ 今のお話は3日前のことですか？」
「そうなんです 25 」
「隣町に買い物に行かれたのは3日前のことだったんですか？」
「そうなんです 26 」
「じゃあ，この2〜3日は買い物で遠出したから，疲れてぐったりしてらっしゃったんですか？」
「そ〜おなんです 27 」
「ごめんなさい，気づかなくて。だから電話もかけてこられなかったんですね」

「だから 28 ，口がゆがんでるから買い物するときに周りにじろじろ見られるから困るんです。今日の買い物はどうしたらいいでしょう？ 29 」
「そうですね…… 30 。例えば，マスクなんかしてみるのはいかがですか？」
「マスクですか 31 」
「ほかには，買い物客が少なくなった頃合いを見計らって行ってみるというのも手だと思いますよ」

- ⑬ 少し間を空け，萬さんが話しだすのを待ってみよう。
- ⑭ 今日はいつものスーパーではなく隣町まで行かれたときの話のようだ。なぜ，隣町まで行ったのだろう？
- ⑮ いたたまれなくなったんだろうな。すぐにと言うけど，萬さんのことだからきっと買い物はできているはず。どんなものを買われたのだろうか。
- ⑯ 気になってゆっくり買い物ができないことが困りごとだろうか。

- ⑰ やっぱりそうなんだ。ゆっくり買い物がしたかったんだろうな。隣町にまで行かれたのだから，きっと何か理由があるに違いない。
- ⑱ いつもと違う客層だと雰囲気が違うだろうからストレスが多かったに違いない。
- ⑲ 自分が苦しんでいることをわかってほしいということだろう。

- ⑳ 私が感じていることを伝えるのでいいだろう。
- ㉑ 萬さんは話のペースを乱されるのを嫌うことが多いが，やっぱり，隣町に行かれた理由を教えてもらいたい。
- ㉒ どうやって隣町のスーパーの情報を仕入れたんだろう。まだまだ萬さんの生活力について知らないことがあるな。
- ㉓ 萬さんの声はなんだか嬉しそうだ。少し笑いも入りまじった声だ。本心では喜んでいるんじゃないだろうかと思える。

- ㉔ 3日前？ 3日も前の話を今までされていたということだろうか。
- ㉕ 少し怒っているようなぶっきらぼうな声だ。
- ㉖ 声が大きくなった。萬さんの声に合わせて，私も少し大き目の声で尋ねてみよう。
- ㉗ 声がさらに大きくなった。ようやくわかってくれましたかと言いたげだ。萬さん，気づいてあげられなくて申し訳ない。長々と話させてしまった。この2～3日電話がなかったのはこの影響があったんだな。相当なストレスだったんだろう。

- ㉘ おや，相談を終わろうとしている？ 気づいてくれただけでいいということだろうか。萬さんはあまり関心をもたれすぎるのを避けているようにも思うし。
- ㉙ この2～3日の疲れがあるから，まさに今日の買い物をどうするかという困りごとを抱えていたんだな。
- ㉚ さて，どう提案すると萬さんにすんなり受け入れられるだろうか。
- ㉛ うーん，しっくりこないのかな。萬さんの声のトーンが低い。ほかの提案をしてみようか。

観察と逐語

「そうですか」と萬さんは少し黙った〔32〕。「じゃあ，切ります〔33〕」と言って，萬さんは電話を切られた。切られる間際に，「またお話聴かせてくださいね〔34〕」と伝えて受話器を置いた。
時計を見ると17時近くになっていた〔35〕。

▶3日後，
13:50
再び電話がかかってきた。

翌週の月曜日，昼過ぎに電話が鳴った。南田相談員が電話に出た途端，明らかに声のトーンが低くなった〔36〕のがわかった。そして「阪井さん，萬さんからお電話です〔37〕」と南田相談員はぶっきらぼうに言った。私は利用計画書を作成する手をいったん止めて〔38〕，ちょっと時計に目をやり，電話に出るために気持ちを整え受話器を取った〔39〕。南田相談員がため息をついた〔40〕のが，かすかに聞こえた。

「はい，阪井です」
「萬です〔41〕」と，萬さんはいつものように名乗った。
「萬さん，こんにちは。今日もご相談ですか？」と言うと，「口がゆがんでるんです。どうしたらいいでしょう？」といつものように話し始めた〔42〕。

「萬さん，ごめんなさい。今日はこの後14時から予定が入っていて〔43〕，今はゆっくりお話を聴く時間が取れないんです。5分ほどでもかまいませんか？〔44〕」と伝えて，萬さんの次の言葉を待った。
「わかりました〔45〕」と萬さんは返事をされ，「口がゆがんでるので，周りからじろじろ見られて外出ができないんですよ。どうしたらいいでしょう？〔46〕」と続けた。

「口がゆがんでると感じてしまって〔47〕，外出ができず困っていらっしゃるんですよね」
「そうなんです。今日病院に行った〔48〕ら，患者たち〔49〕がじろじろ私を見てくるんです。看護師も私をじろじろ見てくる〔50〕から困るんです」

「今日は診察の日でしたね。病院での困りごとですね。患者さんだけでなく看護師さんまでが萬さんをじろじろ見てくるから気になって困っていらっしゃるんですね？」
「そうなんです」と萬さんは言って，「患者たちと比べて〔51〕口がゆがんでるんです。どうしたらいいでしょう？〔52〕」と続けた。

- ﹝32﹞ 語尾が下がった。ちょっとは納得がいったようだ。
- ﹝33﹞ いつも突然電話を切られる。初めの頃は，この電話の切られ方に納得がいかなかった。でも，今はこれが萬さんなりの「ありがとう」というお礼のように思える。確認したことはないけど，そのままでいいことだ。
- ﹝34﹞ 私の気持ちを素直に伝えよう。
- ﹝35﹞ 普段よりも長かった。無理もない。この2〜3日ぐったりされていたのだから，スーパーでの買い物が相当ストレスだったのだろう。

- ﹝36﹞ ん，またら。誰からだろう。南田さんがストレスを感じている人だろうか。
- ﹝37﹞ 萬さんだ。南田相談員の応対がちょっと気にかかる。萬さんと何かあったのだろうか。それとも何か思うことでもあるのか。
- ﹝38﹞ 今は萬さんの話を聴く時間がない。断ることもできるだろうけど。でも，萬さんにとっては「いま，ここで」話を聴いてほしいということなんだろう。
- ﹝39﹞ 萬さんにこちらの事情を伝えて，なるべく短い時間の相談にしてもらおう。
- ﹝40﹞ やっぱり，南田さんは何か思うことがあるようだ。

- ﹝41﹞ いつもと変わらないように聞こえる。こちらの事情をすんなり受け入れてくれそうだ。
- ﹝42﹞ 急用とかいつもと違う感じなら提案を控えようと思ったが，今日は時間があまり取れないことをお伝えしよう。ちゃんとこちらの事情を伝えれば萬さんもわかってくれるはず。

- ﹝43﹞ 具体的に理由を伝えよう。
- ﹝44﹞ どれくらいの時間，話が聴けるかを伝えよう。
- ﹝45﹞ 声のトーンはいつもと同じだ。わかってくれたようだ。
- ﹝46﹞ こちらに余裕がないときほど，早く答えて電話を切ってほしいと暗に伝えてしまいそうになる。集中が必要だ。

- ﹝47﹞ 言い換えて口がゆがんではいないですよということを伝えよう。
- ﹝48﹞ そうだった。今日は診察の日だ。通院にはしっかり行けているようだ。今日は診察での困りごとの相談かな。
- ﹝49﹞ 以前から「患者たち」という言い方をされる。特別な理由でもあるのだろうか。自分とは違うと思っているからだろうか。
- ﹝50﹞ 診察場面ではなく，じろじろ見られるということが困りごとのようだ。

- ﹝51﹞ 月曜日の外来は患者が多いはずだ。その分ストレスが多かったということなのだろうか。
- ﹝52﹞ この後も「どうしたらいいでしょう？」が続くのだろうか。萬さん，ちゃんと時間を守ってくれるだろうか。どうしてもこの後の予定が気になってしまう。

観察と逐語

▶電話対応の途中

突然,「連絡会議どうされますか？」と書かれたメモが目に入った 53 。南田相談員が横から差し出してきたものだ。そこで目で合図して 54 先に行ってほしいことを伝えた。相談員は明らかに苛立っているよう 55 だった。

「患者さんと比べて口がゆがんでると感じていらっしゃるんですね？ 56 」
「そうなんです。患者たちが口がゆがんでる私をじろじろ見てくるから，気になって仕方ないんです。どうしたらいいでしょう？」

「それはおつらいですね。ところで萬さん，主治医の先生にそのことはお話しされたのですか？ 57 」
「はい 58 。先生は気のせいだから気にするなって言うんです 59 」
「そうですか。先生には気にするなと言われたんですね」
「はい 60 。でも 61 口がゆがんでるんです」と萬さんはため息交じりに答えた。

「私には，萬さんが少し不満をもっていらっしゃるように聞こえた 62 のですが」
「そうなんです 63 」
「先生も気にせずにすむ方法を一緒に考えてくれたらいいのにね」
「そうなんです」
「マスクつけて行ってみたら，先生はどんな反応をするでしょうね？」
「それはスーパーのときだけだから… 64 」

「あ，マスクしてみようと思ってるんですね。じゃあ，診察のときの方法を一緒に考えなきゃいけませんね 65 」
「でも，今はいいです 66 」と萬さんは言った。そして「じゃあ，切ります 67 」と，電話を切ろうとされた。切り際に「今日はお時間が取れなくてすみませんでした。また，お話聴かせてくださいね 68 」と伝え，電話を切った。
時計を見ると14時を数分過ぎていた。すぐに会議室へと向かった 69 。

▶会議後，事務所
南田相談員と面談を行う。

南田相談員の表情や態度が気になっていた 70 ため，会議から戻り南田相談員に話しかけた。

53 おや，南田さんか。そう，会議があることはわかっている。でも今は萬さんとの話が優先なんだ。

54 先に行ってもらおう。

55 さっきの取り次ぎといいこのメモといい，南田相談員は何か思っていることがありそうだ。ちゃんと話をしないといけないな。

56 ちょっとペースを乱されたが，今は萬さんと向き合おう。話に耳を傾けよう。

57 少し時間がオーバーしているけど，診察場面での困りごとがなかったかどうかを確認しておこう。

58 話はできているようだ。納得しているのだろうか。

59 気にするなと言われて気にならなくなるのだったら，萬さんは気にならなくなっているはずだけど。

60 少しため息交じりだ。納得がいっていないようだ。

61 やっぱり，萬さんは口がゆがんでいることを気にされている。主治医との関係はどうなんだろう。

62 私が感じたことを伝えるのでいいだろう。

63 声が大きくなった。わかってくれたねと萬さんが言っているようだ。

64 おやっ，昨日の提案を受け入れてくれたんだ。うれしいな。でもスーパー限定なのか。なんだかおもしろい。萬さんのこだわりの部分かもしれないけど。

65 今はよい提案が見つからないので，一緒に考えましょうという思いを伝えよう。

66 あれ？ 拒否された？

67 そうか。萬さんなりに気を遣って電話の時間を短くしてくれたんだ。ありがとう萬さん。

68 電話の切り際には必ず伝えよう。

69 まだ病院での困りごとがあったかもしれない。申し訳なかったな。だけどこの後は仕事が詰まっていたわけだし。法人の連絡会議なのでこのくらいの遅れは許容範囲だろうけど，ケア会議や遅らせられない訪問の約束だったら，ここまで話を聴かずに半ば強引にでもこちらから電話を終えないといけない。その時々の状況で判断していくしかない……。

70 そろそろ私と萬さんの関係について，南田さんに理解しておいてもらう必要があるだろう。なぜ萬さんの電話相談を受けているのか，会議に遅れてまで……なんて思っているかもしれない。

観察と逐語

「南田さん，今少し話をしても構いませんか？ 71 」
驚いた表情を浮かべた 72 南田相談員だったが，「はい」と話を聴く態勢をとった。
「私と萬さんの電話のやり取りを聞いていて，何か思っていることがあるんじゃないですか？ 73 」
南田相談員はすぐに気がつき，ばつの悪そうな表情を浮かべた 74 。

「よかったら教えてください 75 」と南田相談員を促した。

「じゃあ」と少し考えて 76 ，「萬さんの口は本当にゆがんでるんですか？ 77 」と南田相談員は真顔で聞いてきた。
すぐには答えずにいる 78 と，少し考え込んだ南田相談員が，「どうしてもそのことが気になって萬さんの話が聴けないんです 79 」と続けた。

「南田さんも萬さんの相談を受けたことがあるんですか？ 80 」
「はい 81 。阪井さんがいらっしゃらないときに電話で話しました」
「そうだったんですね。萬さんの口はゆがんでいませんよ」と事実を伝えた。
「やっぱり，そうですよね」と南田相談員はほっとした表情をして，萬さんにどう対応したらいいか困ったと話した 82 。
「南田さんは萬さんと話をしていてどう困ったのですか 83 」
「はい。萬さんの話って，『どうすればいいですか？』という問いのループ 84 ばかりで，なんて答えたらいいか困ってしまって 85 」

「確かに。どう応えればいいか 86 ，悩みますね。どうすればいいかは萬さん自身で考えてほしいと言いたくなりますよね 87 」
南田相談員は大きくうなずき 88 ，こう言った。
「それに，萬さんはうちの事業所とは契約を結んでいない方 89 だし，今日みたいに予定がたくさん入っている忙しいときに萬さんの話を聴いている暇なんてあまりないと思う 90 んです」

「そうですよね 91 。今日も会議があったし」と言ってクスッと笑った 92 。

71	たとえ部下であっても，時間を割いてもらうのだからきちんとお願いをしなければならない。
72	ちょっと驚かせてしまったか。何か注意されると思っているのだろうか。
73	南田さんから質問してほしいところだが，経験があるとはいえうちに来てまだ3か月。まだ新人のようなものだから，南田さんの話しやすい態度で臨もう。
74	南田さんは表情が豊かだ。そしていろいろなことに気がつく。いつも周りに関心を向けているに違いない。南田さんの強みだ。そのおかげでこの話し合いができている。
75	南田さんの感じていることを話してほしい。こちらがわかってほしいことをつい話してしまいそうになるが，それでは今日の話は進まない。
76	どんなことに関心をもっていたのだろうか。
77	ストレートな表現だなぁ。確かに気になるところだろう。こういうわかりやすいところが南田さんのいいところだ。いいところは伸ばしてもらいたいから萎縮されないような対応を心がけよう。
78	少し南田さんの言葉を待ってみよう。どういう意図かを話されるだろう。
79	待ってよかった。萬さんの電話を受けたことがあるのか。確認しよう。
80	どんな相談経過だったんだろう。
81	やっぱりそうだ。どんな印象をもたれただろうか。
82	ここは共感する前にどう困ったのかを具体的に教えてもらおう。
83	開かれた質問をすることで南田さんの困ったポイントが絞られるはずだ。
84	面白い表現をするな。口がゆがんでいるんじゃないか，どうしたらいいかと質問されるばかりで，南田さんもどうしていいか困ってしまったのだろう。
85	やっぱりどう答えるのかで悩むのか。私も最初の頃はどうしたらいいか困ったものだ。
86	質問に答えるだけでは相談とはいえない。相手のニーズにどう応えるかではないだろうか。
87	この投げかけをどう取るだろうか。答えを言うことが萬さんの自己決定を阻害していると思うだろうか。
88	やっぱりそうなのか。
89	確かに相談支援事業の契約関係はない。
90	その通り。忙しいときほど萬さんの話を聴いている余裕はない。でも，萬さんはまさに「いま，ここで」を求めている。そこをどう考えてもらうか。
91	南田さんが本音で話してくれてよかった。こういうときにはっきり言ってもらえないほうが困ってしまう。

観察と逐語

▶面談の中盤

「なんで笑うんですか」と，南田相談員は険しい顔つきになった 93 。

「いや，ごめんなさい。あまりにも予想通りだったので」と謝って，「南田さんが言うことはもっともです 94 」と伝えた。
「ただ……」と言葉を続け，「私が話を聴かなかったら，萬さんは困りごとを誰に相談するんでしょうね？ 95 」と質問してみた。
「ええっと。誰かほかの人に相談するとか？ 96 」と南田相談員は答えた。
「例えば？ 97 」
「病院の相談員さんとか，保健所の相談員さんとか」
「ほかには？ 98 」
「うーん」と，答えに詰まる南田相談員 99 。

「実は，萬さんとは前の支援センターからの付き合いなんです」と，萬さんとの支援関係の始まりについて説明した。「最初，私も南田さんと同じような思いをもちました。同じ話ばかりされて時間ばかり取られる萬さんの相談をなぜ聴かないといけないのか？って 100 」，少し間を取って話を進めた。
「あるとき，萬さんに悪気なく，電話ではなくセンターに来てお話しできませんかと伝え 101 たんです。そうしたら萬さんが『なんでそんなこと言うの～っ!!』とすごい剣幕で怒り始めたんです 102 」と萬さんとの思い出を語った。
「そのときは平謝りして電話を切ったんですけど，なんか納得いかなくてね 103 」
南田相談員は微笑みながらうなずいた 104 。
「その後も萬さんはセンターに電話してくるので，私は極力萬さんの電話に当たらないように逃げていた 105 ように思います」と自嘲気味に話した。
南田相談員もほほ笑んだ 106 。

「それから，ある研修会をきっかけに，萬さんとの関係をとらえ直し，きちんと萬さんのことを知らなきゃと思ったんです。上司が萬さんにかかわる理由を話してくれて，自分なりに萬さんとどう向き合うかを考えて，逃げずに萬さんの電話相談を時折受けるようにしていきました 107 。その後，私が転職して萬さんとの関係はいったん終了したんです」と説明した。

一呼吸おき，話に聴き入っていた南田さんに「やっぱりニー

92. それにしても思った通りの話をしてくれた。なんだかうれしくなる。
93. 誤解されないように。うれしいから笑ったのだとわかってもらおう。

94. 素直に伝えてくれた南田さんに感謝しよう。
95. なぜ萬さんの相談を受け続けているのかということは理解してもらわないといけない。南田さんにも今後萬さんの相談を受けてもらう機会はあるはず。南田さんならきっと自分なりにいろいろ考えてくれるはず。自分で考えてもらえるような聞き方をしてみよう。
96. あまり深くは考えてはいなかったようだ。質問されると思っていなかったか。
97. ここはもっと考えてもらおう。
98. もう少し考えてもらおう。
99. 答えに詰まってしまった。このまま「じゃあ考えといて」というだけでは理解してもらえないだろう。南田さんはこれからも一緒に働く仲間なのだから、しっかりと私がどんな考えをもっているのかを伝えよう。

100. 今振り返ってみると、自分の感情をコントロールできないという課題が背景にあったということだ。
101. 私は同じ質問を繰り返す萬さんにどう答えたらいいか困った。だから、萬さんのことを教えてもらおうと思ってセンターに来てほしいと伝えた。そのこと自体は間違ってはいない。
102. あのときの萬さんの怒り方は尋常じゃなかった。今でもはっきりと覚えている。前の上司も言っていたが、萬さんがあんなに怒ったのは珍しいということだった。萬さんにとっては触れられたくない点だったのかもしれないと今は思える。他人に土足で自分の内面に入ってこられたと感じることだったのだろう。何気ない一言のつもりだったが、相手の気持ちを慮るという姿勢に欠けていたという失敗体験だ。
103. そのときはどうすればよかったのか、答えが出せなかった。萬さんにも聞けずじまいだ。
104. 南田さんにも同じような経験があるのだろう。
105. 正直な思いだ。萬さんに対して恐怖を覚えたのも事実だし。しばらくそのことが頭から離れなかった。なおさら萬さんにどう対応していいかわからなかった。情けない話だ。でも、これもちゃんと伝えておこう。
106. 南田さんもつられてほほ笑んでいるけど、実際にはどう思われているだろう。不安だな。

107. 萬さんのケースにかかわらず、逃げ出したいと思ったことは数知れず。でも今は逃げ出したいと思うときほど、一歩踏み込んでみるべきだと思っている。

108. そろそろ南田さんとの話もまとめにかからないといけない。記録も書かなきゃ

観察と逐語

ズのとらえ方が大切なんじゃないかと思うんです(108)」と伝えた。

「萬さんのニーズですか？(109)」と，南田相談員はとっさに返していた。
「はい。私は萬さんの『どうしたらいいでしょう』を「質問に答えてほしい」というニーズとしてとらえないようにしています(110)」
「はぁ」と，南田相談員が首をかしげる。

「萬さんのニーズは，毎日のように電話で報告すること(111)，つながりを求めていること，のように私は感じています(112)。そうとらえると，電話相談そのものに意味があると思えませんか(113)」
南田相談員は「意味あること。話を聴き続けることが萬さんのニーズに沿った支援だってことですね(114)」と要点をすぐに理解した。

「そうなんです。萬さんにとって今はここしかないんです(115)。前のセンターの上司が定年退職した後，ほかのスタッフが萬さんの相談を聴き続けられず(116)，萬さんのためにと別の相談先につなげようとした(117)ようです。萬さんは役所や病院に相談してみたそうですが，しばらくして相談しなくなった(118)と聞いています。困り果てた前のセンターの部下が2年半ほど前に私に相談してきて(119)，萬さんがその後ここに電話相談をしてくるようになって，また萬さんとの支援関係が始まったということなんです」
「そんな経過があったんですね」
「うれしかったですね(120)」
「うれしかった？」
「はい。萬さんが私を覚えていてくれて，また支援者として選んでくれたのですから(121)。それで，私も覚悟を決めようと思ったんです(122)」

▶面談の終盤

「覚悟……ですか(123)，うーん。でも毎日のように萬さんの同じような話を聴き続けるのは大変ではないですか？(124)」
「確かに大変です(125)。でも電話がない日があると逆に心配になる(126)んですよ。それにじっくり話を聴いてこぞっていうときに提案すると，案外受け入れてくれるときがある(127)んです。それがちょっと楽しく思えてきて(128)，今日はどんな話なんだろう？ 今日はなんて提案

いけないし。萬さんのニーズが何かということを南田さんに考えてもらおう。こちらの考えも伝えながらでいいだろう。

109 語尾が上がったということは，そのことは考えてなかったということだろう。
110 言葉として表出されたことがその人のニーズであるとは限らない。状況によっては嫌でも「好き」と言わざるを得ないこともある。そんな状況でなくても元来人間とは複雑なものだ。思っていることと言葉として出てくることが違うことは障害の有無にかかわらずある。

111 ここは私の見立てを伝えていいだろう。長い経過をたどってくると，困りごとの相談というより萬さんが日常生活の報告をしているように思える。
112 あんな言い回しでしか相談できない萬さんだけど，どこかで人とつながりたいと思っているのではないだろうか。
113 意味があるとは思うが，聴き続けるのは本当に大変だ。
114 南田さんの理解力はすごいな。すぐにこの事業所で頼られる存在になっていくだろう。

115 この先はわからない。それに，ずっとこの関係を萬さんが望んでいるとも限らない。仕方なく私に相談している可能性はぬぐえない。
116 責めることはしないが，もう少し自分たちの対応を変えるとか対応のしようがあったのではないかと思わなくはない。
117 本当に萬さんのためにという発想でいただろうかということに，私も敏感でいなければならない。本来ならクライエントがつながろうとしていることを支援していく発想にしたいところだ。
118 萬さんの相談の仕方だと答えが出せず，時間ばかり取られる方と受け取られかねない。萬さんがあきらめた面もあるだろうが，萬さんのニーズに沿った支援をできるところがなかったということだろう。
119 相談支援につながるようなうちの事業所の対象者ではないから，前の部下も相談しにくかっただろうなと思える。「萬さんが希望されるなら，話だけなら聴きますよ」といった対応だったと思う。まさか本当にかかってくるとは。
120 複雑だったけど，正直な気持ちだ。
121 萬さんは，仕方なくかもしれないが，これまでほとんど毎日のように電話をかけてくるわけだから，萬さんには信頼されていると思いたいところだ。
122 事業所の都合や自分の限界で支援関係を解消せざるを得ないかもしれない。でも，萬さんに必要とされる限りはできる支援をしようと決めた。

123 あまり最近は使わない言葉なのだろうか。でも生活支援を行ううえで覚悟は問われることだと思うなぁ。
124 その通り。でも自分の都合ではなくクライエントの立場で考えるようにしたい。
125 理想ばかり言っても伝わらないから，正直な気持ちも伝えておこう。
126 不思議なもの。萬さんを厄介な人ととらえていたときにはなかった感情だ。
127 まさにマスクの件がそう。
128 いつ頃からそう思えてきただろうか。長い経過がないと見えてこないことが多いのが精神疾患を抱えたクライエントさんとの関係性だ。

観察と逐語

しよう？ って考えてるんです」と伝えた。

「萬さんの話をそんなふうに聴いてたんですね〔129〕」と，南田相談員は何やら考え始めた。
「そうですね〔130〕。でもやっぱり南田さんの言うように萬さんはうちの支援対象者ではないかもしれません。契約も結んでいないし〔131〕，いくら話を聴いたところで一銭も入ってきませんしね〔132〕」と言ってほほ笑んだ。
「でも，それは法律上のことであって，そんなことはクライエントさんにとって相談を断られる理由にならない〔133〕ですよね。そこをPSWとしてどう考えるかだと萬さんから教わりました」
「PSWならどうするかってことですか〔134〕」と，南田相談員がさらに考え込んでいる。

「そう。機関の利益を優先して考えるから，うちの対象者ではないという発想になる〔135〕。自分の限界を考えつつ〔136〕，クライエントの利益を最大限に優先したかかわりをするのがPSWなんじゃないかと思う〔137〕んです。それを実践することで，どの機関にもつながりがないまま生きていかざるを得ないクライエントさんが少しでも減るんじゃないか〔138〕，と思えるんです」
「つながりがないまま生きていかざるを得ないクライエントさん……〔139〕」と言って，南田相談員は黙り込んだ。

▶終業間際の時刻

しばらく沈黙が続いたが，一本の電話がその静寂を破った。南田相談員が電話をとると驚いたような表情に変わった〔140〕。しかし，すぐに引き締まった顔になり，「阪井さん，萬さんからお電話です」と，力を込めて取り次いできた〔141〕。
一瞬時計に目をやり〔142〕，受話器を受け取ると，南田相談員が何かを期待するようなまなざしを向けている〔143〕。
頭を掻きながら，「はい，阪井です。お昼は時間が取れなくてすみませんでした。お昼のご相談の続きですか？〔144〕」と，いつものように萬さんと向き合った。

129　語尾に力がこもっている。何か感じ入ることがあったのだろうか。そうであってほしい。
130　本当にそろそろ終わらせないと仕事が終わらない。まとめよう。
131　萬さんとの支援契約をはっきりと結んだわけではないけど，ずっと相談し続けてくれているということは，萬さんとの間に信頼関係があるということととらえている。
132　本音だ。甲斐がない。でも，今の制度がおかしいという問題意識をもち続けて，どう変革させていくのかという発想を忘れないようにしたい。
133　PSW としてどうすべきと考えているのかは，はっきり伝えよう。価値は共通なのだから，きっと理解し合える。
134　語尾が下がっている。しっかり考えているようだ。

135　何を優先して考えるか。自分なのか，クライエントなのか，機関なのか，社会なのか。それはしっかり考えて自分のものにしたい。
136　すべてを完璧に支援できることはあり得ない。自分の限界や組織の限界は常に考えておかなければつぶれてしまう。限界を超えてまですべきといっているのではない。
137　状況によっては信念がゆらぐことがある。ゆらがないといけないときもある。でも戻ってくる場所はクライエントのため，そして，クライエントと共に生きていくという基準であってほしい。
138　個別のかかわりから社会のひずみまで見通す視点をもち続けたい。制度のはざまで生きているクライエントは多いはず。
139　ついつい熱くなって伝えすぎてしまったか。でも勘のよい南田さんのことだから自分なりに咀嚼して考えようとしているのだろう。一緒に専門職として成長できるといいな。

140　おや？　誰からだろう。
141　萬さんだ。さっきまでの取り次ぎ方と全然違う。南田さんに思いが伝わったな。
142　まいったなぁ。こんな話をした後で時間がないから断って，なんて言えるわけがない。
143　南田さん，期待しているようだし……。
144　あの短時間では困りごとの解消にはならなかったはずだ。もう一度，一から話を聴こう。

❖ 解説 ❖

　電話の向こうで営まれるクライエントの生活について，経過をふまえて想像し推し量りながら聞くことで，相談に意味づけをすることができます。

◆同じ質問に込められた多様な意味を経過の中で吟味する

　阪井 PSW は，萬さんからの3日ぶりの電話の中で「いつもと同じ」「いつもと違う」と比較しながらアセスメントしています。萬さんとの長年のお付き合いによるさまざまな経過をふまえ，こちらの応答への反応や声のトーン，語尾の上げ下げや語られる生活状況等を日々比較することで，萬さんの精神状態を推し量り，その都度考えて対応しています。萬さんは何を表現したいのか，どう返答することが萬さんのニーズに合うかと考えることで，電話による支援に意味づけがなされます。第一声はいつも同じでも，相談の展開は日々新しいのです。

◆生活場面と社会との接点になる

　萬さんは，契約に基づく利用者ではなく，受診先以外に利用できる社会資源はありません。単身生活であり，人目を気にする性質も加わって，電話の様子からも萬さんの生活はとても狭い範囲で完結しているように思われます。そのことを萬さんがどう感じているのか，毎日のように阪井 PSW に電話をかけてきて相談していることを重ねて想像してみると，人との接点を求めているようにも思われます。人と接したい，社会につながりたい，けれども口がゆがんでいるのでできない，そんな思いを込めて，萬さんは「電話」という手段（顔をさらさずにすむ）を使っているのではないでしょうか。あるいは，別の何らかの理由で社会参加できないことを，口がゆがんでいるせいにしている可能性もあります。

　このような生活をしている精神障害者は，意外と多いかもしれません。自分が「今ここに」生きていることを知ってくれている誰かの存在を求めているのかもしれません。阪井 PSW が，3日ぶりの電話で「お電話がなかったので心配した」と応じたり，切るときにいつも「またお話聞かせて」と一言添えているのは，萬さんへの関心の表明になります。ここには自分のことを気にかけてくれる人がいる，そう確信できることは，社会との接点の乏しい一人暮らしの萬さんが，閉ざ

された空間にいながらもつながりを感じ，生きている実感を得られる瞬間なのではないでしょうか。そう考えると，同じような「訴え」の日々の電話が萬さんにとてとても大切なものに見えてきます。

◆主訴を支援課題に置き換える

萬さんの「口がゆがんでいる」という主訴を，阪井PSWは「その結果として生じる生活上の困りごと」に置き換え，毎回「〜と感じているんですね」と応答し，どうしたらいいかを直接答えません。萬さん自身に考えてもらう機会を提供しようという意図があるためで，待っていると萬さんは困りごとのいきさつを少しずつ詳しく語っています。阪井PSWが長年繰り返し問いかけてきたことにより，萬さんは自ら語る力を培ってきたと考えられます。

人に困りごとを相談するのは案外難しく，萬さんのようにぶっきらぼうで断片的な表現だけを相手にぶつける人は，南田相談員の「同じ話のループにどう答えていいか困る」という発言にもあるように，受け手の力量によっては対応してもらえずじまいということもあり得ます。萬さんが発する主訴を共に扱い，支援課題に置き換えるプロセスを日々重ねることは，萬さんが相談する力をつけることにもつながっています。

◆「契約」のありようを考える

事例のような電話相談を常時丁寧に受けるには，PSWの側に覚悟が要ります。そして，利用者の求めを受け止め，的確なアセスメントを通して支援目標を認識することが必要ですし，それはクライエントと共有されていなくてはなりません。おそらく，萬さんと阪井PSWの間でその契約は明確化されていません。しかし，毎日（当然のように）萬さんが電話をかけてくる，阪井PSWはそれに応じる，というプロセスの蓄積により両者の間には信頼関係が育っており，暗黙の支援契約があると考えることができます。残念ながら現行の相談支援事業においてはこのようなサービスが規定されておらず，利用契約に当たるものではありません。阪井PSWは，そのことを制度的課題としつつ，この相談の「契約」をどこかで萬さんと確認し合う段階が迎えられることを目指しているのです。

第4節 不安に押され，やっとの思いで電話をかけてきた女性
真意を話せる関係性へ，段階を踏んで丁寧に進める

事例の概要

岸さん（仮名，40代女性）は，夫と小学生の子どもが二人いて四人暮らし。本人は企業で経理の仕事をしている。

観察と逐語

▶**相談室**
受付から電話が入る。

「初めてお電話されたようです。用件について伺いましたが，よくわかりませんでした ① 。ただ，相談したいとおっしゃっていますのでお願いします」と外線が回ってきた。
「わかりました。回してください」と返答すると，ペンとメモ用紙を用意し，机に向かった ② 。

▶**電話相談の開始**
外線電話を引き継ぐ。

電話がつながる。
「もしもし。精神保健福祉士の玉川と申します。ご相談のお電話と伺いましたが，いかがなさいましたか」と，ゆっくりと丁寧な言葉遣いで話しかけた ③ 。

受話器の向こうから小さな弱々しい声で「あの……岸と申します。初めてお電話させていただきましたが，何から話したらいいのかわからない状態で…… ④ 」と女性の声がする。
女性は話している途中で黙ってしまう。5秒ほどの沈黙 ⑤ 。

「あ，やっぱりまたかけ直したほうがいいですよね。ごめんなさい ⑥ 」と，早口で再び話し始めた。
「大丈夫ですよ，こちらのことは気になさらないでください。お時間をかけていただいて構いませんので，安心してゆっくりお話しください」と，穏やかな声で話しかけた ⑦ 。

第5章 電話相談による支援展開における思考過程

登場人物
- 岸さん…40代女性
- 玉川PSW…精神科クリニック勤務

場面
精神科クリニックで働くPSWに受診相談の電話が入り、相談者との電話でのやり取りが始まる。

思考過程

1. 初めての電話で緊張しているのだろう。もしくは病状が悪くてコミュニケーションが取りにくい状態である可能性もある。初回の電話相談で主訴がまとまらないことはよくあることだ。思い込みや先入観をもたないように注意しよう。

2. 初めての方からの電話相談は、こちらも相手がどのような人かわからないので、気持ちが引き締まる。どのような用件か。希望に応えられるか。主訴が不明確であるからこそ、言葉の一つひとつを聴き漏らさないように注意しよう。

3. 相談者と関係性をつくるうえでは第一印象が大切。最初の声かけは一番気を遣うポイントである。相談目的の電話とのことだが、その確認をしよう。その際、丁寧な言葉遣いを心がけ、また、相手が焦らないようにゆっくりと話をしよう。

4. 岸さん……。聞いたことのない名前で、声も初めて聞いた気がする。やはり初めての相談のようだ。声も小さく、いかにも不安そうだ。何か困ったことがあるから電話をしてきたのであろうが、内容はまとまっていないようだ。岸さんの気持ちを丁寧に確認しながら話を進める必要がありそうだ。

5. 相談することを躊躇しているのかもしれない。初めての相談では考えながら話しているのだろうから、この時間も大切。慌てずに待ってみよう。

6. 言葉にできないくらい混乱しているのかもしれない。かえって気を遣わせてしまったのかもしれない。裏を返せば、岸さんは人に気遣いのできる人のようだ。

7. 相談者がうまく言葉が出てこないのは当然のこと。せっかく電話をしてきてくれたのに、ここで終了してはならない。まずは安心して話をしてもらえるように関係性をつくるところから始めよう。そのためには穏やかな声で語りかけよう。話がまとまらず焦っているようなので、ゆっくり時間をかけることが保障されていることを伝えよう。支援者は用件を確認したくなるが、あくまでも岸

「そうですか……ありがとうございます。でも，どうしよう……何から話そう」と，岸さんの声はまだ落ち着かない様子である⑧。

▶**電話相談の序盤**
機関の紹介を行う。

「では，まずは当院のご紹介をさせていただきます⑨。こちらは精神科のクリニックになります。例えば，眠れなかったり，気分の落ち込みがあったり，食事が食べられなかったり，いわゆる，こころのバランスに困りごとがある方が相談や治療にいらっしゃることが多い場所です。岸さんは今の話を聴いて，何か心当たりはございますか？」と尋ねた。

「そうですね……気分が落ち込んで何もできなくなったり，イライラして気持ちが乱れたりするときがあります⑩」と，少し考えながら岸さんは答えた。

「そうですか。これまでそのことをどこかに相談したり，受診に行かれたりしたことはありますか？⑪」と続けて質問した。

「いえ，こちらにお電話したのが初めてで，精神科の受診はまったくありません⑫。これまで40年以上生きてきて，こんなことはなかったので，これは自分がおかしくなってしまったのではないかと思いました。そこで，精神科に受診したほうがいいのではないかと考え，覚悟を決めて電話しました」と，再び小さな声で話した。

「そうですか。覚悟が要ったのですね。お電話ありがとうございます。当院では医師の診察前に，精神保健福祉士がお話を伺わせていただいております。もしよろしければもう少しお話を詳しく伺いたいのですが，よろしいでしょうか」と，岸さんに了解を求めた⑬。

「ええ，こちらこそお願いします。受診と言いましたが，ただの気の緩みとも思いますし，どうしたらいいのかわからないので，ご相談させてもらえると助かります」と申し訳なさそうに答えた⑭。

さんのペースに合わせて進めていこう。

⑧ 何か相談したいこと，困っていることがあるのは違いないようだ。そして，こちら側の相談を受ける姿勢は伝わったようだが，自分だけでは整理ができないようだ。申し訳なさそうに話しているし。

⑨ もしかしたら，何かの勘違いで相談先を間違えて電話をかけてきた可能性も否定できない。相談のミスマッチを防ぐためにも，岸さんが精神科クリニックに相談したかったのかを確認するためにも，まずはクリニックの機能を紹介しよう。その際，精神科への敷居を高く感じていたり，受診を躊躇していたりする場合もあるので，精神科医療へのハードルを上げないように注意しながら，内容はソフトな部分を強調して説明しよう。そのうえで，岸さんの主訴とリンクするキーワードが出てくるのかもしれないので投げかけてみよう。

⑩ 家族相談や他の誰かの相談ではなく，自分のことを相談したくて電話をしてきたのだな。症状として気分の落ち込みやイライラがあるのか。受診の相談であればここで相談を受けるということでよいだろう。でも，いつから？ 何が原因であろうか？ そしてその症状の程度は？ わからないことがたくさんあるな。一般的には症状を主訴としている場合でも，本当に困っていることが別に存在することもある。その部分を明らかにしていかなければ，岸さんの本当のニーズが明らかにならない。

⑪ これまで精神科への受診歴はあるのだろうか。もしもあればその経過を聴かなければならないうえ，紹介状の手配をお願いするなど，伝えておかなければならないことも出てくる。

⑫ 精神科受診が初めてであれば，相談内容が整理できていないのも納得できる。相談の電話をかけるまでの背景には，さまざまな葛藤や思い，時間の経過があったのであろう。その気持ちに寄り添いながら丁寧に話を進めよう。「死にたい」等の切迫した言葉は出てこないため，一見緊急性は低いように感じられるが，気がついたら電話をしているくらい追い詰められた精神状態とも考えられる。今後の話のなかで，緊急性についてもアセスメントしていこう。

⑬ 初めて電話をかけることは勇気のいること。まずは電話をいただいたことに対し，ねぎらいの言葉をかけよう。医療機関に電話をかけてくる人は，受診を希望する場合，医師の診察を受けたいと考えている。したがって，初めて電話をした際に医師以外の職種からいろいろと聴かれることに驚かれることもある。これから詳細を伺う前に，岸さんとの間できちんと相談契約を結ぶことが必要である。

⑭ 一時は話を聴くことさえ危うかったが，岸さんが相談関係を受け入れてくれてひと安心。ここからかかわりが始まる。現在の主訴は，今抱えている課題に対してどう対応したらいいのかということ。症状だけではなく，岸さんを取り巻く全体的な視点でアセスメントを行い，抱えている課題が何なのかを明らかにしていく必要性があり，そのプロセスを岸さんと一緒に進めていこう。

観察と逐語

▶**基本情報**
基本的な情報から確認する。

「ありがとうございます。それではお話を伺いますが，これはあくまでも岸さんのお手伝いをさせていただく内容を考えるために，今の状況を把握するものですから，もしも，岸さんが話したくない内容があれば遠慮なくおっしゃってください。また，私たちには守秘義務が課せられており，相談の内容が外部に漏れることはありませんのでご安心ください 15 」とゆっくりと説明した。
すると，間髪入れず「わかりました。大丈夫です。よろしくお願いします」と，はっきりとした口調で答えた 16 。

「まずは岸さんのことを伺っていきたいと思います。お名前を教えていただけますか？ 17 」
「岸と申します」
「ご年齢はおいくつですか？」
「43歳です」と岸さんはすぐに答えた 18 。
続けて，「岸さんは，今はどなたと生活されているのですか？ 19 」と質問した。

「夫と，小学校5年生の娘と，2年生の息子との四人暮らしです。うちは共働きで子どもたちは夕方まで学童保育に行っていますから，ほとんど家には誰もいませんけど」と，続けて迷うことなく回答した 20 。
「岸さんはどのような仕事をされていらっしゃいますか？ 21 」と質問した。

「市内の食品会社で経理の仕事をしています。元々は夫と同じ会社に勤めていたのですが，出産にあわせて退社して，子育てのしやすい，家の近くにある今の会社に勤め始めました。ですから勤めやすいです 22 」と淡々と答えた。

その後，岸さんの家族関係を確認すると，岸さん以外の親族は全員○県在住で，年に数回会う程度 23 であること，また，夫の親族も他県在住で，岸さんは家事と子育て，仕事を両立していることが判明した。次第に岸さんの口調は滑らかになり，こちらの質問に対し，すぐに反応が返ってくるようになった 24 。

その後，岸さんの症状を確認するべく，「今回，気分の落ち込みと，イライラ感があるとお話しされていましたが，いつからこの症状が出てきましたか 25 」と尋ねた。
「半年くらい前から。疲れたと感じる日が続いて，ごはんの支度が面倒になり，外食に行ったり，スーパーの惣菜を買ってくる日が多くなりました。そして，その後，些細なことでイライラするようになって 26 きたと思います

- ⑮ 話を進める前に，その目的をきちんと伝えておくことが大切だ。初めての相談の際は，特に丁寧に行うべきである。そのなかで話をするのもしないのも，あくまで岸さんの自由であること，そして，その内容は守秘義務によって守られることをあらかじめ伝えておくことは，岸さんとの今後の信頼関係の構築のうえでも重要なことである。
- ⑯ 岸さんの口調がはっきりとしてきたことから，受け入れられてきたことが実感できる。しかしながら電話相談であり，言葉のやり取りが中心のなかで些細なことから信頼関係が崩れることもある。岸さんの様子を確認しながら，言葉を慎重に選択しながら相談を進めよう。
- ⑰ 岸さんは相談することに慣れていない。岸さんが回答しやすいことから質問を始めて，岸さんの語りを助長することで，話しやすい流れをつくろう。
- ⑱ 期待通り，すぐに答えてくれた。この調子で岸さんに話をしてもらいながら，相談のリズムをつくっていこう。43歳，体調の変化や生活の変化から心身のバランスを崩しやすい時期ではあるな。
- ⑲ 家族状況はどうだろうか。独身か既婚か，今は誰と住んでいるのだろうか。家庭の悩みや，生活上の困りごとを抱えているのかもしれない。
- ⑳ 口調がさらにしっかりしてきた。少し慣れてくれたのかな。四人暮らしで共働きか。心身ともに大変だろうな。家事と仕事の両立は，精神的に強くなければできないことであり，岸さんのストレングスだと思う。
- ㉑ どのような仕事をしているのだろうか。平日の日中に仕事をしているようだ。岸さんの興味や関心ごとが関連しているかもしれない。
- ㉒ 経理の仕事ということは，お金の管理が得意な人が多い仕事だ。子育てをしながら10年以上働いていることは岸さんのストレングスである。前の会社も出産するまで働いていたわけだし，今の会社も長続きしているみたいだ。勤務状況や周囲とのコミュニケーションは大きな問題はないのだろうか。
- ㉓ 岸さんを支える家族は近くには存在していない。したがって，岸さんの家庭内での負担は大きく，いざというときの相談相手もいないことが考えられる。友人の状況はどうであろうか。孤立感をもっていなければいいが。
- ㉔ 岸さんはもともとコミュニケーション力があり，理解力も高いように感じる。だからこそ，慣れてくればスイスイとこちらの質問にも答えてくれる。相談にも慣れ，少し突っ込んだ質問にも回答してくれるのかもしれない。
- ㉕ 今回の電話のきっかけとなった症状について聞いてみる。通院歴も相談先もなかったと話していたが，症状が以前からあったにもかかわらず我慢していたり，気づかなかったりすることもある。いつから症状の自覚があるのだろうか。
- ㉖ 半年前から自覚していたのに誰にも相談しなかったのか。できなかったのかもしれない。岸さんのような仕事をしながら家庭を切り盛りしている家庭では，食事の準備の億劫さや子育ての際のイライラ感はよく聞く内容である。これを精神症状ととらえたら世間の多くの方が受診対象となるだろう。裏を返せば，

観察と逐語

と，つぶやくように返答した。
「半年前に何か生活で変化があったことや，原因として考えられることはありますか 27 」と続けて尋ねた。
「そうですね……」と岸さんは静かに言った。すると急に言葉が途切れた 28 。

10秒間程度の沈黙が続いた後「ごめんなさい，何か話したくない内容でしたら，お話しされなくても大丈夫ですよ 29 」と，フォローの言葉を投げかけた。
「いえ……そういうわけではないのですけど…… 30 」と，岸さんはつぶやいた。

再び10秒ほどの沈黙が続いた 31 。

▶電話相談の中盤

岸さんはスーッと深く息を吸い込んだ後 32 ，小さな声で語り始めた。
「実は1年前に夫がうつ病と診断されまして，休みがちになりながら，だましだまし働いていたのですが，とうとう半年前から仕事に行けなくなってしまったのです 33 。ずっと通院して治療を行っていますが，なかなかよくならなくて……。その結果，先月，勤めていた会社を退職することになってしまいました 34 」

「そうだったのですか。それは大変な時期だったのですね」と，寄り添うように返答した 35 。

「次第に夫に元気がなくなり，動けなくなっていく姿を見ながら，私は何もできませんでした。こうなってしまったのは，私が妻として至らなかったからではないかと，気分が落ち込みました 36 。そして，私は夫が心配で会社を休職して，ゆっくり休息してほしいと話したのですが，夫はなかなか応じてくれなくて，毎日，夫婦で話し合う日々でした 37 。ですから，夫が休職したときはホッとしましたけど，一気に疲れが出てきました 38 」
「うつ病は脳の病気であり，ご主人がうつ病になったのは岸さんのせいではありませんよ 39 。岸さんはむしろご主人のことを心配して，その思いが伝わったからこそ，ご主人は安心してお休みできているのだと思います」

「まだ，夫はいつ働けるのかわかりません。子どももまだ小さいですから，これからの生活を私一人で支えていかなければならないと考えると不安とプレッシャーで余裕がなくなってしまって……」と，岸さんは今にも泣き出しそうな声で絞り出すように話している 40 。

第5章　電話相談による支援展開における思考過程

27 　岸さんの人としての正常な反応ととらえることもできるのではないか。日常的な生活の歪みが，岸さんのイライラとしてこのときに表出されたのだろう。そもそも，岸さんは原因をどのようにとらえているのだろうか。

28 　あれ？ これまで順調に質問に答えていたのに急に口を閉ざした。何か核心に触れているのか，それとも話したくないこと，話しにくいことを聞いてしまったのか，いずれにしても，岸さんは何かを考えている。少し様子を見よう。

29 　返答はまだないが，今回が初めての相談であり，岸さんとの関係性を重視するのであれば，無理に聞くことでもない。パスをすることができることをあらためて伝えよう。

30 　岸さんはパスしてこない。本当は話したいのではないだろうか。ここが岸さんの抱えている本当の問題なのかもしれない。

31 　話をしようか悩んでいる。ここは大切な時間，今度は岸さんの語りを待とう。

32 　岸さんの呼吸が変わった。さぁ話し始めるぞ。ここは集中して話を聴こう。

33 　えっ？ 夫の仕事の状況を聞かなかったけれど，家には共働きで誰もいないって話していたから，働いているのだと思っていた。この半年間，夫の病気とも向き合って，支えてきたのか。つまり，当事者の家族の立場であったということなのだな。

34 　仕事を退職するほどの状態となれば，病状は思わしくないのかもしれないな。

35 　この状況では岸さんも心身が不安定になって当然の状況だ。半年間，岸さんが背負っていたものは大きかったのだろう。岸さんの苦労に共感を示そう。

36 　弱っていく夫に対し，何もできなかったことに岸さんは自責的な思いを抱いている。岸さんは思いやりの気持ちも強くもっており，また責任感の強い方なのだろう。

37 　家庭のなかで毎日が緊張状態だったのだろう。また，受診に結びつける際の家族のストレスや葛藤は非常に大きいものであろう。自責の念を抱きながら夫の休職を説得する作業は，岸さんにとって大きな負担であったに違いない。

38 　緊張状態から解放された安心感であったのだろうが，その反動で心身の疲れが出たのだろう。正常な反応であり，岸さんの休息が優先される場面だろう。

39 　うつ病は疾患であり，周囲のかかわり方によって発症するものではないという正しい知識を伝えることは大切である。これまでの経過を聞く限り，岸さんは夫に対して献身的にかかわっているように見られる。岸さんの思いが，結果として休職し，治療に専念することにつながったことをしっかり伝えよう。

40 　夫の病状に併せて，経済的なことも考えなければならない不安やプレッシャーは想像を超えるものであろう。小学生の子どもが二人では，まだまだ先も長い。岸さんの不安も当然のことだ。誰にも相談せずに抱えていた岸さんの苦しみは大きいものだっただろうし，泣きたいくらい追い詰められていたのだろう。

「それは不安になりますよね。そのなかで余裕がなくなるのは当然だと思いますよ 41 」と返答した。

「夫は病気になってから，家で寝てばかり。主治医の先生の話だと，今は休息が必要だと言われていますから，仕方のないことですし，必要なことだと頭では理解しています。ですが，毎日，家事，子育て，仕事を一人で背負っていたら，つらくなってきてしまって。それで，イライラして，つい夫や子どもたちに大きな声を出してしまって……。疲れて休みの日に寝ていることもあります 42 」と，岸さんは時々言葉を詰まらせながら話している。

「理屈ではわかっていても，気持ちの部分でコントロールできないことはたくさんありますし，岸さんの立場であれば当然のことだと思います 43 。ましてや，ご主人を支えながら，二人のお子さんを育て，さらには家事までこなしながら仕事をしていたら，誰でも疲れてしまいますし，頑張り屋さんである岸さんだからこそできていることなのではないでしょうか 44 」と，柔らかい口調で語りかけた。

「このところ，イライラするのも，疲れるのも，自分がおかしくなってしまったのではないかと思ってしまって。夫も同じような状態になっていましたから，私も同じように，うつ病になってしまったのではないかという考えが頭をよぎって不安になってきて，だんだん怖くなってきてしまって…… 45 」
丁寧に相槌を打ちながら岸さんの話に耳を傾ける 46 と，岸さんは話を続けた。

「数日間考えて，どこか病院で診てもらったほうがいいのではないかと思って，でも夫と同じ病院に行くわけにはいきませんし，インターネットで病院を探していて，そちらの病院を見つけ，何度も病院の前を通りながら，行ったり来たりしながら中を覗いていました。でも，勇気が出なくて，なかなかドアを開けられませんでした 47 」と，苦笑いをしながら話している。

「そうでしたか。自分の困っていることを誰かに相談するのは勇気が必要なことです。今日，相談のお電話をいただくまでに多くの時間をかけ，また，たくさんの感情が交錯されてきたのだと思います。そんななか，お電話をいただき，本当にありがとうございました」と感情を込めて伝えた 48 。

[41] 岸さんの不安に対し，受容と共感の姿勢をもって接しよう。岸さんの余裕がなくなるのは当然だろう。

[42] 岸さんは夫の主治医とも話ができており，病状の理解もできている。しかし，現実の生活との折り合いがつかず，頭のなかが混乱しているのであろう。言葉にできない葛藤や心の揺れがあるのだろう。きっと，大きな声を出した後は自己嫌悪に陥っているのではないだろうか。言葉のトーンから，岸さんはそのことに引け目を感じているのであろう。これだけのことを一人でやっていれば，疲れて寝てしまったり，時にはイライラするのも当然の感情ではないだろうか。だが，そう思えないのが岸さんの真面目で責任感の強いところであり，強みにも弱みにもなる部分であろう。

[43] 理屈がわかるということと，それを受け入れることは異なるものであり，日常生活の困難さを現在進行形で抱えている岸さんにとっては，今の苦しい状況を受け入れるのは容易なことではないだろう。

[44] 岸さんの気持ちに寄り添いつつも，これまでの奮闘ぶりや取組みに対し，精一杯の敬意を表そう。岸さんが頑張っていることを自分自身でも認められるようになると岸さんもきっと楽になるのに。

[45] かなりストレスフルな状態だったのだろう。自分までもが病気になってしまったらと，そうなったときのことを想像したら怖くなって当たり前だろう。ましてや，夫がうつ病であり，岸さんも多少のうつ病の知識をもっているだろうから，症状が当てはまった際の不安は大きかったのではないかと想像できる。

[46] 岸さんが自分の不安な感情を話している。ここは傾聴の姿勢を示すと共に，共感し受け止めているというメッセージを伝えるためにも，丁寧に相槌を打ちながら，岸さんの語りを促そう。

[47] 岸さんはこの間，自分もうつ病なのではないかという不安を抱えながら，一方でそれを受け止めきれずにアンビバレントな感情のなかで日々を過ごしていたのだな。そのなかで自ら情報収集をしたり，病院の様子を調べたりすることができる岸さんは，やはり冷静であり，慎重に物事を判断する方なのであろう。

[48] 岸さんのこれまでの葛藤のプロセスに共感し，あらためて電話をくれたことにねぎらいと感謝の言葉を伝えよう。

観察と逐語

それから,「岸さんの抱えていらっしゃる悩みはご主人のことと大きく影響しているようですが,岸さんはご主人のことをどう思っているのですか？ 49 」と再び尋ねた。
「夫は真面目でやさしい人で,家族思いで,私も今までずっと支えられてきました。一生懸命働いてくれて,家族の大黒柱として頑張ってくれました。私も,子どもたちも夫のことは大好きですし,それはこれからも変わりがないと思います 50 」
岸さんは照れながらもはっきりとした口調で答えた。

▶電話相談の後半

「ご主人を大切に思われているのですね。では,この後,どのような生活を望んでいらっしゃいますか？ 51 」
「そうですね……。大変ですけれども,今の家族四人での生活に幸せを感じてもいます。夫が仕事をしているときは,帰りが遅くて一緒に晩御飯を食べることもできませんでしたし,一緒に寝ることもできませんでした。今は家族で一緒に過ごす時間も増えて子どもたちも喜んでいますし,いつかまた元気に仕事ができる日が来ると信じています。そう考えると,今は私ができる限り支えていくしかないのだと思います 52 」

「でも…… 53 」
岸さんは一言付け加えると黙り込んでしまった。こちらもあわせて黙った。
その後,両者の沈黙が15秒ほど続いた 54 。

「正直な話,夫の顔を見るのも嫌になったり,逃げ出したくなるときもあります 55 。この半年間,何度も実家に帰ろうかと考えました。でも,楽しそうに学校に通う子どもたちを見ていると,転校させるのがかわいそうですし,もちろん置いて一人で帰るわけにもいきません。やっぱり両親が揃って暮らしているほうが子どもたちにとってはよいに決まっていますから 56 。ですから,あと1日だけ頑張ろうって思って,毎日がその繰り返しでした」

「そうでしたか。お子さんたちにとっては確かにご両親が一緒にいらっしゃるほうが安心しますよね。お子さんたちのことを思って,日々気持ちをつなぎ合わせてきたのですね。それは簡単なようで難しいことなのかもしれませんね 57 。岸さんがご主人やお子さんたちを大切にしていらっしゃることが伝わってきますが,岸さん自身もつらくなることはありませんか？ 58 」とゆっくり尋ねた。

49 この状況下で，岸さんは夫のことをどう思っているのであろう。夫に対して一緒にやっていきたいと考えているような好意的なものか，例えば離婚を考えているとか拒否的なのか。岸さんの気持ち次第で，これからの話の流れが変わってくる。

50 岸さんは夫への愛情があり，子どもたちも同じようだ。岸さんの夫もまた，岸さんと同じように真面目で一生懸命な人であったのだろう。岸さんの口からここまで言語化されるのであれば，これが本心なのであろう。家族の絆が深い家庭なのであろうし，支え合う土台となる信頼関係がこれまではしっかり構築されていたのであろう。

51 岸さんの今後の生活のイメージとはどのようなものだろうか。ここが岸さんの希望する生活の核となるものであり，本当のニーズが表れるところだろう。

52 夫がうつ病になり，今の生活のすべてが悪いことなのではないと岸さん自身は感じている。一緒に過ごす時間が増えたことで，むしろ家族の絆も深まっている部分もあるのではないか。また，夫が就労の意欲をもつことが，岸さんの将来への期待や希望につながっている。つまり，岸さんの望む生活とは，元どおりに家族四人が共に同じ時間を過ごし，仲よく幸せに生活していくことなのであろう。そうだとすれば，この岸さんの希望を支えていくことが，岸さんに必要な支援のベースとなるのではないだろうか。

53 岸さんがさらに深いところにある自分の感情を話そうか悩んでいる。今までは夫や家族へのポジティブな思いを話していたので，これから話す内容はネガティブな内容になるかもしれない。しかしながら，それは決して悪いことではなく，むしろ今回の相談の核ともなる部分であろう。

54 岸さんが本音を語ろうとしている場面であり，こちらが引き出すよりも，岸さんの言葉を待って，感情表出を促そう。

55 やはり岸さんの夫に対するネガティブな感情が語られ始めた。これまでの経過から，岸さんの感情は当然のものであろう。感情が揺さぶられることこそ正常の反応といえよう。この気持ちを整理することこそ，今回の相談の重要な支援であろうと考えられる。

56 岸さんにとって，子どもたちの動向や生活も重要な要素となっていると再確認できた。これは母親としては当然のことでもあるが，その役割を果たそうとする岸さんの責任感の強さも垣間見ることができる。

57 自分のことよりも他人のことを優先させるのは簡単なことではない。岸さんに責任感の強さがあるからこそ，ここまでやってこられたのではないか。そのことを言語化して伝えよう。

58 岸さん自身の気持ちに関してはまだ語られていない部分もある。岸さんの弱気な部分や後ろ向きの部分を話すことができたら楽になるはず。少し焦点化して話を聴いてみよう。

「私ですか……。そうですね……疲れて家に帰ってきたときに自宅で寝ている夫を見ると，どうして自分だけがこんな思いをするんだろうって感じていた気がします。私だって守ってもらいたいのに，結婚するときに幸せにするって約束したのに，約束が全然違うじゃないかって，夫を恨むような気持ちもあるかもしれません 59 」と，岸さんは考えながら答えている。

「そうですか。一人で家族を支えていくのは心身ともに負担がかかることだと思います。その状況では岸さんでなくとも疲れてしまうはずですよ。その気持ちを一人で抱えていくのはストレスのかかることです。岸さんは精一杯頑張っているのですから，時には誰かに自分の思いや感情を吐き出したり，相談することも大切ではないでしょうか 60 。そのような機会はありますか？」

「いえ，確かに私も大変ですけど，一番つらいのはきっと夫でしょうし，子どもたちにも我慢してもらっていることもあります。そう考えたら，私がつらいなんて言っていられないと言い聴かせています。でも……，確かにそれも耐えられなくなってきました。こんな私でも自分の気持ちを話していいのでしょうか 61 」

▶電話相談の終盤

「一生懸命，家族のために頑張っているのですから，時には前向きになれないことや弱気になるのも当然です。それがストレスとなり，何かしら体に影響するのは珍しくありません。岸さんの今回の相談はまったく正当なもので，誰に遠慮することでもないと思います。岸さん自身が自分の気持ちを整理しながら自分らしく過ごせてこそ，ご主人やお子さんたちの生活を守ることができるのではないでしょうか」と，受話器の向こう側にいる岸さんに語りかけるように感情を込めて話しかけた 62 。

「今までよき妻，よき母でいなければならないと自分で自分を追い込んでいたのかもしれませんね 63 。自分の気持ちを話して，そして話を聴いてもらって，今ではそういう自分の気持ちも含めて私自身なのかもしれないって感じています。ですから，もう自分一人では手に負えない状況なのだと思います。申し訳ないとは思いますが，誰かの助けが必要なのでしょうね 64 。でも，どうしたらいいのでしょうか？」と，すっきりした落ち着いた調子に声が変わってきた。

「そうですね。まずはご主人のご通院先に今回のように岸さんの今の気持ちや状態を率直に相談してみてはいかがでしょうか。そのうえで必要があれば診察を受けてみてはど

59　ようやく岸さんの深い部分の気持ちが聴けた気がする。本人のイライラや感情の起伏は，夫への正と負の感情で揺れていることが深く影響しているのであろう。この感情の整理を行うことは，今後の岸さんの生活にとって有効なものとなるはずだ。

60　岸さんは現状を一人で抱え込んでいる。一人で家事と育児と仕事を両立しながら，夫のサポートを担うのは誰にとっても大変なこと。岸さんは心身のバランスを崩しかけている。ここは一人で解決するのではなく，周りに頼ることが重要だ。岸さんの疲労感を受容し共感しながら，自分の感情を吐き出すことへの促しを行おう。

61　岸さんは我慢強く，責任感の強い人だ。また，思いやりがあり周囲への気遣いもできる。結果として，それが一人で抱え込む状況をつくり出したのだろう。そんな岸さんが，自分の気持ちを話したいと揺らぎできている。その揺らぎを受け止めつつ話をすること，気持ちが前向きにならないことの正当性をサポートしていこう。

62　岸さんの気持ちに寄り添い，岸さんが家族のことを大切にしつつも，岸さん自身の生活も大切にしていくこと，感情も豊かになることこそ，安定した家庭の維持につながる。この語りで新たな視点を岸さん自身に獲得してもらいたい。岸さんのエンパワメントを促す言葉となる。岸さんにメッセージが伝わるように感情を込めて伝えよう。

63　伝えたいことに気づいてくれてよかった。厳しい環境下におかれるなか，岸さんは自分で自分を追い込んでしまっていたのであり，視点を変えることでもっと楽に生活できるようになると思う。

64　これまで一人で悩みや課題を抱えていた岸さんが，周囲の人に助けを求めるという発想をもってくれてよかった。これで支援が入るきっかけをつくることができた。ここからは具体的な支援のプランを提示していこう。

65　現時点では治療の必要性は判断できない。しかし，岸さんの訴えるイライラや感情の起伏に関しては，夫の状態から影響を受けているものと考えられる。夫の病状も把握している夫の通院先のほうが相談や治療を行ううえでは，治療と

観察と逐語

うでしょうか 65 。岸さんの今の状況は，ご主人の状態と相互に影響するものでしょうし，双方のことを知っている方が相談や治療を行うほうが状況がわかって効果的と思います。また，岸さんは家庭と仕事の両方に負担がかかっていて，生活をしていくうえでは息切れしてしまうかもしれません。ですから，公的な子育て支援や家事の支援を探してみてはいかがでしょうか 66 」

「そうですか。そういう支援があるのですね。わかりました。早速，そうしてみようと思います」と，岸さんはハッキリとした口調で答えた 67 。

▶終了へ

「岸さん。お電話いただいた頃と，声の様子が違ってきて，力強くなってきましたね。いかがでしょうか 68 」

「そうですね。自分のやるべきことが見えてきて，頭が整理できましたから，スッキリしました 69 」と笑いながら話した。
「岸さんにとって，ご家族の存在は大きく，大切なものなのですね。だからこそ，岸さんの気持ちが整理されて，必要な支援を受けることで，大変な生活のなかでもご主人やお子さんたちと一緒に，日常に幸せを感じられることが一番の希望なのではないでしょうか 70 」

「本当にその通りですね。私，頭が混乱してしまっていて……。でも，自分の気持ちに向き合って整理することができました。お話を聴いてもらったおかげで，元気が出てきた気がします 71 。また困ったり，うまくいかなかったりしたら，相談してもいいですか？ 72 」

「ええ，もちろんです。受付時間はご存じですよね？ いつでもお話を伺わせていただきますよ 73 」

「ありがとうございます。そう言ってもらえると心強いです」と最後は元気な声で話し，電話相談は終了となった。

時計の針は，電話を受けてから30分が経過していた。

環境調整を一体的に進めることができ，効果的な支援が可能となるだろう。また，まずは岸さんの相談を夫の通院先に戻すように促そう。

66 夫がうつになって，治療に必要がなくとも，放っておけばうつになる可能性もあるだろう。精神的に追い詰められた状況になり，子どもを虐待する可能性だって否定はできない。今後の長期的展望を考えると，子どもの見守り等の支援まで視野に入れておくとよいだろう。何か社会資源の活用ができないだろうか。ボランティアなどのインフォーマルな資源も探してみよう。

67 こちらの提案に納得してもらえたようでよかった。岸さんはここにも自分で調べてアクセスしてきたように，情報を集めることができる方だから，方向性だけ一緒に確認すれば自分で必要な情報を収集することができるだろう。

68 こちらが感じている岸さんの語りの変化を率直に伝えてみて直面化してみよう。岸さん自身はどのように感じているのだろうか。変化を感じ，そのことを少しでもポジティブな実感をもっていてくれるといいのだが，どうだろうか。

69 岸さん自身も心境の変化を感じ取り，スッキリとした実感をもってくれたようだ。最初は進むべき道が見えず，気持ちの整理ができなかったが，自分のやるべきことを再確認し，視界が開けたように感じているのではないだろうか。

70 岸さんの相談の核は，夫を大切に思い，支えたいという思いと，いつまでも治らない夫を恨みたくなる気持ちとの間のジレンマや，夫を疎ましく感じる自分を受け入れられないことの苦しさであった。どれも岸さんのおかれている状況のなかでは当然の感情で，むしろ正常で健康な心理的反応といえる。大切なことは，岸さん自身がエンパワメントされ，自分でその葛藤関係を受け入れ，乗り越えていくことではないだろうか。

71 岸さんがこちら側の意図を理解してくれてよかった。やはり岸さんは努力家であり，困難に向き合い，それを乗り越える力をもっているようだ。岸さんがエンパワメントされたのであれば本当によかったし，安心した。

72 岸さんから言ってくれるなんてうれしいな。どうやら関係性は構築できたようだ。これなら，もしも岸さんの状態が悪化しても再び相談してもらえるだろう。

73 いつでも相談を受けられるというメッセージを示しておこう。きっと夫の状態も変化するだろうし，岸さんが抱える困難さや負担もすぐに軽くなるわけではない。そのなかで再び心が揺さぶられることもあるであろう。しかし，愛情が溢れた岸さんの家庭であればきっと乗り越えられるはず。頑張ってほしい。

❖ 解説 ❖

　丁寧に応答し，クライエントの相談事の言語化を支えること自体が大きな支援となり，クライエントのニーズを満たすことにつながっています。

◆相談の仕方がわからないクライエントをリードする

　電話相談と一言でいっても，その目的や対象は広範囲にわたります。取次いだ職員から用件がよくわからないと伝えられた時点で，厄介な電話だと警戒心を抱いてしまうこともありますが，そもそも相談とは，当人がどうしたらいいかわからないことを一緒に考えることです。岸さんの主訴は「何から話したらいいのかわからない」ことであり，玉川PSWは，考えがまとまっていない岸さんの語りのサポートから始めています。考えるべきことの手がかりは岸さんがもっていますから，玉川PSWがクリニックの機能を紹介することで，岸さんも自分が何を求めているのか具体的に考えることができ，自分の気分変動に関する心配や受診すべきかどうかの迷いを語ることができます。

　玉川PSWは，こうして岸さん自身の受診にまつわる相談であることを掴みましたが，医療的介入が最善かどうかアセスメントする必要があると考え，早計に受診予約を入れたり，受診のための説明を始めるのではなく，本当に困っていることを探るために詳細な事情を聴き取ることにしています。これは，インテークにおける，クライエントの主訴と支援提供機関の機能のすり合わせといえます。

◆精神疾患の知識の提供

　玉川PSWは，気持ちの乱れの発生時期や生活状況を尋ねるうちに，岸さんの背負っているものの大きさを知ります。このことが気分変動の原因であると推察し，また，ここまでの語りから岸さんは真面目で責任感が強く周囲に気を遣う人だとわかったことからオーバーワークの状態ではないかと想像し，岸さんの反応は，生身の人間として当然だと伝えます。また，夫の発症原因にも自責の念を強めていることを受け止め，うつ病に関する知識を用いて岸さんの妻としての対応を労い，生活全体を考え支援することが必要だとアセスメントしています。このように，PSWは診断する立場ではないものの，相談の際に所属機関や支援対象

の特性に応じて精神疾患に関する知識を随所で活用します。

◆感情に深く接近する

　玉川PSWは，支援の検討にあたり，悩みのきっかけである夫の発症と休職・退職という事態に岸さんがどう向き合いたいのかを尋ねています。これは自己決定を促し支援目標を設定するうえで大切なプロセスの一つであり，ニーズの特定につながる重要な局面です。岸さんは，夫を大切に思い回復を信じている反面，重荷を投げ出したくなることや夫へのネガティブな感情など，岸さん自身が抑圧し続けていた深い感情を口にします。簡単には語れないことですが，ここまでの対話を経て岸さん自身がこの感情に気づき，玉川PSWにしっかり受容してもらえるという信頼感から初めて言葉にできたと考えられます。

　岸さんは当然のように重荷をすべて背負い込み頑張ってきましたが，夫と同じく自身にもうつ病の兆候を感じて不安を抱き，限界が近づいて悲鳴を上げるようにクリニックへ電話をかけてきました。岸さんは性格的に愚痴を言ったり責任を放棄するのは苦手であると推測でき，玉川PSWはそうした姿を否定せずに努力を労いつつ，荷下ろしすることも提案しています。岸さんが「スッキリした」と表現しているのは，これまで思いつかなかった発想を得られ，行き詰まりを感じていた暮らしに新たな可能性を見出すことができたためであると考えられます。

◆受診の要否判断と受診勧奨

　岸さんの抑うつ的と思える状態については，精神科医の受診が必要かどうかも判断する必要があります。岸さんは，自分の抱える葛藤の意味に気づき，自らのなかにあるマイナス感情も受け入れて現実の対処を考えることで，状況を打開していくきっかけは掴んだかに見えます。しかし，一方で気分変調に対する治療が必要かどうかは微妙なところとも考えられます。当クリニックへ受診を勧めることも可能ですが，玉川PSWは夫の通院先への相談を提案しました。夫の治療先があり夫婦を取り巻く環境要因も大きいことを考慮し，受診先を別にするメリットは現段階では見出しにくいと判断したためです。自らの所属機関への利益誘導の観点よりも，岸さんにとっての最善を考えて社会資源の活用を検討した結果の判断といえます。

著者紹介

■監修

公益社団法人日本精神保健福祉士協会

■編集・執筆

田村綾子（たむら・あやこ）　▶第2章第4節，第3章第2節，第4章第1節，第2章～第5章解説

聖学院大学人間福祉学部教授，日立製作所西湘健康管理センター非常勤。精神保健福祉士，社会福祉士。医療法人丹沢病院医療福祉相談室長，公益社団法人日本精神保健福祉士協会特命理事・研修センター長を経て現職。日本精神保健福祉士協会副会長・認定スーパーバイザー。一般社団法人日本ソーシャルワーク教育学校連盟理事。

■執筆

上田幸輝（うえだ・こうき）　▶第1章，第2章第3節，第5章第3節

公益財団法人浅香山病院サポートハウスアンダンテ管理者。精神保健福祉士。前身法人が運営する病院の医療福祉相談室，生活訓練施設，地域生活支援センター勤務を経て現職。公益社団法人日本精神保健福祉士協会研修企画運営委員・認定スーパーバイザー。一般社団法人大阪精神保健福祉士協会理事。

岡本秀行（おかもと・ひでゆき）　▶第2章第2節，第3章第3節，第5章第1節・第4節

川口市役所保健所準備室。精神保健福祉士。医療法人財団厚生協会大泉病院にて医療相談室，精神科デイケア，グループホームほかに勤務。その後行政へ転身し，福祉部障害福祉課を経て現職。公益社団法人日本精神保健福祉士協会業務執行理事・常任理事，埼玉県精神保健福祉士協会副会長，全国精神保健福祉相談員会理事。

尾形多佳士（おがた・たかし）　▶第2章第1節，第3章第4節，第4章第3節，第5章第2節

医療法人社団五風会さっぽろ香雪病院地域連携支援室室長，診療支援部副部長。精神保健福祉士，社会福祉士。医療法人社団慈藻会平松記念病院にて地域生活支援室，訪問看護部ほかに勤務。その後，医療法人社団五風会福住メンタルクリニックにてリワークデイケア勤務を経て現職。公益社団法人日本精神保健福祉士協会業務執行理事・常任理事。

川口真知子（かわぐち・まちこ）　▶第3章第1節，第4章第2節・第4節

公益財団法人井之頭病院精神保健福祉部長。精神保健福祉士。精神衛生法が精神保健法へ改正されるなどした精神科医療の変革期より，同病院相談室にて長期入院者の地域移行支援等へ従事，現在に至る。公益社団法人日本精神保健福祉士協会機関誌『精神保健福祉』編集委員を初代より務め，2010～2016年に編集委員長。

精神保健福祉士の実践知に学ぶソーシャルワーク1
ソーシャルワークプロセスにおける思考過程

2017年9月15日 初版発行
2019年8月10日 初版第2刷発行

監修　公益社団法人日本精神保健福祉士協会
編著者　田村綾子
著者　上田幸輝，岡本秀行，尾形多佳士，川口真知子
発行者　荘村明彦
発行所　中央法規出版株式会社
　　　　〒110-0016　東京都台東区台東3-29-1　中央法規ビル
　　　　営業　　　　TEL03-3834-5817　FAX03-3837-8037
　　　　書店窓口　　TEL03-3834-5815　FAX03-3837-8035
　　　　編集　　　　TEL03-3834-5812　FAX03-3837-8032
　　　　https://www.chuohoki.co.jp/
印刷・製本　株式会社アルキャスト
装幀・本文デザイン　齋藤視倭子，伊東裕美

定価はカバーに表示してあります。
ISBN978-4-8058-5566-9

本書のコピー，スキャン，デジタル化等の無断複製は，著作権法上での例外を除き禁じられています。また，本書を代行業者等の第三者に依頼してコピー，スキャン，デジタル化することは，たとえ個人や家庭内での利用であっても著作権法違反です。
落丁本・乱丁本はお取替えいたします。